上海市“十三五”重点出版物出版规划项目

世界经济危机研究译丛

英国银行业危机

——1800年以来跌宕起伏的英国银行业

约翰·D.特纳
(John D.Turner) 著

杨培雷 译

上海财经大学出版社

图书在版编目(CIP)数据

英国银行业危机:1800年以来跌宕起伏的英国银行业/(英)约翰·D.特纳(John D.Turner)著;杨培雷译.—上海:上海财经大学出版社,2019.7
(世界经济危机研究译丛)
书名原文:Banking in Crisis
ISBN 978-7-5642-3192-7/F·3192

Ⅰ.①英… Ⅱ.①约… ②杨… Ⅲ.①银行-金融危机-研究-英国
Ⅳ.①F835.615.9

中国版本图书馆CIP数据核字(2019)第030942号

□ 责任编辑 李成军
□ 书籍设计 张克瑶

英国银行业危机
——1800年以来跌宕起伏的英国银行业

约翰·D.特纳
(John D.Turner) 著
杨培雷 译

上海财经大学出版社出版发行
(上海市中山北一路369号 邮编200083)
网 址:http//www.sufep.com
电子邮箱:webmaster @ sufep.com
全国新华书店经销
上海华业装璜印刷厂印刷装订
2019年7月第1版 2019年7月第1次印刷

890mm×1240mm 1/32 11印张(插页:1) 235千字
定价:78.00元

致　谢

正如温斯顿·丘吉尔(Winston Churchill)所言,写书开始时就像一场冒险,后来它是玩具,然后成为娱乐。再然后它成为一位情人,再而成为一位主子,再往后则变成一位暴君。在你正要向这位暴君投降之前,你决定把这个怪物给杀了(然后拖到外面示众)。我理解丘吉尔这样说的原因,但是,在十多年的基础研究和本书写作的整个过程中,我得到了来自家人、朋友、同事、图书馆管理员、档案馆管理员和无数学者的帮助和鼓励。

在为研究生开设的货币与银行课堂上,乔治梅森大学的劳伦斯·H.怀特(Lawrence H.White)将我引进了银行史学领域,并且,他鼓励我选择银行和金融史研究。查理·希克森(Charlie Hickson)在我做研究生时给予我指导,他后来成为我的导师和合作者。他教会我逻辑思考(和写作),并为我介绍了“最新问题”。我感谢我的老师,特别是我的父母,他们抚育了我的心灵。

与拥有伟大的老师一样,多年来我还拥有一批伟大的学生,并因此而教学相长。我要特别感谢那些最终成为我的合作者和审稿人的学生们,他们是格雷姆·阿切森(Graeme Acheson)、盖瑞斯·坎贝尔(Gareth

Campbell)、克里斯托夫·考利(Christopher Coyle)、克里夫·沃尔克(Clive Walker)、叶青(Qing Ye)和詹文文(Wenwen Zhan)。

本书的写作离不开英格兰银行的慷慨帮助,在英格兰银行我获得了霍布伦—诺曼研究学者(Houblon-Norman Fellow)的职位。我感谢霍布伦—诺曼基金的托管人给予的支持。在英格兰银行工作期间,与查尔斯·贝恩(Charles Bean)、查尔斯·古德哈特(Charles Goodhart)、格莱恩·豪格斯(Glenn Hoggarth)、凯文·詹姆士(Kevin James)、安德鲁·拉吉(Andrew Large)、赛琳娜·龚戴特—利拉德(Céline Gondat-Larralde)、申铉松(Hyun Song Shin)和吉奥弗瑞·伍德(Geoffrey Wood)的讨论使我受益匪浅。萨拉·梅拉德(Sarah Millard)和杰尼·蒙顿(Jenny Mountain)帮助我寻找英格兰银行档案,英格兰银行图书管理员凯斯·贝格丽(Kath Begley)在寻找过往被时代淹没的出版物方面给予我特别的帮助。

在本书的构思方面,得益于哈佛商学院的慷慨帮助,在哈佛商学院我获得了小艾尔弗雷德·D. 钱德勒(Alfred D. Chandler Jr.)研究学者的职位。感谢向该职位给予资金支持的托管人。还要感谢沃特·弗里德曼(Walter Friedman)、帕特里克·弗瑞登森(Patrick Fridenson)、吉奥弗瑞·琼斯(Geoffrey Jones)、伊丽莎白·考尔(Elisabeth Koll)、克里斯蒂娜·鲁宾斯基(Christina Lubinski)、诺尔·莫瑞尔(Noel Maurer)、阿尔多·穆萨克奇奥(Aldo Musacchio)以及汤姆·尼古拉斯(Tom Nicholas),他们给我激励并为我营造了友好的文化环境。

本书写作的支撑性研究工作得到了英国国家学术院和经济社会研究委员会(Economic and Social Research Council)研究基金的慷慨资助。尤其要提及的是,我还拥有非常棒的研究助理,他们为本书的写作提供了支持,他们是强尼·麦克克鲁姆(Jonny McCollum)、皮特·内利(Peter Neilly)和吉尔·特纳(Jill Turner)。

多年来,我得到了众多银行档案专家的帮助和独到见解。我特别感谢汇丰银行的埃德温·格林(Edwin Green)给予我的建议和鼓励。我非常感激能够得到巴克莱银行、劳埃德银行、苏格兰皇家银行集团和汇丰银行的档案资料。感谢所有给我提供支持的档案管理员,特别是杰西·坎贝尔(Jessie Campbell)、凯伦·赛普森(Karen Sampson)、露西·怀特(Lucy Wright)和菲利普·温特鲍特姆(Philip Winterbottom)。我还要感谢伦敦市政厅图书馆的图书管理员和档案管理员多年来为我提供的支持。

在本书的写作过程中,得到了贝尔法斯特女王大学我所在的学院的支持。特别是在我写作本书时,学院院长罗博·吉尔斯(Rob Gilles)给了我一个学者所能想到的全部帮助。

几位学者和同事阅读了本书并给予富有价值的反馈意见,他们是格瑞美·阿切森、维奇·巴内斯(Vicky Barnes)、格雷汉姆·布朗劳(Graham Brownlow)、盖瑞斯·坎贝尔、克瑞斯·考尔文(Chris Colvin)、克里斯托夫·考利、阿伦·汉娜(Alan Hanna)、查理·希克森、里阿姆·肯尼迪(Lian Kennedy)、多内尔·麦克凯洛普(Donal Mckillop)、欧文·希姆斯(Owen Sims)和克里夫·沃尔克。理查德·格罗斯曼(Richard Grossman)、露西·牛顿(Lucy Newton)和考麦克·奥格瑞达(Cormac Ó Gráda)参加了最初手稿的圆桌讨论会,我感谢他们提出的富有意义的建议。逸夫·理查德斯(Eve Richards)审读了初稿并给予我鼓励。

在 2012 年 12 月伦敦政治经济学院召开的经济社会史学会议上,我做了关于未来之研究的主题报告，阐释本书的最初观点。我感谢本次会议的组织者罗威纳·格瑞(Rowena Gray)和保罗·夏普(Paul Sharp)，他们邀请我参会，还要感谢文森特·贝格农(Vincent Bignon)、阿伦·泰勒(Alan Taylor)和斯泰法诺·乌戈利尼(Stefano Ugolini)所做的评论。

本书是卢克·塞米(Luke Samy)盛情邀请之下的成果——那时，他还在牛津大学文顿货币史研究院(Winton Institute for Money History)，他邀请我谈一谈英国金融稳定性的历史。艾弗纳·奥法尔(Avner Offer)就在听众之中，此后，他请我向剑桥大学出版社提交本书写作计划。我感谢卢克和艾弗纳的友好邀请。剑桥大学出版社的迈克尔 ·惠特森(Michael Watson)是一位富有激励和协助精神的编辑。

在剑桥大学卡文迪许实验室(Cawendish Laboratory)的门上铭刻着1535年米勒斯·卡夫德尔(Miles Coverdale)翻译自《旧约·诗篇》(Psalms)第111章的句子："耶和华的作品都是伟大的，寻找它们的人，一定其乐无穷。"(The Works of the LORDE are greate, Sought out of all that have pleasure therin.)这句话是我作为一位社会科学家和经济史学家的座右铭。

最后，在本书的写作过程中，我的妻子凯伦(Karen)和儿子杰克容忍着我修道士般的生活方式。没有他们慷慨的爱与支持，本书是难以写就的，所以，我将"这个被杀死的怪物"献给他们。

目　录

CONTENTS

1

引论:股东承担责任

然而,我们知道一代又一代的人并不总是按照他们前人的经验行事。在一些自信满满的历史时期,所有普通的谨慎格言都被忽视了……而且,所有银行的天然责任都被滥用。①

——托马斯·图克(Thomas Tooke)

回眸过去

我初次进入银行业是玩一个叫"大富翁"(Monopoly)的游戏——20世纪80年代初一个细雨连绵的周日下午我和兄弟姐妹们

---

① *Committee of Secrecy on the Bank of England Charter*, P.P.1831－32 VI, Evidence of Thomas Tooke, q.3918.

玩的当时流行的棋盘游戏。从“大富翁”游戏中我明白了两件事情。第一,如果一个人要做财产抵押贷款,银行提供的贷款不应超过其资产价值的50%。换句话说,贷款—价值比是50%。第二,常常是我哥哥扮演银行家,必须有监控、惩罚和适当的激励组合的约束,以免进行欺骗。(像放录影带一样)快进几十年,(当前)真实世界里的英国银行发放的抵押贷款—价值比高达125%,并且,英国银行家们被激励去提高银行杠杆比率,拿着别人的钱去承担不谨慎的风险,而不受行事谨慎和小心的约束。我年轻时的教训表明,这样的体系注定崩溃,这种情况在2008年秋季以独特的方式发生了。

英国银行体系、美国银行体系以及欧洲经济体银行体系的崩溃征兆出现在2007年夏季,那时,银行间借贷就停止了。到2007年9月,英国广播公司(BBC)新闻报道称,北岩银行* 正在申请英格兰银行的紧急贷款,该银行众多分支机构的大门外,储户排起了长长的取款队伍,(这些分支机构)正面临储户的挤兑。银行拿到了时任英国财政大臣的阿拉斯泰尔·达林(Alastair Darling)的声明,声明称纳税人对北岩银行的全部储蓄和各类负债进行担保,从而平息了北岩银行的挤兑风波。① 北岩银行的财务状况相当糟糕,以致最终于2008年2月被国有化了。接着是2008年9月15日美国雷曼兄弟公司**的倒闭,而后,大多数发达国家的银行和金融系统都出现了崩溃的现象,导致规模和范围均史无前例的紧急贷款。英国处于危机中心,苏格兰皇家银行、苏格兰哈里法克斯银行(HBOS,由哈利法克斯

---

* 北岩银行为英国著名抵押银行——译者注。

① House of Commons Treasury、Committee, *Banking Crisis*, p.45.

** 美国雷曼兄弟公司曾是美国第四大投资银行——译者注。

和苏格兰银行合并而成立的银行）、劳埃德 TSB 银行、布拉德福德银行（Bradford）、宾利银行（Bingley）以及北岩银行都请求纳税人支持，以避免倒闭。

2007～2008 年的危机促使经济学家、政策制定者和普通市民纷纷回首过去历史上的金融危机，目的在于更深入地解析银行危机，弄清政府、货币当局以及金融监管机构所采取的恰当政策。因此，其再次激发了人们对经济史的兴趣，尤其是对金融史和银行危机史的兴趣。① 在议会银行标准委员会（Parliamentary Commission on Banking Standard）的最终报告中提到，不应该发生的 2007～2008 年危机有着显而易见的过去银行倒闭的教训。② 本书通过分析从现代股份银行兼并之前直到 2007～2008 年大崩溃的过去两个世纪英国银行体系的稳定性，深切感受到历史研究的重要性。

由于对 2007～2008 年大崩溃预测方面的职业无能，经济学家受到了严厉的谴责。③ 一种可能性是经济学研究领域已经被错误的思想所控制，也就是说，盲目地信奉竞争和自由市场。长期以来，他们不赞同的新思想被排斥于职业经济学之外，以至于几乎没有不同声音，自由市场成为"形而上的新政策"。④ 另一个更让人担忧的可能性是经济学领域只是提供了经济和政治精英们所需要的思想。换句话

---

① 著名的例证有：Reinhart and Rogff, *This Time Is Different*; Schularick and Taylor, 'Credit booms gone bust'; Gorton, *Misunderstanding Financial Crises*。

② Parliamentary Commisson on Banking Standards, *Changing Banking for Good*, vol.1, pp.15－16.该委员会建议，英格兰银行金融政策委员会应当吸收外部成员，"并具有汲取金融稳定性和系统风险历史观点的特别责任"（vol, p.62）。

③ 参见 Buiter, 'The unfortunate uselessness'; Gorton, *Misunderstanding Financial Crises*, vi－xii; Hodgson, 'The great crash of 2008'.按照弗瑞曼（Frydman）和古尔德伯格（Goldberg）在《超越市场机制》（*Beyond Mechanical Markets*）一书中的观点，尤其需要受到谴责的是宏观经济学家和金融经济学家的数学模型和机制模型。

④ Offer, 'Narrow banking', p.15.

说，经济学“出卖了灵魂”。

然而，我们要问是否经济史学家做得更好。著名的经济史学家或具有良好的银行史知识的经济学家没有预测到这场危机。对此，一种可能的解释是经济史坚持着与经济学同样的糟糕的思想习惯。[①]可是，期望经济史学家做出预测也许并不公正。用医学加以类比，经济学家诊断问题并开出预防性的药物，而经济史学家就是病理学家，因为他们尽力揭示过去发生的事情。[②] 然而，现代医学开始于病理学，医学院的学生从解剖尸体开始接受训练。同样，本书通过解剖历史上银行危机的“尸体”，解析银行危机，在这个过程中也许能够得出一些预防性措施。

本书明确阐释了三个问题。第一，过去两个世纪里银行危机发生的频繁程度如何？严重程度如何？第二，为什么会发生银行危机？第三，在危机中政府和英格兰银行起到了什么作用：他们缓解还是加剧了事情的严重性？在这本书中还隐含着另一个问题的阐释，即英国银行业稳定性的历史提供了关于2007～2008年大崩溃原因的哪些洞见？尽管本书试图解释大崩溃发生的原因，但是仅仅做出了在两个世纪银行业历史背景下的解释。寻找关于大崩溃的详细叙述，应该求助已经形成的大量文献。[③]

---

① Solow, ‘Economic history and economics’.

② 我感谢考麦克·奥格雷德向我提供了这个类比。

③ 参见 Booth, *Verdic on the Crash*; Brunnermeier, ‘Deciphering the liquidity and credit crunch’; Dimond and Rajan, ‘The credit crisis’; Dowd and Hutchinsn, *The Alchemists of Loss*; French et al., *The credit crisis*’; Dowd and Hutchinson, *The Alchmists of Loss*; French et al., *The Squam Lake Report*; Gorton, *Slapped by ther Invisible Hand*; Johnson and Kwak, 13 *Bankers*; Mian and Sufi, ‘House prices’; Mishkin, ‘Over the cliff’; Peston and Knight, *How do We Fix This Mess*?; Rajan, *Fault Lines*; Schwartz, ‘Origins of the financial market crisis’; Shiller, *The Subprime Solution*; and Sorkin, *Too Big to Fail*。

为什么人们应当关注银行稳定性?[①] 由于关乎整个社会,又因银行在经济生活中的重要作用,我们关注其稳定性。首先,银行通过交易过程中发生的储蓄向经济体提供大多数货币,从而极大地降低了贸易和交换成本。其次,银行在储户和借款人之间构建了资金中介。信用中介机构最终便利了企业投资,并有助于个人形成他们未来的消费需求。银行业不稳定性意味着银行提供的这些重要服务会受到致命的影响,造成对普通公民和企业潜在的灾难性后果。

在某种意义上,对过去两个世纪银行稳定性的研究纯粹是对历史的兴趣。然而,银行稳定性的历史检验能够阐明大崩溃,因为通过历史研究,我们弄清了银行体系是如何演进的,以及银行生态系统脆弱性的来源。长期的(历史)观察有用性的另一个原因是银行危机是低频事件。因此,在弄清银行危机的动态机制、共性特征以及基本构造方面,作为附加观测的历史上的危机是有用的。然而,在审视历史上的危机过程中,必须小心,不要将"历史视同用以检验现代理论的数据资源"。[②]

仅仅关注一个国家而不进行比较研究的好处是可以更加深入地发掘制度细节。另外,用于测度英国两个世纪银行稳定性的特殊方法极难套用到其他经济体。当然,单个国家的研究缺点是丢失了行业间的关系和比较研究所能得到的见解。为了弥补这个缺陷,在本书中只要有充分证据,还是会采用比较分析。无论如何,诸多理由表明,英国案例为全球银行系统提供了有用的信息。

---

① 绝大多数学者在同样意义上使用银行危机和金融危机两个术语,但是,有些经济学家也把货币危机视为金融危机。参见 Kaminsky and Reinhart,'The twin crises'。

② Dow and Dow,'Economic history',p.3.

第一，在两个多世纪里，英国是世界金融领域的主要角色，即使不是唯一的重要角色。即使不能说在整个过去的两个世纪，也可以说在绝大多数时间里，伦敦是世界金融中心。事实上，英国拥有复杂而又高度发达金融体系的历史比其他任何经济体都要长。

第二，人们历来相信英国银行系统是20世纪最稳定的银行系统之一。尤其是历经大萧条后，英国银行系统的相对稳定性得以证实。[①] 在其他银行系统面临崩溃和承受恐慌的时候，英国银行系统则相对平静，尽管英国经济中出现了较大范围的严重紧缩。

第三，19世纪英国中央银行理论和实务得到了重要发展，最突出的是"最后贷款人"职能，被认为能够支持现代经济中银行稳定性。[②] 由于英国开创了中央银行原型和"最后贷款人"职能，因此，英国案例是令人感兴趣的。

第四，与几乎所有其他发达国家不同，在1979年之前英国很少对银行业进行法定监管。除了限制钞票发行的《皮尔银行特许条例(1844)》[Peel's Bank Charter Act(1844)]，没有其他主要的立法用来试图控制和管制银行业。因此，显然英国在两个方面非同寻常：一方面是英国银行体系的稳定性；另一方面是英国银行缺乏法定管制。这能够表明银行的法定管制与银行业的稳定性相互排斥吗？

第五，正如本书所阐明的，英国银行业稳定性的诸多案例是其他主要经济体的一面镜子。[③] 换句话说，过去两个世纪英国银行业稳定

---

① Grossman, 'The shoe that didn't drop'; Capie and Wood, *Money over Two Centuries*, p.333.

② Smith, *The Rationale of Central Banking*, pp.8－24, 71－80.

③ 例如，2007～2008年危机导致比利时、法国、德国、冰岛、爱尔兰、荷兰、西班牙、瑞士和美国的银行破产或实施对主要银行的救助措施。

性高低起伏的某些原因,尤其是 2007～2008 年大崩溃的原因,在其他国家也大体相同,因此,本书所得出的经验和见解超越了英国国界。

当然,长期内的银行业稳定性的研究需要规避一些风险。一个最显著的风险是怀旧风险,历史研究使人们充满眷恋地回顾银行稳定的宁静岁月。这样怀旧的结果是人们最终建议银行业回到"旧时好时光"的路径上去,所有之后在银行受到监管时期从整个社会角度来看最优的银行创新都将被一笔抹杀。[①]

长期回顾的另一个风险是在此期间银行的性质发生了变化,以至于 19 世纪的银行与 21 世纪的银行(以及相应的银行危机)没有了相似性。本书采取了最小化该风险的办法,即关注商业银行,也就是说,这些银行吸收存款并向商业实体、政府和个人发放贷款。在过去的两个世纪里,英国商业银行时常发生重大变化:现代银行提供的服务范围比其前辈更加宽泛,从规模和业务范围来说,他们显然更大,并且多数银行全球运作。可是,在过去的两个世纪里,商业银行两个关键的经济功能并没有发生变化。第一,英国商业银行一直以现钞或交易存款的方式向其客户提供支付手段。第二,英国商业银行一直是储户(通常是个人)与借款人(通常是企业,但不全是企业)的资金中介。[②]

---

① 参见 Bhidé,*A Call for Judgment*。他充满洞见的金融创新批判中,建议回归到半个世纪前的银行业,也许太过分了。

② 在《狭义银行》(Narrow Banking)一文中,奥法尔(Offer)认为,与现代商业银行不同,维多利亚时期的商业银行主要是向商业实体提供流动性,并不涉及大量的到期转换。虽然这方面的借贷都是短期借贷,但是,绝大多数都是滚动的。

基本观点

银行是具有内在风险的商业体，原因很简单：银行借出的是其他人的钱，而不是自己的钱。这样就出现了激励问题，因为如果有风险的贷款取得预期效果，银行家获得了绝大多数收益；如果有风险的贷款成为不良贷款，储户而不是银行家承担绝大多数成本。除非这个问题得到解决，否则，这种激励问题最终就会导致银行业的不稳定性。本书提出的基本观点是，当解决处于银行业核心的内在激励问题的两个条件中的一个存在时，银行业就会非常稳定。

第一个条件是，银行股东对银行倒闭承担责任。这意味着什么？基本理念是，当银行股东因银行倒闭而承担巨大损失时，他们将确保其银行正确而又谨慎运营，从而极大降低了银行第一个倒闭的可能性。如此，银行储户就可以确信他们的储蓄是安全的，因为银行家有激励去保证储户资金得到公正的处置。

当银行倒闭时，股东失去了什么？第一，股东失去了其投于银行的全部资本。第二，如果其责任不是有限的，由于银行倒闭，股东还将面临对其个人财产的追索。例如，银行股东可以负有无限责任，当银行倒闭时，他们有责任弥补银行资产负债表上的亏损，直至拿出他们最后一个便士——或者按照 19 世纪奇怪的专业术语，直至他们的“最后一亩地再加上 6 便士”。还有一种可能是，银行股东可以构造一种介乎完全有限责任和完全无限责任之间的形式，例如股东承担已付资本的倍加责任。

第二个条件是,当银行受到政府控制的约束时,银行业就相当稳定。例如,可以要求银行持有大量的低风险政府债券,以及限制银行向高风险或投机行业贷款。这样繁重的限制给银行家穿上了紧身衣,严格限制他们敢冒超额风险的癖性,从而维护银行业的稳定。

本书旨在阐释 1800 年以来英国银行体系的稳定性(或者不稳定性)。为测度长期银行体系的稳定性,本书使用了一种创新方法。通过仔细研究两个世纪银行股票价格和倒闭率,得出了与标准的英国银行史叙述方法完全不同的结果,这种方法将银行危机和银行倒闭划分为更多的阶段,从而区别了银行不稳定性各个阶段的严重程度。①

这种创新方法的使用表明,英国在过去两个世纪的历史中仅有两次重大的银行系统危机。第一次重大的危机是 1825～1826 年的危机;第二次是 2007～2008 年的大崩溃。其间,存在银行体系承受压力和脆弱的银行倒闭的历史时期,但是,根本谈不上重大危机以及对银行系统总体稳定性的威胁。尤其是与两次重大危机造成的经济体产出的下降相比,这些小危机和不稳定阶段对实体经济的影响是有限的。事实上,有一些小危机,特别是 19 世纪发生的一些小危机,由于它们消除了脆弱的、风险嗜好型的银行,从而起到了增强银行体系的作用。

关于银行稳定性的长期审视还揭示了在英国银行历史上 2007～2008 年银行危机的规模和严重性是前所未有的。历史上的危机从

---

① Collins, *Money and Banking in the UK*; Bake and Collins, 'Financial crises'; Reinhart and Rogoff, *This Time Is Different*; Grossman, *Unsettled Account*; Capie and Wood, *Money over Two Centuries*.

没有出现过如此大范围的银行系统的崩溃。过去的危机也没有出现为了拯救银行系统,需要纳税人和货币当局如此大规模干预的情况。过去的危机之后没有出现如此深度的经济体产出下跌、如此长期的经济疲软以及如此大规模的公共债务的增长。换句话说,引用一句已经被过度使用的话:“这次真的不同。”

除了阐明 1826～2007 年间英国银行系统相对稳定之外,本书的余下内容主要阐释两个基本问题:(1)为什么在如此长的时期里,英国银行系统没有发生危机?(2)为什么 2007～2008 年发生了崩溃?本书还要阐释的一个问题是:为什么发生了 1825～1826 年的危机?

1826 年之前,英国银行体系频繁发生不稳定,但是,1825～1826 年的危机是那个时代最严重的危机。这次危机完全因英格兰而起,之所以发生,是因为银行仅限于合伙制,这就意味着银行规模小,所以资本不充足。苏格兰之所以能够逃离 1825～1826 年危机而未受伤害,,主要是因为与英格兰和爱尔兰的法律相比,苏格兰合伙人法案具有高度的弹性。结果,苏格兰银行更像股份制公司,面对经济冲击时更加稳健。值得关注的是,1826 年英格兰进行了危机后的银行体系改革,使英格兰银行更像苏格兰银行,银行成为股份制公司。

虽然不时经历焦虑阶段、货币市场紧张时期以及不断出现的银行倒闭,但是,1826 年之后的 175 年里英国银行体系保持了相对稳定性,并没有出现系统性危机或重大危机。这个显著的长期相对稳定性,用什么因素可以加以解释呢?简言之,在整个历史时期里,存在银行稳定的两个条件(前面已经概述),所以造就了下面的结果:一个是银行不去承担过度风险,另一个是银行体系是稳定的。

19 世纪 20 年代中期银行注册法自由化,要求银行实行股东无限责任。这意味着当银行倒闭时,股东有责任拿出最后一便士来偿还银行倒闭带来的储户的损失。由于无限责任是连带的和相关的,如果有些股东没有能力满足追索责任,较富裕的以及尚有清偿能力的股东就要面对更多追索。相应地,人们会预期无限责任银行不会有大量富裕的股东。然而,本书中大量的事实表明,恰恰相反,当发生银行倒闭时,储户所有的储蓄都能得到偿还。另外,在那个时代,银行倒闭扮演着经常性的提醒人,提醒所有者承担责任,因为股东面临追索,以弥补银行资产与负债的赤字。

由于一旦发生银行倒闭,股东,更重要的是银行董事和经理人将承担损失全部财富的风险,因此,无限责任产生了一种激励,即约束银行冒超额风险的行为。这样,因为银行没有过度冒险,银行体系能够应对周期性冲击,每一次危机后也没有内生的、银行信用推动的资产繁荣。

1878 年格拉斯哥市银行(City of Glasgow Bank)的倒闭导致绝大多数股东个人破产,也对其他银行股东造成了过于沉重的压力。此后,股东责任制便被稀释了,银行采用了介乎完全有限责任和无限责任之间的折中方案。所有英国银行迅速转换为这种新型的责任制,一旦发生银行倒闭,银行便可以选择并准确界定股东责任范围。19 世纪 80 年代英国中等规模的银行一旦倒闭,股东对 1 英镑的资本金所承担的责任最高是 2 英镑。因为中等规模的银行也具有高总资本—储蓄比率,所以,这种新体制仍能够向股东和经理人提供足够的激励,避免冒超额风险。因此,即使无限责任制终结之后,银行股东仍继续承担责任。

前面所描述的扩大的股东责任在英国银行业中持续到 20 世纪 50 年代，到了 20 世纪 50 年代才被一并解除。然而，这种解除使股东责任在很大程度上是象征性的，因为一旦银行倒闭，1950 年股东负责给付的比率大约为总储蓄的 3%，这与 1900 年的 33%相比大幅下降。同时，资本—储蓄比也下降到了非常低的水平，从 1900 年的 18%下降到 1950 年的 4%。这两个比率的下降很大程度上是两次世界大战期间高通货膨胀的结果，其间，储蓄出现了巨大增长，而延展的股东责任和银行资本金并没有出现同样的增加。重要的是，到了 20 世纪 40 年代，股东不再承担责任，事实上一旦发生银行倒闭，他们几乎不承受任何损失。那么，为什么银行不去冒超额风险呢？为什么银行还能保持稳定呢？本书给出的答案是，银行不去冒超额风险并能够保持稳定，是因为英格兰银行和财政部对他们施加了巨大的约束。

从 1939 年到 20 世纪 70 年代，一方面，为了对高额国债发行提供资金，大量的国债因打第二次世界大战和战后重建而发行；另一方面，为了将贷款引向关键行业和关键产业，财政部采取了金融抑制政策。这些政策意味着银行被约束，银行面临针对流动性比率和贷款“问责”的麻烦，从而使他们不能够冒超额风险。最终，金融抑制政策限制银行冒风险，结果是储户和金融当局完全不关注银行资本水平低的问题。因此，人们可以将金融抑制政策视为股东资本金的替代品。

英国的金融抑制政策并不是通过国家立法正式施加于银行的，相反，英国银行参与英格兰银行为中心的非正式的监管体系。财政部将其需求和希望传达给英格兰银行，之后，英格兰银行将财政部的需要和希望传达给清算银行，也就是主要的商业银行。[①] 清算银行确信他们的政策总是与英格兰银行的政策以及财政部的希望保持一致。英格兰银行与清算银行之间的这种非正式关系在第二次世界大战时英格兰银行行长蒙塔古·诺曼(Montagu Norman)的治理下得以发展。银行和英格兰银行对国有化威胁日益增强的担忧，某种程度上使它们之间的关系更加紧密。清算银行满足银行的所有要求，要么因为作为允许成立卡特尔的交换条件，要么因为来自英格兰银行或财政部的不明确的威胁。

如此看来，自 1826 年到两次世界大战期间银行长期稳定性主要归因于股东责任；第二次世界大战结束后到 20 世纪 70 年代，由于严厉的金融抑制政策，银行无力转移风险。那么，为什么发生了 2007～2008 年的大崩溃呢？简单的回答是，金融抑制政策结束后，慢慢解除了对银行的约束，不再想回到 1939 年前股东负责的世界。除此之外，还有一种看法，即如果银行倒闭——尽管一个世纪以来对小银行机构的救助并没有缓解银行倒闭问题，他们最终仍会得到纳税人救助。并且，人们开始看到，当银行经营活动的约束被解除时，银行家们面对的是不良激励。虽然试图通过监管和风险加权资本充足率来限制银行所承受的超额风险，但是，这样的企图最终毫无效果并起到了反作用，因为事实上这些企图诱发了银行承担不合理风险的激励。

尽管 20 世纪 30 年代大萧条时期英国经历了严重的经济下滑，

---

① 之所以被称为清算银行，因为他们控制着伦敦清算所并是伦敦清算所会员，支票和其他银行支付凭证在伦敦清算所清算。

显然,与当时许多其他经济体不同,英国并没有经历银行业危机。本书中至少阐明了使英国银行体系在大萧条期间免遭危机的三个原因:(1)扩展的股东责任和高资本—储蓄比率的作用;(2)英国银行较大规模地持有政府债;(3)英格兰银行起到了最初的监管作用。

本书通过对长期内英国银行业稳定性所进行的研究,可以得出以下政策选择:银行必须面临严格的经济监管,正如金融抑制时代所做的那样。或者,银行倒闭后,通过对银行股东的资本追索,让银行股东承担责任。由于资本错配问题,与金融抑制相关的严格规管是高度无效率的,因此,股东承担责任就是唯一可行的政策选择。当且仅当政府做出可信承诺,未来对犯错误的银行不再实施救助时,这项政策才可能是有效的。但是,这一切在政治上可行吗?英国银行业历史最后的教训是:政治乃银行业稳定性的最终决定因素。

1825～1826年危机的大致原因就是小规模、资本严重不足的银行的出现。1826年前这类银行出现的原因是英格兰银行的注册歧视政策,其他所有银行限定为合伙组织形式,并且发行钞票的银行不得少于6位合伙人。为了提供贷款,帮助政府获得支出所需的资金,以及在军事紧张时期增大钞票发行更具有弹性,英格兰银行被赋予了垄断英国股份银行的地位。最终,因为英格兰银行是对国家的生存、新生的民主做出贡献的重要机构,所以英国的政治精英(被贵族和地主阶级控制)支持这样的安排。支持英格兰银行的垄断地位,还存在一种自利动机:保持银行小规模,限制向小农场主提供的信贷规模,从而有助于大土地所有者维持实力和对小农场主和佃农的控制力。

2007～2008 年大崩溃也存在政治根源。在危机前 10 年左右的时间里,英国银行和金融体系为英国经济带来了大量的、无形的收益。英国银行还对结束于 2007 年的十年国内生产总值(GDP)及其增长做出了重大贡献。这样的增长情况赋予了银行体系过度的势力和对政治家的影响力,从而使银行更容易影响、操纵并最终控制监管当局。对于政府的经济政策以及政府在健康、教育和社会福利的支出安排——能够增加工党政府在公共部门工人和福利受益者中的政治势力基础,故而伦敦金融城的显著成就是至关重要的。银行和政府的共生关系使金融服务管理局(Financial Services Authority, FSA)饱受压力,其监管过程中也就宽大为怀了。① 这还意味着,银行能够去冒他们想承担的任何程度的风险,而无需担心监管审查。

希望看到道德败坏的银行家和激进的银行高级经理人龌龊故事的读者将会失望了。归根结底,本书中不涉及个人特性和文化,因为这些都内生于银行运作的制度环境。换句话说,像弗雷德·戈德温(Fred Goodwin)一样的银行家是他们所处的环境的产物,他们只是因应其所面对的激励结构。根本而言,银行业危机不是特定个人的失败,相反,银行业危机是制度和政治环境的失败。

本书的架构

本书第 2 章提出了银行业不稳定性理论,主要目标是探讨银行家风险转移的概念,银行增大了未被发现的贷款组合风险,而让储户付出代价。风险转移的规模和普遍性是决定后续银行业危机严重性

---

① *The Failure of the Royal Bank of Scotland*, p.261; House of Commons Treasury Committee, *Banking Crisis: Regulation and Supervision*, p.11.

的关键决定因素。第2章提出，当且仅当通过扩展股东责任而让股东负起责任或者政府对银行活动施加严厉的规管，风险转移才能被充分消除。

概述英国银行业系统演化从而形成分析背景之后，第3章采用银行倒闭数据和175年里股票价格月度数据所形成的复合指标，测度了过去两个世纪银行业系统的稳定性。数据显示，在过去两个世纪里英国银行业仅发生了两次系统性危机——1825～1826年危机和2007～2008年危机，最近一次危机是英国迄今所经历的最大的一次银行危机。介于两次重大危机之间，发生了6次小的银行危机(即1836～1837年、1847年、1857～1858年、1866～1867年、1878～1879年以及1974年)。

第4章阐述了重大银行业系统危机和6次小危机。作为不同方式加以阐述的部分，分析了各个危机期间倒闭的银行(或受金融当局救助的银行)的事务，目的在于估计其在倒闭之前是否存在风险转移的情况。显然，在每一例银行倒闭中，经理人和股东所冒风险达到了极限，并且在某些案例中，达到了欺骗性的边缘。

第5章简述了银行资本的演变，并阐述了在2007～2008年银行危机前夕英国是如何拥有了一个资本金严重不足的银行业体系的。在某种程度上，这是本书具有基础意义的一章，因为本章强调了在英国银行体系稳定性中股东和资本的作用。本章特别关注的是19世纪银行系统稳定性中无限责任的支撑作用。第5章还揭示了继1878年格拉斯哥城市银行倒闭之后，储备责任和未缴股本的发展变化。[①]

---

① 在储备责任和未缴股本安排的背景下，股东责任被设定为已缴股本的倍数。两者的主要区别是，前者只有当银行倒闭时才能收缴，而后者可以被随时收缴。

本章揭示了介乎无限责任和纯粹有限责任之间的“折中方案”为何存在被通货膨胀弱化的潜在可能性(不同于无限责任)。正如第 5 章所讨论的那样,这种情况发生于第一次世界大战和第二次世界大战期间,此间已缴资本和未缴资本出现了大幅下降。1958 年取消未缴资本责任导致一旦发生倒闭,英国银行不具有额外的责任。另外,本章讨论了那时的银行资本充足率处于历史上的低水平。然后,第 5 章阐明了为何 1958 年低水平银行资本充足率在 20 世纪余下的时间里没有得到明显改善,还阐释了为何 20 世纪 90 年代以来英国银行业资本状况进一步恶化。

第 6 章分析了危机期间英格兰银行(和财政部)“救火”作用的演变。本章揭示了 19 世纪最后贷款人的理论和实践的演变,并描述了政府如何哄骗和激励私人所有的英格兰银行扮演公共物品提供者的角色。本章讨论了为何最后贷款人没有避免过度扩张的银行倒闭的命运,它仅仅避免了高能货币需求的极大增长,以免陷入虚假流动性危机。接着,第 6 章揭示了对银行和金融系统的支持如何超越了最后贷款人角色。1890 年救助巴林银行之后,英格兰银行和财政部不愿意出现银行倒闭,以免某家银行倒闭危及银行体系的整体稳定性。事实上,第 6 章揭示了到 20 世纪 20 年代,英格兰银行和财政部都不赞同让任何一家主要银行倒闭。银行损失的社会承保具有严重的影响:相对而言,银行储户不关心风险转移,而纳税人关心风险转移。

第 7 章关注了银行规管和银行业稳定性之间的关系。实质上,本章审视了当银行损失由社会承保成为既定原则时,风险转移是如何受到约束的,以及这些约束后来又是如何被弱化的,进而导致

2007～2008年的金融危机。第7章揭示了为第二次世界大战期间积累的巨额国债融资的政策导致的英格兰银行和财政部的规管。本章描述了这些规管被取消时,英国银行业体系如何面对两个问题:银行资本水平极低以及英国没有严格的银行监管体系。解决这些问题的探索以及试图与1988年10国集团的《巴塞尔协议》中的资本充足率规制保持一致造成了一个具有深度缺陷的监管体系。这个体系鼓励监管当局的相机抉择,导致不当地承担风险激励,降低了银行业生态系统的多样性,最终导致监管当局被银行俘获。

第8章考察过去的主要政策教训,为现在提供启示,这里不涉及时代错误或历史偶发事件。这项关于两个世纪英国银行业的研究提出的明确的政策选择是,因为银行股东对银行损失负责是风险转移的最佳约束条件,所以,扩展的股东责任的某些形式应当被重新引进银行业。然而,正如第8章所阐释的,这样的政策将不再具有可能性了,因为银行业稳定性问题归根结底是一个政治经济问题。

2

银行业的不稳定性与风险转移

货币、银行和金融法制的历史可以被解释为探索消除金融不稳定性的(金融)结构的历史。历史经验表明这样的探索是失败的，理论表明寻求一个永久性解决方案是没有结果的。[①]

——H. P. 明斯基(H. P. Minsky)

导言

本章旨在对银行业不稳定以及银行体系经历危机的原因进行概念化和理论阐释。本章不涉及一旦危机发生应当如何应对的问题，而是关于最初危机发生的原因。重要的是关于银行业稳定性的概念

① Minsky, *Stabilizing an Unstable Economy*, p.349.

性思考，因为这有助于构建和解析过去两个世纪英国银行业稳定性的历史。

本章第一部分通过描述银行业危机为何能够对经济乃至政治稳定产生广泛影响，从而解释银行业稳定性重要的原因。第二部分运用了一个假设性银行，发现关于银行会倒闭的原因，大量的文献所给出的是传统意义上的原因。这一部分阐释了银行资产与负债本质上的脆弱性使银行容易发生不稳定性。第三部分认为大量的文献给出的这些脆弱性只是对银行业不稳定性的不完全解释。接着，在这一部分中给出了一个假设性银行，并基于银行家、股东和储户激励结构，提出了银行业不稳定性理论。尤其是，阐明了“风险转移”概念，当银行家机会主义地增大银行资产组合风险时，储户观察不到这种风险。当资产价格提高，突然又转而下降，或者银行体系遭受外部冲击时，风险转移就会导致银行业不稳定。第四部分讨论风险转移问题潜在的解决方案。正如这里所表明的，本书不赞同关于银行业稳定性解决方案的明斯基悲观主义论调。

为什么银行业不稳定性至关重要

莫迪利安尼(Modigliani)和米勒(Miller)1958 年关于公司资本结构的重要论文的主要影响令人震惊：金融是无关紧要的。[①] 也就是说，对于经济成就和波动来说，真实资产的投资是至关重要的，而不是这些资产的融资方式。换句话说，银行和金融市场对实体经济没

① Modigliani and Miller, ‘The cost of capital’.

有影响。然而，大量的经验事实表明，在因果意义上，对于经济增长来说，银行是重要的。[①] 对于经济增长来说，银行的重要性源自其在金融创新和企业家精神方面的熊彼特式的作用。[②] 然而，当银行倒闭时，银行系统的重要性才最终显现出来。由于银行倒闭影响信用媒介和货币供给，因此，银行倒闭导致社会福利损失。银行倒闭还会造成对于更大金融体系的负外部性，甚至对政治稳定和健康造成有害影响。[③]

关于银行业危机对货币供给影响的最著名的观点是弗里德曼(Friedman)和施瓦茨(Schwartz)关于美国大萧条的研究。[④] 大萧条时期众多银行倒闭造成了货币供给紧缩，同时现金—储蓄比率下降，降低了货币乘数效应，因而消除了美联储设定的准备金效应。由于弗里德曼和施瓦茨是货币数量论的鼓吹者，他们的立场是货币供给量的快速下降导致国民收入下降，最终导致价格水平的下降。

伯南克(Bernanke)认为，大萧条时期货币供给下降数量太小，不足以解释后续产出的下降。[⑤] 按照伯南克的看法，也是卡洛米勒斯(Calomiris)和梅森(Mason)的看法，大萧条时期的银行倒闭通过向企业家、农场主和小商人提供的信用中介的急剧收缩(也就是“信用恐慌”)来影响宏观经济。[⑥] 在对1980～2000年41个国家的研究中，

---

① Beck and Levine, ‘Stock markets, banks, and growth’; Goldsmith, *Financial Structure and Development*; Levine, ‘Financial development and economic growth’; Levine and Zervos, ‘Stock market, banks, and economic growth’; Mckinnon, *Money and Capital*. 银行与经济增长的关系呈现倒U形曲线(Arcand, Berkes and Panizza, ‘Too much finance?’)。

② Bodernhorn, *A History of Banking in Antebellum America*, ch. 2; King and Levine, ‘Finance and growth’.

③ 关于危机对美国自我报告福利的影响，参见Deaton, “The financial crisis”。

④ Friedman and Schwartz, *The Great Contraction*.

⑤ Bernanke, ‘Nonmonetary effects’.

⑥ Calomiris and Mason, ‘Consequences of bank distress’.

戴尔艾瑞奇(Dell' Ariccia)等人发现银行业危机对实体经济有影响,这种影响是通过借款渠道产生的。[①] 与事实保持一致的是,2007～2008 年大崩溃之后,产出的严重下跌完全是因为投资下降——产出的构成对银行体系的崩溃极其敏感。[②]

为什么银行业不稳定会导致信用恐慌?银行具有专业知识,能够将信用好的借款人与信用差的借款人区别开来,从而避免借款人获得贷款后会出现道德风险。筛选、管理和发展长期客户关系以及与消除非对称信息费用相关的会计成本产生了信用中介成本(CCI)。银行业不稳定性干扰了银行在信用中介过程中的作用,存在以下几个方面的原因:第一,银行倒闭导致信息和长期关系被破坏,推高了信用中介成本。第二,银行业不稳定常常导致银行增大自身资本,从而导致了银行贷款收缩。第三,因为银行业不稳定常常与资产价格下跌、担保品的价值下降相关联,从而导致信用中介成本上升和贷款收缩。[③] 最终,由于担保品的价值下跌,导致贷款的螺旋下降,进而导致资产价值的进一步下跌,如此循环往复。[④] 第四,对"甩卖"损失的恐惧导致了非现金资产过剩,银行坚守资产,期望价格恢复。这样就增加了银行对流动性资产的需求,因而降低了对企业家的贷款资金规模。第五,由于对银行安全的担心,储户提取资金。相应地,银行以降低贷款规模为代价,增加准备金和流动性资产。

虽然银行业不稳定性干扰了信用中介,但是,通过其他方式,信用活动仍在进行。可是,银行信用转换为其他方式的信用极大地增

---

① Dell' Ariccia, Detagiache and Rajan, 'The real effect of banking crises'.
② Hall, 'Why does the economy fall to pieces after a financial crisis?'
③ Bernanke, Gertler and Gilchrist, 'The financial accelerator'.
④ Kiyotaki and Moore, 'Credit chains'.

加了信用中介成本。如果银行业危机伴随着巨大的通货紧缩，则信用中介成本的提高将是复合型的，从而侵蚀担保品价值并提高待清偿债务的实际负担。① 按照伯南克的看法，这样的信用恐慌情形不仅解释了美国大萧条的程度，而且揭示了大萧条的期限，因为需要时间创建新的信用渠道或者重建旧的信用渠道。②

正如2007～2008年大崩溃以及早期的历史阶段中人们所见证的，银行业不稳定性发生之后，继之而来的就是主权债务危机。③ 这种转换机制可以归因于或有负债，政府对私人银行的巨额债务承担了责任。④ 如果主权国家持有大量的以外币计价的债务，也可以归因于货币危机。⑤ 另外，系统性银行业危机之后的金融崩溃可以造成政府债务的大幅增加以至于达到不可持续的水平。⑥

银行业不稳定性还会导致政治不稳定性。⑦ 如果银行业危机造成GDP下降、经济增长停滞以及普遍失业和经济紧缩，民众就会反对政治领袖，正如1997年亚洲金融危机之后印度尼西亚所发生的那样。金融不稳定也可能是由于救助银行业的政府行动所导致的。例如，拯救银行体系的政府举措将造成财富从纳税人手里转移给银行，从储户手里转移给债权人。除了危机对宏观经济造成致命影响之外，这些转移机制可能导致社会骚动和广泛的政治不安定。

基于经验事实，测度银行业危机成本着重于解除危机的直接成

① Bernanke and Gertler, 'Agency costs'.
② Bernanke, 'Nonmonetary effects', p.272.
③ Reinhart and Rogoff, 'From financial crash to debt crisis'.
④ Diaz-Alejandro, 'Good-bye financial repression'.
⑤ Kaminsky and Reinhart, 'The twin crises'.
⑥ Reinhart and Rogoff, 'The aftermath of financial crises'.
⑦ de Bromhead, Eichengreen and O'Rourke, 'Right-wing political extremism'.

本和危机的福利成本，用产出损失加以估算。[①] 1970年后的银行业危机成本估计值是巨大的。例如，哈格盖尔斯(Hoggarth)等人发现，在20世纪最后25年中，银行业不稳定的各个时期造成的平均产出损失占当年GDP的15%～20%。[②] 相似地，在对1970年后危机的研究中，莱文(Laeven)和维伦西亚(Valencia)估计得出，1970～2006年和2007～2009年危机带来的产出损失均值分别为GDP的19.5%和GDP的24.5%。[③] 此外，两个阶段平均直接财政成本占GDP的百分比分别是10.0%和4.9%。[④] 在如此显著的成本情况下，我们需要首先弄明白为什么银行业变得如此不稳定。

为什么银行体系不稳定?

对于现代银行业的演变，传统教科书的解释往往从银行家提供货币保管功能(比如，保管贵金属货币)开始。[⑤] 然后，经历了实践、创新和模仿，呈现出这样的情形：银行家发行钞票，可以兑换贵金属货币；银行家创造了支票，提供了存款互换。由于储蓄额得到了100%银行储备金的支持，因此，这样的银行只是库房。结果是，除非遭到偷窃或者国家征收，由于钞票持有者、支票持有者和储户总是可以被保证拿回他们的资金，故而这样的银行是稳定的。然而，这样的银行体系是高成本的，因为保持100%的贵金属储备，机会成本是巨大的。

---

① Laeven, 'Banking crises'.
② Hoggarth, Reis and Saporta, 'Costs of banking system instability'.
③ Laeven and Valencia, 'Resolution of banking crises'.
④ Laeven and Valencia, 'Resolution of banking crises', p.22.
⑤ White, *The Theory of Monetary Institutions*, pp.1－19.

本质上，100%准备金的银行提供的是支付功能，但是，银行并没有涉及将储户的资金贷给借款人的中介功能，即在有资金而没有生产机会的人与有生产机会但无资金的人之间的金融中介功能。

金融创新和实验使银行家发现他们无需持有充足准备金来满足储蓄提取和钞票兑付。银行家可以保持部分准备金，将一部分储蓄贷给企业家并将余下的资金投资于证券。标准的银行应当拥有一份与表 2.1 类似的资产负债表。

表 2.1　　一个假设性银行的资产负债表

资　产(百万英镑)		负　债(百万英镑)	
准备金	5	流通中的钞票	10
银行间储蓄	4	活期存款	30
证券	19	非交易存款	30
贷款	66	借款	22
其他资产	6	资本	8
	100		100

现在，我们有两个问题需要回答。第一，根据现有的文献，什么因素导致了这个假设性银行的倒闭？第二，银行倒闭将对银行体系产生负外部性吗？为了回答这些问题，我们必须基于资产负债表中资产方和负债方来考虑这个银行的脆弱性。

就资产负债表中的负债方而言，这个银行面临着银行挤兑的威胁。因为储蓄合约有先到先得的兑付条款，对银行不能满足将来取款的任何怀疑都将导致理性储户蜂拥而至，提取其存款。因为这样蜂拥而至的情形将迅速耗竭银行的贵金属储备，银行必须卖出其市场上可以交易的证券以筹集额外的准备金，或许可以通过向其他银行借来贵金属以增加准备金。我们假设的银行在出售证券过程中将面临一个问题，为了快速卖出证券，银行会变得更加缺乏流动性。换句话说，银行将承担“抛售”损失。这家银行还将发现竞争银行不愿意向其提供贷款，因为(1)挤兑会造成银行间市场对这家银行清偿能力的担忧；(2)挤兑造成其他银行更加担心，以及(3)拥有过剩准备金的银行担心将来的流动性会蒸发掉。结果是他们将囤积其过剩准备金。因为贷款组合非常缺乏流动性，对于卖方银行来说，试图卖出贷款组合会造成巨大损失。这样的情形为最后贷款人角色提供了理性依据，最后贷款人将针对暂时缺乏流动性的资产提供贷款，及时提供流动性。

触发银行挤兑的最初原因是什么呢？在戴蒙德—戴威格(Diamond & Dybvig)的银行挤兑模型中，无银行挤兑均衡是脆弱的，观察到其他银行发生挤兑、不良的收益报告、宏观经济的负面新闻或太阳黑子触发了挤兑现象。[①] 由于这些变量(更不用说最后一个变量)没有被植入戴蒙德—戴威格的银行挤兑模型，模型中的银行挤兑不是由实体经济因素触发的，而是由随机因素和储户的非理性行为触发的。[②] 然而，储户挤兑不是因为预期其他储户挤兑，而是因为担心实体经济事件会损害银行资产以及银行偿付储户的能力。

银行能够自我控制吗？他们可以改变合约性质以便储户不被按需给付，而且不受依序服务(先到先得)的约束。然而，这种类型的合约制度将不再是历史上的或现代的银行制度。虽然银行可以通过谨

① Diamond and Dybvig, ‘Bank runs’.
② Dowd, *The State and the Monetary System*, p.17.

慎贷款、持有充足准备金以及其他类型流动资产挫败挤兑，但是，他们不能完全控制挤兑。这里存在一个悖论，储蓄合约的这些特征将有助于增进稳定性，因为银行挤兑威胁将鼓励银行家们谨慎运作。[①]如果出现挤兑威胁，银行可以临时性关闭，或者延迟储蓄提现，从而遏制挤兑。可是，这也只是延迟了不可避免的银行崩溃。

银行挤兑可以传染，从不健康的银行传染到健康的银行，进而可能导致重大的社会福利损失。由于储户的非理性和纯粹恐慌，挤兑具有传染性。还因为信息不对称，即储户没有区分健康的金融机构和不健康的金融机构的信息，挤兑便具有了传染性。再者，由于网络外部性，即通过银行间市场和衍生品市场的银行体系的互联性，挤兑具有传染性。例如，一家金融机构有能力对其他健康的银行产生影响。

就资产负债表中的资产方来看，我们的假设性银行也具有潜在的脆弱性。如果其证券价值或贷款价值下降超过 800 万英镑，那么，从技术上来说，银行就失去了清偿能力，储户就会面对损失一部分资金的风险。事实上，如果储户或其他债权人预期一家银行资产价值将下跌，他们就会挤兑这家银行，从而促使其快速覆灭。

为什么银行资产价值会下跌呢？一种可能是经济体经历了外部冲击，造成资产价值下跌。有些外部冲击，比如自然灾害、军事镇压，将触发可能彻底摧毁银行的资产价值的巨大下跌。虽然供给冲击或其他经济冲击也会降低资产价值，但是，如果此时谨慎经营，假设性银行不至于出现问题。在某种意义上，我们可以将银行业稳定性与

① Calomiris and Kahn, 'The role of demandable debt'.

地震多发城市的建筑物结构稳定性加以类比。在地震多发城市里，建筑物要能够承受一定的震级。假设性银行与之相类似：经理人要了解过去经济冲击的规模和频率，相应地，他们的资产—负债管理政策必须考虑到这些信息，从而保证能够应对未来的冲击。

银行本身会是银行业不稳定性的原因吗？按照明斯基的观点，银行业是"一个破坏性力量，会诱发和扩大不稳定性。"[①]在他看来，银行经理人有一种倾向，在不降低预期银行证券收益的条件下，提高杠杆比率，这样就会诱导银行客户提高其杠杆比率，相应地，就会导致投机行为和庞氏金融骗局以及增大经济不稳定的可能性。当不可避免的金融崩溃到来时，资产价格和担保物价值双双下跌，继之而来的就是银行资本枯竭以及银行清偿困难。在这种情况下，金融危机并没有任何外生原因；银行就是内生的稳定的破坏者，银行体系内在的顺周期性使其面对危机具有脆弱性。明斯基的理论提出的问题比他回答的问题还要多得多。首先，为什么银行经理人和银行要提高杠杆比率和风险水平？为什么储户不能够对银行所承担的风险水平施加限制措施？假设他们意识到这种顺周期性，那么，为什么银行和经济机构不去调整他们的行为？

在金德尔伯格(Kindleberger)看来，触发银行业危机的银行资产价值下跌通常是资产价格泡沫破灭的结果。[②] 由于投资者的疯狂投机、非理性和"羊群效应"驱使资产价格达到了不可持续的水平，投机助长了资产泡沫。银行在资产泡沫的形成过程中起到了融资作用(因而助推了泡沫)，因为银行不仅对购买这些资产提供了资金，而且

---

① Minsky, *Stabilizing an Unstable Economy*, p.255.

② Kindleberger, *Manias*, *Panics and Crashes*.

将这些超值资产作为担保品。当不可避免的价格逆转发生时,由于泡沫资产的风险暴露,银行资产价值就出现了大幅下跌。

对于银行具有内在的不稳定的脆弱性的看法,既有的文献并没有达成完全共识。在一小部分经济学家看来,银行业不稳定性是政府干预或政府糟糕的政策造成的结果。例如,按照塞尔金(Selgin)的看法,“相反,尽管频繁发生索取,部分准备金银行制度不具有内在的脆弱性和不稳定性。真实世界的银行体系的脆弱性和不稳定性不是自由市场的现象,而是法律限制的后果”。[①] 类似地,多德(Dowd)认为,“银行挤兑的必要条件是对货币体系的外部干预(比如,国家干预)”。[②] 其他的政府政策,包括储蓄保险计划和纳税人救助,破坏了银行的稳定性,因为它们造成了道德风险问题,储户和其他债权人很少努力管理和约束银行,银行所冒的风险更大。[③] 正如本书中所描述的,英国银行业稳定性的历史记录几乎不能对银行业不稳定性的此种观点提供支持。

风险转移与银行业不稳定性

前面关于银行脆弱性的描述仅仅是关于银行体系变得不稳定的原因的不令人满意的解释,因为在一定程度上,这些是大致的原因。另外,更重要的是银行家、所有者和储户的激励结构被忽视了。因

---

① Selgin, ‘Legal restrictions’, p.456.

② Dowd, *The State and the Monetary System*, p.23.

③ Benston and Kaufman, ‘The appropriate role of bank regulation’; Falannery, ‘Deposit insurance’; Kareken and Wallace, ‘Deposit insurance and bank regulation’; Selgin, ‘Legal restrictions’.

此，在这一部分中我们提出了一个更完整的理论：阐述了最终决定银行风险暴露程度的银行所有者和银行家行为的理论。从根本上来说，正如这里所讨论的，银行资产与负债的特殊性意味着经理人和股东在其银行的稳定性进而整个银行体系稳定性的决定过程中所起到的关键作用。

绝大多数现代银行是股份有限责任公司，所以，我们从假设表2.1中的假设性银行具有这样的组织形式开始分析。首先，我们假设银行所有者同时是银行经理人（也就是说，所有权与控制权没有出现分离），因此，不存在委托代理问题。

银行贷款组合是不透明的，故而储户无论任何时候都不知晓其真实价值。① 不透明的原因至少有两个：第一，银行借款人对具体项目设定很高的价值，他们不愿意将投资项目的敏感信息向公众发布，以免有利于竞争者或潜在竞争者。这就意味着银行绝不会向公众发布能够使储户评估银行贷款组合价值的每一笔贷款的充分而又具体的情况。第二，如果银行公开借款人的私人信息，就会损失信息专有投资收益。贷款组合的不透明意味着储户即使在充分竞争环境下，也无力约束银行去冒超额风险。另外，贷款组合的不透明意味着其是一种交易被替代和变形的资产：极易在未经注意的情况下转移为风险更大的贷款。这就是被人们所知的“风险转移”。

如果假设储户是完全理性的，那么，他们就会明白银行具有风险转移激励，相应地，其就会调整反映风险调整后银行贷款组合真实价值的预期。因此，他们就会对银行提出更高补偿性风险溢价。在这

① Bhattacharya, Boot and Thakor, '*The economics of bank regulation*', p.761.

种情况下,全部债务的委托代理成本都由银行所有者承担,而不是由储户承担。然而,储户不是完全理性的,风险转移收益归银行,而储户一定程度上承担了成本,因为他们获得了比贷款组合潜在风险低的风险溢价。[①]

在储户完全理性的世界里,银行从事风险转移将导致储户提出排他性的、补偿性风险溢价,除非他们得到银行不会从事风险转移的可信承诺。没有这样的可信承诺,银行服务就会显著不足。然而,如果储户想要进入支付系统,或者如果金融市场处于分割状态,他们不得不在一家银行储蓄,除此别无选择。这种情况是可能的。因此,即使在储户具有完全理性的世界里,银行也能转移风险。

根据风险转移的定义,储户难以发现风险转移。然而,当银行体系面临实体经济或货币冲击时,个别银行或一系列银行暴露出风险转移。外部冲击导致资产价值下跌和借款人违约,最终,涉足大规模风险转移的银行宣布无力清偿或者遭到认识到银行即将违约的储户的挤兑。当银行助推资产价值提高到远远高于基本价值而资产价格崩溃之后,风险转移也能够被暴露出来。资产价格下跌迫使银行陷入违约困境或者导致银行遭到挤兑,进而导致银行违约。如此,资产价格泡沫将要求银行体系进行大规模的信用扩张,从而导致系统性银行业崩溃,而不只是单个金融机构或一组金融机构的倒闭。因此,在这样的情况下,银行业不稳定性是内生的而非外生的。诚然,这样的内生性危机规模更大,而且给实体经济带来更严重的问题。

针对银行风险转移倾向的一种可能性解决方案是要求银行承诺

① Jensen and Meckling, 'Theory of the firm', p. 334; Stiglitz, 'Credit markets', p. 135.

按照储蓄额持有100%的准备金。这就消除了银行利用储户的资金进行风险转移的任何企图。这也意味着银行总能拥有足够的资金应对储蓄提款,所以再也不会出现银行挤兑,因为银行不再在部分准备金基础上运营。可是,现代银行并不是这样演进的,现代银行除了具有支付功能,还具有中介功能。银行有充分的理由在部分准备金基础上运营。第一,以准备金的方式持有储户的资金将承担巨大的机会成本,最终巨大的机会成本将由储户承担。第二,以准备金的方式持有储户的资金意味着银行不可能多样化经营。另外,虽然银行可以确保准备金不遭受火灾或偷盗带来的损失,但是,无法确保准备金不受政府剥夺。

著名经济学家弗里德曼、米勒、托宾和费雪鼓吹要求银行按照储蓄额持有100%的准备金。[①] 甚至哈耶克对这样的理念也感到高兴。[②] 然而,这种所谓狭义银行政策并非没有问题。第一,为了应对这项监管政策,其他类银行机构将兴起,100%准备金要求的强制性规定只是将风险转移问题传递给了其他类银行机构。[③] 第二,这样的监管政策会提高金融中介的交易成本,造成更高的信用成本。

针对银行风险转移倾向的另一种可能性解决方案是要求储户监控银行。银行间竞争可以确保储户对银行的约束,如果储户的监控揭露出风险转移行为,对于储户来说,仅仅储蓄转移就能惩罚行为不当的银行。[④] 然而,这种监控的解决方案也会有搭便车问题,出现监

---

① Allen, 'Irving Fisher'; Friedman, *A Program for Monetary Stability*; Miller, 'Do the M+M propositions apply to banks?'; Tobin, 'A case for preserving regulatory distinctions'; Wallace, 'Narrow banking'.

② White, 'The evolution of Hayek's monetary economics'.

③ Diamond and Dybvig, 'Banking theory'.

④ England, 'Agency costs and unregulated banks'.

控投资不足的结果。可是，活期存款先到先得的服务特征对于那些选择投资于信息发现的人们提供了激励，从而减轻了“搭便车”问题。[①] 换句话说，那些投资于信息发现的人们可以第一个排队提取他们的资金。我们预期储蓄大户与其他储户相比会更多地投资于监控。另外，储户可以委托外部人或第三方代理监控，从而避免重复监控。或许审计机构或信用评级机构可以起到这样的作用。

虽然“搭便车”问题可以最小化，但是，监控解决方案中的两个关键问题会造成无法避免风险转移。第一，正如前面所讨论的，银行贷款组合是不透明的，这就意味着储户或第三方监控者无法获得评估时所必要的贷款组合构成的信息。尽管储户或第三方监控者可以收集银行流动性、资本状况和可交易证券价值等方面的信息，但是，他们难以获得足够的信息来评估银行贷款组合的价值和风险。第二，在契约关系存续的最后阶段里，由于不会造成对风险转移银行的负面后果，因此，监控不再能够约束银行。尽管储户不会知晓最后阶段何时发生，但是，一旦未来收益现值低于风险转移现值，银行就有风险转移的激励。折现率的提高很容易导致这种情形的出现。

解决风险转移问题，还有另一个可能的方案，即要求银行投资于品牌声誉资本。克莱因(Klein)在研讨会上的论文讨论了这个论题，他认为银行可以通过诸如广告、树立声誉和建设令人印象深刻的建筑物投资于品牌声誉资本。[②] 因为这样的支出是特定资产，如果未来净收入现值大于风险转移所带来的现值，就能够起到保证竞争环境中品牌银行的运作不进行风险转移。在竞争性均衡状态下，银行特

---

① Calomiris and Kahn, '*The role of demandable debt*', p.497.
② Klein, 'The competitive supply of money'.

定资产投资价值等于银行净收入现值。如果银行业存在进入壁垒，那么，银行未来净收入流现值会更大。这种特许经营权价值的客观存在潜在降低了风险转移的可能性。①

从根本上来说，自由银行模型是建立在克莱因品牌声誉资本概念基础上的。与克莱因不同，自由银行家们认为，根据契约规定，按照事先认可的交换比率用钞票和储蓄兑换贵重商品，所以，银行处于管控状态。② 虽然自动回流（钞票和支票主要是通过清算系统回到了发行银行并且必须按照面值兑换贵重商品）限制了银行负债的过度扩张，但是，它并不能阻止银行的风险转移。事实上，自由银行家们承认，通过令人印象深刻的银行大厦和公众推介等形式的特定资产投资，更加安全的银行可以向钞票持有者和储户花钱发送金融稳健的信号，以增强信心。③

当且仅当银行无限期经营的假设前提下，品牌声誉资本的解决方案是可行的。可是，在有限期经营的假设条件下，在最后一个阶段里，品牌声誉资本投资方案就变得毫无价值，银行将进行风险转移。其结果是，在最后一个阶段，理性储户不愿意（在任何利率条件下）保持在品牌银行的储蓄。因此，银行在倒数第二阶段就会进行欺骗，通过回溯推演，我们可以推论储户在任何阶段都将拒绝对品牌银行负责，包括在第一个阶段里。尽管最后阶段何时发生并非确定的，我们可以断定在足够高的时间贴现率假设基础上，银行将进行风险转移。值得关注的是，不只是一个监管者认识到这一点，查尔斯·古德哈特

---

① Demsetz, Saidenberg and Strahan, 'Banks with something to lose'.
② Selgin and White, 'How would the invisible hand handle money?'
③ White, *Free Banking in Britain*, p.7.

(Charles Goodhart)也看到品牌或声誉资本仅当合约关系无限期或时间贴现率非常低时才是有用的。①

在消除风险转移方面,资本是有作用的,因为与储蓄相比,越多的资本所有者投资于银行,银行从事风险转移的可能性也就越低,因为一旦贷款违约发生,所有者就将失去他们的投资。相反,所有者投入银行的资本越少,风险转移的可能性就越大。例如,表 2.1 中的假设性银行杠杆比率相对较高,贷给借款人的每一个英镑仅有 8 个便士来自所有者,这就意味着高风险损失的绝大部分将由储户而不是股东承担。

如果银行自有资本相对较少,那么,一系列贷款损失就会很快地消耗掉所有者投资。一旦资本耗竭,所有者的激励就会发生变化,因为现在他们没有什么可以损失掉了。事实上,他们会有"为复活而赌一把"的激励。结果是,为了让储户确信他们去冒风险,银行所有者必须拿出更多资本并且投资于低风险类型的资产。作为缓冲器的资本规模必须达到这样的规模:即使承受了贷款损失之后,银行仍然拥有大量的资本资源。持有大量闲置资本的机会成本阻止了许多银行家进入银行业。②

资本另一个潜在的弱点是,在最后阶段里通过特别股息的方式分配给所有者。于是,由于所有者不再承担巨大的下跌风险,银行就能进行风险转移。如果银行是私人银行,这种提取资本的可能性是存在的。然而,如果银行是上市公司,由于公司法和公开发布财务报

① Goodhart, *The Evolution of Central Banks*, pp.60—4.

② Admati and Hellwig, *The Banker' New Clothes*, *p*.99,他们认为,资本可以被用于发放贷款,无须作为闲置资金持有。可是,一旦资本可向储户放贷,大部分资本必须以低风险证券的形式持有。

告的要求，秘密提取资本将不具有可能性。

至此，我们假设银行为有限责任的私人银行，并且所有权与控制权没有分离（也就是说，不存在委托代理问题）。可是，如果银行是所有权分散的上市公司，就会存在潜在的委托代理问题，增大股权资本的成本。银行经理人就会有激励，为他人而不是只为股东最大化利益。换句话说，他们会有以储户和股东利益为代价进行风险转移的激励。虽然在绝大多数企业里呈现的债务会消解委托代理问题，但是，银行的性质（正如这里所概述的）意味着债务问题并不能约束经理人。[①] 事实上，银行股权的委托代理成本会达到这样的程度：银行难以筹集足够的资本，从而让储户确信他们不转移风险。

风险转移、股东责任与监管

当银行所有者承担有限责任时，银行风险转移倾向会增大。[②] 有限责任从两个方面加剧了银行所面临的特定问题。第一，在其他条件不变的情况下，更有效的合同设计往往将责任赋予获得信息成本最小的一方（比如，银行所有者）。第二，在其他条件不变的情况下，有效合同设计还意味着责任应当赋予最少规避风险的一方。储蓄具有高度流动性，因为相对而言，储蓄是短期的，另一方面，与其他资产相比，储蓄更容易转换为现金。因此，有理由假设储户具有高度风险规避特征，而银行不具有风险规避特征。

---

① 关于债务消解委托代理问题的作用，参见 Jensen，'Agency costs of free cash flow'。

② Hickson and Turner，'Free banking and the stability'.

如果私人银行所有者具有联合和多人无限责任,这将为储户提供一个可信承诺,即银行不会进行风险转移。联合和多人无限责任意味着每一位所有者都有责任偿还银行债务,直到最后一个便士,而与其他所有者能否偿还银行债务无关。承诺的可信性基于三个条件。第一,如果所有者不怎么富有(比如,如果他们的全部财富都投资于银行),无限责任承诺就会变成实质上的有限责任承诺。另外,如果所有者的财富极其缺乏流动性或者以一种可替代形式存在,储户应当对承诺保持警惕。这意味着储户应当密切关注银行所有者的财富状况。第二,承诺的可信性决定于在银行进入破产程序之前所有者能够事前承诺不抛售他们的股权,这可以通过在银行章程或规章中植入一个条款来实现,从而避免他们采取这样的行动。由于在极其紧急时期(比如,当银行处于金融灾难时期)这样的条款很容易被取消,因此,归根结底,无限责任的可信性取决于法律体系能否阻止这种机会主义抛售行为。第三,所有者的数量越大,类型越多,则对储户承诺也就越大,如果所有者的财富遭受冲击,拥有不同所有者的银行就会进行风险转移。另外,少数所有者的财富也不足以弥补贷款损失。

如果银行是上市公司,这就使得无限责任承诺更加可信,因为股权是分散在几个异质个人中的。本质上,拥有更多富有的所有者的银行会有广泛的资源支撑银行储蓄。股份无限责任银行的潜在风险也有三个方面。第一,如果银行股票可以出售或转让,富有的银行股东能够保持均衡状态吗?第二,假设要各自承担连带责任,银行股东如何确保共同所有者拥有充分的财富?第三,面对全部财富的潜在损失，股东如何确保银行经理人谨慎地运作银行？

这一点可以形成共识，即如果股票可以不受限制地转让，那么，一旦股票转让给身无分文的投资者，无限责任立即变成了实质上的有限责任。① 于是，经济学家提出了维持无限责任的两个机制假设。第一，在接纳新股东问题上，采用现任股东每人一票决策机制确认新股东，以较高的成本验证所有申请成为股东的人的资质，以及对既有股东进行常规管理，从而确保一旦银行破产每一位股东都有足够的财富来履行其应承担的义务。② 通过限定将股票转移给那些拥有最低水平的财富的个人，可以使确认和管理成本最小化。③

第二，股东在出售股票后的适当期限内负有法律责任，一旦发生银行破产事件，就需要按照资产损失比例承担责任。④ 然而，这个方案可能存在一个严峻的问题：面临银行破产前景不断明显的股东在银行违约之前将股票卖给身无分文的投资者，从而就可以赖掉对债权人的售后延续责任的承诺。于是，债权人（认识到这样的承诺的无效性）将做出反应，要求得到充分的补偿性风险溢价。于是，法律强制可能是最优的，即当企业面临资金压力时，承诺在一个特定的时期里阻止抛售股票。

可是，与售后延续责任的任何强制性固定期限相关的问题依然存在。股东总是在商业周期的繁荣阶段卖出其所有权股份，售后责任期间内似乎不存在违约的可能性。然而，储户应当要求提高风险

---

① Woodward, 'Limited liability', p.602.

② Carr and Mathewson, 'Unlimited liability as a barrier to entry', p.769; Jensen and Meckling, 'Theory of the firm', p.331; Winton, 'Limitation of liability', p.490.

③ Carr and Mathewson, 'Unlimited liability', p.769; Woodward, 'Limited liability', p.606.

④ Woodward, 'Limited liability', p.606; Winton, 'Limitation of liability', p.500.

溢价，以抵补支撑银行股份的总财富量的下降。这样在长期内有利于企业审查股份出售行为，以避免财富下降。因此，仅当企业承受极端资金压力，破产预期增大，且股东倾向于集体抛售其所有权股份时，法律上强制实施售后延续责任才是必要的。

我们很容易阐明与股东申请人资格审核相关的成本能够显著降低股票流动性。这种资格审核可以委托给企业董事会成员，他们可以控制股东成员的进入门槛，从而保证持股人的总财富不被减少，值得注意的是，这项政策并不是联合所有者彼此监督和审核每一个股东申请人的方案，仅仅是董事会成员运作的一个控制机制。

这样的讨论提出了以下相关问题：股东如何才能够相信董事会成员会将财富水平低的股东排除在外？股东如何才能够相信董事会成员会不会过度冒险，进而损害股东的个人财富？如果董事会成员自己就是最富有的所有者，那么，他们就有足够的激励去全面审核股东申请人。最富有的股东会有最大的激励将财富水平低的人从股东成员中排除，因为一旦出现违约，前者就最有可能被储户诉至法庭。[①] 基于同样的原因，一旦银行破产，最富有的所有者损失最大，所以，我们期望他们参与到银行监管中去。事实上，这些所有者在银行经营上，会比其他所有者所期望的更加保守。

从根本上来说，这里提出的问题是，无限责任制银行股权资本的成本是否可以阻止(风险转移)。第一，董事审核的措施会削弱银行股票的可转让性和流动性，因为这会增大股权资本的风险溢价。第二，更加关键的是，投资者要求对损失全部财富的风险进行补偿。为了对抗这

① Hickson and Turner,'Trading in the shares',p.952.

种风险，参与银行监管的最富有的股东将会极大降低股权资本的委托代理成本，银行管理的保守性质也就由此而生。另外，不局限于银行持有的资本意味着股东不必存储如此大量的资本，因此，对于无限责任银行来说，闲置资金的机会成本将会更低。至于收益，无限责任银行的安全性将会使储蓄利率较低，这也将增加银行的营利性。

这里存在着银行可以采取的、介于完全有限责任和连带无限制责任之间的一个完整的责任制序列。在严格意义上，连带无限责任是事前未加以确定的责任，尽管延续责任不够规范，但是股东责任是事前确定的。股东的延续责任可以简单确定为已付资本的倍数(比如，加倍责任)，或者，一旦银行倒闭，股份部分能够得以清偿，未清偿部分则被追索。[①] 就其本质而言，这样的制度安排是部分责任而不是连带责任。换句话说，一旦所有者支付了全部未缴股本或者认缴股本的倍数，即使其他所有者无力支付其应承担的部分，他们也不再承担责任了。相反，在连带无限责任制下，所有者有责任承担他们的共同所有者无力支付的部分。这就意味着，任何低于连带无限责任的制度，都会降低允许低水平财富的股东进入银行施加于所有者身上的外部性。然而，并不存在零外部性，因为一旦银行倒闭，所有者必须付出的绝对财富量是共同所有者财富的函数值。可是，有限责任将极大地削弱富有的所有者参与银行管理的激励，所以，职业经理人出现了，他们几乎没有积极性去发挥全面审核股东申请人资格的作用。[②] 然而，只要职业经理人自己拥有的股份构成其财富的重要部分，他们就会全面审核并确保只有那

---

① 例如，银行股票的面值是 10 英镑，已付价值是 3 英镑，这就意味着股东有责任支付其余未付的 7 英镑。

② Acheson and Turner, ‘The impact of limited liability’.

些拥有足够财富的人成为银行的所有者。

监管也能够降低银行风险转嫁程度。以表 2.1 中的假设性银行为例，显然，监管者可以采取几项举措来避免风险转嫁。在资产负债表的负债方，监管者可以迫使银行持有一定数量的资本，其规模与储蓄规模及资产风险水平相关。还可以实施限制银行负债能力监管，以免银行过度扩张其负债规模。

在银行资产负债表的资产方，准备金要求。即要求银行以准备金(比如，中央银行存款或贵重商品，如黄金)的形式持有一定比例的储蓄额，是可以实施的。这样的要求针对的是银行持有不充足准备金的倾向，而且还限制了银行将储蓄用于借贷和投资的数量，因而降低了银行风险转嫁的能力。监管者还可以要求银行投资于安全的政府债券，并占银行资产组合的一定比例，这同样能够限制银行风险转嫁的能力。当然，为了低成本的赤字融资，政府也会施加一些要求，所以这样的债券也会不安全。监管者还可以限定银行不进行房地产和股票投资，或者这类投资仅占银行资产组合的一定比例。根据这类资产历史上的波动性，投资于这类资产，银行进行风险转嫁相对容易。类似地，监管者可以基于房地产市场的安全性，限制贷款金额。

监管者还可以考虑限制高风险的表外业务活动，比如投资银行业务和证券发行与交易。因为这些高风险的业务活动极具波动性。作为风险转嫁策略的一部分，银行很容易将资产分散到这些业务活动中去。

如果监管是可信的，监管就必须加以实施。为了确保行为符合监管要求，表 2.1 中的假设性银行必须定期向监管者递交报告，并接受监管者的定期(也可能随机的)检查。尤其重要的是，如果银行不服从监管,监管者需要具有约束银行的权威性。

结　论

在本章中,我们提出,对于国民经济来说,银行业稳定性是重要的。我们还确立了银行具有内在不稳定性的观点,由于银行资产组合具有不透明性和可塑性,经理人很容易进行风险转嫁。这就意味着,理性储户会要求能够起到禁止性作用的风险溢价。通过持有充分的资本,银行也能够解决这个问题,但是,这将使银行股东承担非常高的成本。另外两个已经被讨论的、避免银行风险转嫁的可能性方案是:(1)银行股东承担延续责任,这将使股东和经理人失去风险转嫁的激励;(2)政府或政府指定的监管者对银行施加约束,旨在避免银行进行风险转嫁。

这两个方案并不能保证银行不倒闭,但是,它们应该能够保证总体上来说银行不进行风险转嫁,因而避免了系统性危机。尽管银行体系在保障财产权的政治环境下运行,而且受到股东延续责任的支持,但仍然存在银行体系出现系统性危机的环境吗?一种环境可能是银行受到法律约束,仅有少数所有者。正如本章中阐述的,面对所有者财富受到的冲击时,这样的银行是脆弱的,将会导致银行的风险转嫁。另外,少数所有者不可能拥有足够的集体资金实力来战胜银行所遭到的强大外部冲击。

在受到监管的银行体系下,系统性银行业危机也会发生。第一,由于各种原因,监管者无法实施监管,或者监管者可能被监管对象俘获。第二,随着时间推移,监管不再起作用,或变得不再适当,或银行进行创新从而规避监管。其结果是，伴随着风险转嫁的出现，最终导致信用助推的投机兴盛，要么对国民经济形成内在冲击，要么形成外部冲击。后果是银行承受巨大的贷款损失，危机接踵而来。

至此，我们忽视了银行产业结构与银行业稳定性之间的关系问题。[①] 在某种程度上，这里所提出的理论完全可以运用于各种类型的市场结构，因为无论是一家银行垄断了市场还是竞争性市场，风险转嫁都会发生。银行业的寡头垄断市场结构形成了特许权价值，其中，银行无论今天还是将来都将获得垄断利润。可是，特许权价值面临着最后一个阶段的问题，在某个阶段里特许权带给经理人和股东的未来现金流的现值低于风险转嫁的现值。

本章中提出的理论对于银行规模的分析有意义，银行规模与银行业结构密切相关。首先，银行规模越大，风险转嫁可能导致的上下起伏越大。其次，由于资本不充足，小银行会更加脆弱，以至于倒闭。

在本书接下来的分析中，风险转嫁概念为英国银行业稳定性历史经验的分析提供了一个框架。尤其是本书描述了与缺乏风险转嫁监控相关的银行不稳定的各个历史阶段，然而，银行业稳定的阶段都是与存在风险转嫁监控相关的，比如实施股东延展责任以及严厉的银行业务活动监管。

---

① 这方面文献的介绍可以参见 Berger et al., ‘Bank competition’; Boyd and Nicoló, ‘The theory of bank risk taking’; and Martinez-Miera and Repullo, ‘Does competition reduce’。

3

1800 年以来英国银行业演变与稳定性

这是可怕的——为什么无人预见到它的来临?[①]

——女王伊丽莎白二世(Elizabeth Ⅱ)

引　言

在本章中,我们运用银行倒闭数据和银行股票价格相结合的指标,测度和评估 1800 年以来英国银行体系的稳定性。这个分析的重要发现是,在过去的两个世纪里有两次重大的或称为系统性银行业危机,分别是 1825～1826 年危机和 2007～2008 年危机。在这两次

① 在访问伦敦经济学院时,女王提出了关于银行业危机的问题,参见《每日电讯》(*Daily Telegraph*),2008 年 11 月 5 日。

重大危机之间,有几次小的或非系统性危机。

然而,在检讨银行体系的稳定性之前,我们需要弄明白 1800 年以来英国银行业结构是如何演变的,之所以如此,至少有三个原因。第一,如果要检讨银行体系的稳定性,我们需要了解银行体系的背景和环境。第二,银行体系结构影响银行体系的稳定性,反之则反是。第三,我们评估银行稳定性的两个路径都要求我们弄清楚英国银行结构的基本演进。因此,接下来我们将描述和解析英国银行体系是如何演进的。而后,有两个部分的内容将揭示 1800 年以来英国银行体系的稳定性以及银行不稳定对实体经济的影响。

英国银行业体系的发展变化

在 2007～2008 年大崩溃发生时,英国银行体系是被不仅在全英国而且在全球拥有分支机构的少数银行控制的。然而,两个世纪之前,英国拥有数百家银行,而且所有银行的经营地域都是有限制的。这样的转变是如何发生的呢?为了全面了解英国银行体系的演变,我们必须考到这样的事实,即英国银行体系是从英格兰、威尔士、苏格兰、爱尔兰分散的银行体系演变而来的。

英格兰银行成立于 1694 年,是英国历史上第一家股份银行。1697 年、1707 年和 1708 年通过的法案规定英格兰银行拥有货币发行权以及合伙银行合伙人不多于 6 个,英格兰银行的垄断势力不断得到加强。[①] 在 18 世纪里,合伙银行数量稳步增长,到 1800 年差不

---

① 相对而言, 1697 年的法案没有成功地实现目标(Richards, *The Early History of Banking*, p.147)。

多已经超过300家银行。到了1813年,也就是拿破仑战争期间的大增长阶段以后,英国已经拥有761家合伙银行。[①]

在19世纪前期,这些合伙制银行成为重要的争辩话题,尤其是考虑到已预见的钞票超量发行问题。[②] 更加重要的是,到了19世纪20年代早期,众多评论家将频繁发生的银行倒闭归因于英格兰银行的垄断地位和与之相伴的合伙银行的弱势地位。[③] 结果,在1826年,在大多数议员支持下,通过了《银行业合伙制法案》(Banking Copartnership Act)。[④] 这项法案引人关注,因为它是英国历史上允许商业组织按照股份制原则建构的第一个立法。尽管提出了允许银行限定他们的责任,但是,银行所有者仍维持着无限责任。[⑤] 按照议员威廉姆·克莱(William Clay)的观点,如果其他银行被赋予有限责任,那么,希望保持自己垄断地位的英格兰银行应当反对通过这项立法。[⑥] 虽然英格兰银行没有要求同意其意见,但是,那时英格兰银行的势力能够对议会施加影响。[⑦] 英格兰银行对《银行业合伙制法案》(1826)的影响显见于股份制银行发行钞票的条款中,只有查令十字街口埃莱亚诺尔教堂十字架65公里半径范围(也就是,从立法目的来看,这是名义上的伦敦市中心)外的股份制银行才被允许发行钞票。

1783年爱尔兰银行(Bank of Ireland)以投资60万英镑于政府债券的代价获得特许权,该银行在19世纪初成为爱尔兰具有垄断地位的银

① Pressnell, *Country Banking*, p.127.
② Viner, *Studies n the Theory of International Trade*, chaps.3 and 4.
③ Thomas, *The Rise and Growth*, p.58.
④ 7 Geo.Ⅳ, c.46. See Harris, *Industrializing English Law*, p.214.
⑤ Hunt, *The Development of the Business Corporation*, p.50.
⑥ W.Clay, *Speech of William Clay*, pp.14 and 43.
⑦ Turner, 'The last acre and sixpence'.

行。特许权赋予公司特别待遇和有限责任，并且通过限定其他拥有货币发行权的银行最多有6个合伙人，从而导致爱尔兰银行具有主导货币发行的地位。[①] 根据1804年的《爱尔兰货币报告》(Irish Currency Report)，1800年全爱尔兰仅有11家私人银行。[②] 然而，到1804年，在爱尔兰运营的私人银行就有40家。这样的增长与停止爱尔兰银行钞票兑换黄金诱发的爱尔兰货币大幅扩张相关。[③] 在接下来的15年里，私人银行的数量有所波动，可是，1819～1820年爱尔兰经济萧条前夕，有31家私人银行运营。1820年，其中的16家银行倒闭或停止给付。

针对1820年危机，有几项法律应对措施，最终导致1825年《银行业合伙制监管法案》(Banking Copartnership Regulation Act,1825)的实施，只要不在都柏林50爱尔兰里的范围(也就是65英里范围)内发行钞票，就允许股份制银行的设立。[④] 这就意味着银行可以作为股权转移不受限制的股份企业而自由设立，但是，股东具有连带无限责任。这项股份制银行法案的通过打开了爱尔兰大型商业银行发展之门。

苏格兰银行(Bank of Scotland)最初被授予公共银行的垄断权，为期21年，但是，这个垄断特权结束后不再重新授予。1727年苏格兰皇家银行(Royal Bank of Scotland)被国家股份化，接着，1746年英国亚麻银行(British Linen Bank)被国家股份化。这三家银行拥有国家授予的特许权，国家要求他们采取股份制形式。然而，与英格兰和爱尔兰不同，苏格兰银行不受6个合伙人的限制。并且更重要和更

---

① Hall, *The Bank of Ireland*, pp.35－6.

② Hall, *The Bank of Ireland*, p.14; Fetter, *The Irish Paper Pound*, pp.73－4.

③ Turner, 'Irish contributions', p.221.

④ 6 Geo.Ⅳ, c.42.较早关于改变爱尔兰银行体系的设想包括1821年《爱尔兰银行限制法案》(Bank of Ireland Restriction Act,1821)和1824年《爱尔兰银行业法案》(Irish Banking Act,1824)。

根本的是,由于苏格兰商业法律体系仿效了欧洲大陆贸易伙伴的民商法体系,因此,苏格兰的合伙制银行享有不同法律特征赋予的特权。这就使这些银行的所有权不受控制,保证银行发展了管理结构,便利了可转让股票的推出。[①] 因此,这些苏格兰合伙制银行实际上是具有无限责任的准股份公司,这就是为什么苏格兰不需要通过类似于1826年《银行业合伙制法案》的相关法案的原因。

苏格兰商业银行(Commercial Bank of Scotland,1810)、国民银行(National Bank,1825)和阿伯丁城镇银行(Aberdeen Town and Country Bank,1825)的建立开启了股份制银行全国设立分支机构的时代。虽然这些银行具有无限责任,但是,从所有者和分支机构的数量来看,他们的规模要比合伙制银行明显大得多。至于这些银行合法地位的不确定性问题,因1826年通过了相关法案而被消除,该法案允许股份制银行以指定公司执行官的名义提起诉讼或被起诉,从而确认了股东具有无限责任的股份制银行的法律地位。[②]

19世纪20年代银行公司法的自由化使企业家们能自由地在英伦三岛所有地方建立股份制银行。可是,这些银行的股东责任是无限的。正如表3.1所示,19世纪30年代中期之前,英伦三岛的股份制银行得以快速扩张,尤其是在英格兰和威尔士,银行的数量显著增长。股份制银行的繁盛至少存在两个因素:第一,《英格兰银行优先权法案》(Bank of England Privileges Act,1833)的通过消除了伦敦

① Acheson, Hickson and Turner, 'Organizational flexibility'; Brown, *Early Scottish Joint-Stock Companies*, p. 5; Campbell, 'The law and the joint-stock company', p. 143; Christie, 'Joint-stock enterprise'; Clark, *A Treatise on he Law of Partnership and Joint-Stock Companies*, p. 2.

② 7 Geo. Ⅳ, c. 67. See Munn, *The Scottish Provincial Banking Companies*, p. 85; and Freeman, Pearson and Taylor, 'Different and better'.

65 英里半径内建立无钞票发行权的股份制银行合法性的疑问。[①] 第二,伴随着铁路建设普遍投机,一般经济活动得以增长。然而,在几家声望很高的银行[包括中北部银行(Northern and Central Bank)、爱尔兰农商银行(Agricultural and Commercial Bank)]倒闭之后,加之 1836 年到 1838 年议会特别委员会对股份制银行监督和规管的调查,股份制银行的快速扩张于 1837 年戛然而止。[②]

表 3.1　　　　1826～1899 年英国股份制银行

	1826	1830	1839	1849	1869	1889	1899
英格兰与威尔士							
国家特许银行	1	1	1	1	1	1	1
无限责任股份制银行	3	14	117	113	73	2	0
有限责任股份制银行	—	—	—	—	41	102 81	
爱尔兰							
国家特许银行	1	1	1	1	1	1	1
无限责任股份制银行	3	3	8	8	7	0	0
有限责任股份制银行	—	—	—	—	1	8	8
苏格兰							
国家特许银行	3	3	3	3	3	3	3
无限责任股份制银行	5	5	13	16	9	0	0
有限责任股份制银行	—	—	—	—	0	7	8

资料来源:托马斯:《兴起与增长》(*Rise and Growth*),第 656－662 页;1850 年、1870 年、1890 年和 1900 年《银行年鉴》(Banking Almanac and Yearbook)。

注:尽管直到 19 世纪 50 年代中期《银行年鉴》将爱尔兰国家银行分列为三家银行,但是在这里,爱尔兰国家银行被看成一家银行。1826～1849 年苏格兰的银行数包括几家准股份制的郡银行。

---

① 3 & 4 Will.4, c.98.

② 股份制银行特别委员会档案(P.P.1836,Ⅸ;P.P.1837,ⅩⅣ;P.P.1838,Ⅶ)。

1830 年后大约 20 年里，在英伦三岛几乎没有创设任何股份制银行。某种程度上，这或许是因为市场已经饱和，但是，更有可能的是由于 1844 年两部法规的实施造成了市场进入壁垒。[①]

《1844 年银行特许法案》(Bank Charter Act,1844)与苏格兰和爱尔兰的相应法案一道作为理性地控制货币供给手段，已经阻止了新设立银行发行钞票。[②] 在苏格兰，1844 年和 1845 年法案的后果是突然终结了新银行的创设。[③]

《1844 年股份制银行法案》(Joint Stock Bank Act of 1844)的通过使英国银行免于同年通过的“普通公司法案”的约束。这项立法因《1846(苏格兰和爱尔兰)股份制银行法案》[Joint Stock Banks(Scotland and Ireland)Act of 1846]的通过，而适用于苏格兰和爱尔兰。[④]这两个法案明确了超过 6 个合伙人的一家新银行必须注册或拥有开展业务的特许证书。因其每次注册的有限期限不超过 20 年，故必须面对大量的、麻烦的注册规定。[⑤]

表 3.2 显示了 1844 年和 1859 年在英伦三岛建立的股份制银行所具有的不同特点。按照持股人规模和跨地域的分支机构网络状况，苏格兰和爱尔兰的银行要大于英格兰的银行。英国郡银行的分支机构网络通常主要集中在一城或一镇，1844 年仅有两家英格兰的银行具有大规模的分支机构网络，其中，英格兰国民地方银行(Na-

① Bank Charter Act(1844)—7 & 8 Vict. c.32; Bank Notes(Scotland) Act(1845)—8 & 9 Vict. c. 37; and Bankers(Ireland) Act(1845) 8 & 9 Vict. c.38. Sections 10 and 12 of the Bank Charter Act applied across the United Kingdom as a whole.

② Checkland, *Scottish Banking*, pp.456—8.

③ 7 & 8 Vict. c. 113. See Harris, *Industrializing English Law*, p.282; and Hunt, *The Development* of the Business Corporation, p.96.

④ 9 & 10 Vict. c.75.

⑤ 7 & 8 Vict. c. 113, section 6.

tional Provincial Bank of England)拥有 92 个分支机构，伦敦与地方股份制银行(London and Country Joint Stock Bank)拥有 36 个分支机构。除了拥有大量的股票持有人之外，这两家银行与倾向将分支机构限于伦敦城的其他银行不同，其在伦敦和各郡拥有自己的分支机构。

表 3.2　　1844～1899 年股份制银行的分支机构和持股人

	1844	1859	1879	1899
英格兰和威尔士				
分支机构				
均值	5.0	5.6	12.3	56.9
最大值 92	105	155	283	
持股人				
均值	234.7	249.8	611.9	1 878.5
最大值	1 000	1 114	4 960	13 390
苏格兰				
分支机构				
均值	18.2	43.4	88.2	96.4
最大值	52	99	129	143
持股人				
均值	834.3	780.6	1 474.4	2 159.0
最大值	1 695	1 393	2 061	3 325
爱尔兰				
分支机构				
均值	14.7	21.6	55.0	73.4
最大值	38	49	116	132

续表

	1844	1859	1879	1899
持股人				
均值	424.6	556.8	1 949.4	2 996.8
最大值	913	1 000	4 500	6 000

注:在有些年份,报告中没有显示一些银行的分支机构数和持股人数量。对于小规模的英国银行来说,尤其如此。英格兰和威尔士的数据不含英格兰银行,爱尔兰的数据不含爱尔兰银行,苏格兰 1859 年的数据不包括三家公共银行。

资料来源:Turner,'Wider share ownership',p.177;*Banking Almanac and Yearbook* 1845,1860,1880,1900.

1855 年通过了《有限责任公司法案》(The Limited Liability Act),而后不久又被撤销,但是,后来在 1856 年作为《股份制公司法案》(Joint Stock Companies Act)又得以重新实施。① 虽然最初该法案的条款中不涉及银行,但是,在 19 世纪 50 年代末的两个法案对从事银行业的公司有限责任进行了规定。② 正如表 3.1 所示,到 1869 年,英格兰拥有了 41 家股份有限责任制银行,爱尔兰有 1 家,苏格兰尚没有股份有限责任制银行。值得注意的是,1869 年绝大多数英国股份有限责任制银行是新设立的,由已经建立的无限责任制银行转变为有限责任制银行的仅有 7 家。到 1889 年,爱尔兰和苏格兰的银行结构大体与其在 19 世纪 50 年代的银行结构相同(见表 3.1)。可是,爱尔兰和苏格兰的银行呈现出巨大增长,以分支机构网络数量和持股人数量的显著增加为证(见表 3.2)。相对而言,1889 年英格兰

① 18 & 19 Vict. c.133;19 & 20 Vict. c.47.
② 20 & 21 Vict. c.49;21 & 22 Vict. c.91.

的银行结构也未变。然而,与爱尔兰和苏格兰的银行一样，分支机构网络和持股人基数增加了。

1878 年 10 月格拉斯哥市银行倒闭后,对无限责任股份制银行的信心受到损害,才普遍发生了向银行有限责任法律地位的转变。(格拉斯哥市银行的)大多数持股人因其倒闭而破产,其他银行的持股人对银行施加了巨大压力,要求向有限责任制转变。[①] 1879 年《公司法案》(Companies Act)通过后,旧的和已成立的股份银行迅速转变为有限责任制银行。[②] 如表 3.1 显示,到 1899 年,整个英国仅剩下两家无限责任制股份银行,到 20 世纪初这两家无限责任制股份银行也不见了。

然而,1899 年爱尔兰和苏格兰与半个世纪前的银行体系相像,股份制银行的数量保持了相对不变。在两地的银行规模相对较大,而且拥有大量的全域性分支机构网络。可是,正如表 3.1 所示,在同时期里银行数量呈现出理性化的特征,主要是由于银行间的合并。[③] 结果是,1899 年平均一家银行大约拥有 57 个分支机构(见表 3.2)。

正如图 3.1 显示,19 世纪 80 年代末以后,银行兼并越来越普遍,图 3.1 显示了 1870～1920 年银行间兼并频率和兼并案值。在 19 世纪 90 年代和 20 世纪前 10 年的大多数时间里,绝大多数银行兼并发生在以伦敦城为基地的银行与英国各郡小银行之间。两家意在兼并的银行的分支机构网络通常不发生重叠,从而业务是分散的,这是银

① 'Banking Capital and Limited Liability', *The Bankers' Magazine*, September (1882), p.717. See also Sayers, *Lloyds Banks*, p.222.

② 42 & 43 Vict. c.76. See Crick and Wadsworth, *A Hundred Years of Joint Stock Banking*, p.33.

③ Sykes, *The Amalgamation Movement*.

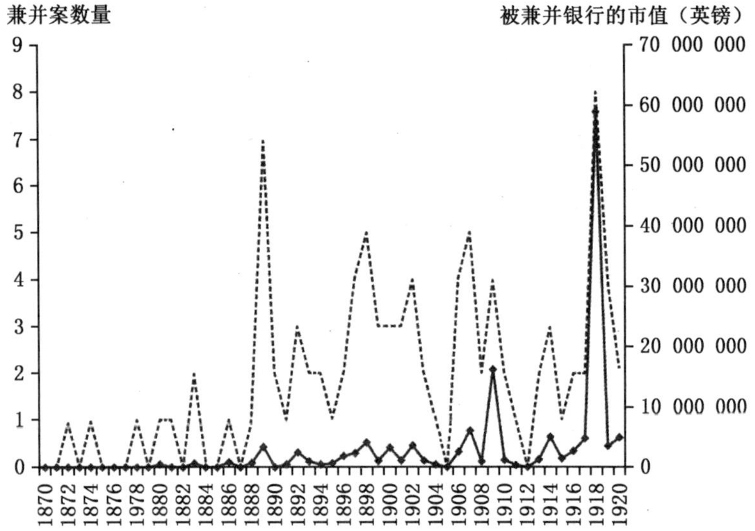

注:《银行家年鉴和年报》所记载的银行兼并案的数量与塞克斯(Sykes)在《兼并运动》(*The Amalgamation Movement*)一书第 195～196 页中所说的数字略有出入。被兼并银行的市值是兼并案发生前一个月被兼并银行的股票总价值。其中,27 家被兼并银行的市值数据不可得,因为其规模太小,《投资者月度手册》未做登录。

资料来源:兼并案来源自 1931～1932 年《银行家年鉴和年报》中的《英国银行间的合并与其他变化》一文。被兼并银行的市场价值来源自 1870～1920 年《投资者月度手册》(Investor's Monthly Manual)的相关内容。

图 3.1　1870～1920 年英国股份制银行兼并案

行兼并的主要原因。可是,1909 年伦敦与地方股份制银行与伦敦威斯敏斯特银行(London and Westminster Bank)的兼并完全不在此列,不属于此类兼并(见图 3.1),这个兼并案涉及两家大银行,二者在伦敦城均有重要的地位。[①] 1918 年发生的六宗大型兼并案中的五宗是相似的(见表 3.3),均发生在大银行之间,按照地理覆盖范围,它们具有类似的分支机构网络。从 1918 年的兼并案来看,五大银行发生了兼并,它们分别是巴克莱银行(Barclays)、劳埃德银行(Lloyds)、内陆银行(Midland)、国民地方银行以及威斯敏斯特银行。

表 3.3　　1918 年的银行兼并案

收购银行	目标银行	目标银行的市值(单位:1 000 英镑)	兼并后的银行名称
马丁银行(Martin's Bank)	利物浦银行(Bank of Liverpool)	5 158	利物浦与马丁银行(Bank of Liverpool and Martin's, 1928 年又重新改成马丁银行)
劳埃德银行	首都与县银行(Capital and Countries)	4 725	劳埃德银行
伦敦城市与内陆银行(London City and Midland)	伦敦股份银行(London Joint Stock Bank)	18 160	伦敦城市与内陆股份银行(London Joint City and Midland Bank, 1923 年又重新改成内陆银行)
伦敦地方与威斯敏斯特银行(London Country and Westminster Bank)	巴尔银行(Parr's Bank)	10 675	伦敦地方与威斯敏斯特银行和巴尔银行(London Country Westminster and Parr's, 1923 年又重新改称威斯敏斯特银行)
巴克莱银行	伦敦地方与西南部银行(London Provincial and South Western Bank)	8 917	巴克莱银行

① Gregory, *The Westminster Bank*, vol.2, p.2.

续表

收购银行	目标银行	目标银行的市值(单位:1 000 英镑)	兼并后的银行名称
英格兰国民地方银行(National Provincial Bank of England)	伦敦与史密斯联合银行(Union of London and Smiths Bank)	7 490	英格兰国民地方与联合银行(National Provincial and Union Bank of England,1924 年又重新改称国民地方银行)

注:被兼并银行的市场价值指的是兼并前一个月被兼并银行的股票总市值。

资料来源:兼并案来源自 1931～1932 年《银行家年鉴和年报》:"英国银行间的合并与其他变化"。被兼并银行的市场价值来源自 1870～1920 年《投资者月度手册》的相关内容。银行更名的信息来源于奥贝尔和图尔顿(Orbell and Tarton)《英国银行业》(*British Banking*)一书。

直到 1917 年,合并运动几乎完全被限定在英格兰银行系统。[①]然而,自 1917 年以后,英格兰大银行开始收购苏格兰和爱尔兰的银行。1917 年内陆银行收购了贝尔法斯特银行(Belfast Bank),同年威斯敏斯特银行收购了阿尔斯特银行(Ulster Bank)。[②] 虽然银行的股本被英格兰的母银行收购了,但是,阿尔斯特银行和阿尔斯特银行仍保有独立的公司地位,(因为)如果他们完全融入母银行,就完全失去了利润可观的货币发行特权。

继两家爱尔兰银行被收购之后,1918 年劳埃德银行收购了苏格

① 1907 年苏格兰发生了两例兼并:苏格兰人银行(Caledonian Banking Company)与苏格兰银行(Bank of Scotland)的兼并及小镇和地方银行(the Town and Country Bank)与北苏格兰银行(the North of Scotland Bank)的兼并。(Checkland, *Scottish Banking*, pp.507－10.)

② 尽管其他位于北部的爱尔兰银行、北部银行与巴克莱银行于 1919～1920 年间有从属关系谈判,与劳埃德银行于 1926 年有从属关系谈判,但是,他们保持着独立地位。(Holmes and Green, *Midland*, p.237.)

兰国民银行(National Bank of Scotland),1919 年巴克莱银行收购了英格兰亚麻银行。同年内陆银行收购了克莱德斯戴尔银行(Clydesdale Bank),此后于 1923 年收购了北苏格兰银行(North of Scotland Bank)。所有这些被收购的银行均保留了独立运作机构的地位,可能既是考虑苏格兰的国民情感,也是因为,如果其成为母银行的一个组成部分,就必须放弃货币发行特权。①

正如表 3.4 所示,这些银行合并的后果是,排名前 5 的银行的储蓄占比在 1900～1915 年从 24.7%上升至 39.8%,到 1921 年上升至 79.4%。② 与之相类似,1900～1921 年,排名前 5 位的银行分支机构数量占比 21.9%上升至 78.5%。至于持股人,排名前 5 的银行股东平均数从 1900 年的8 364人增加到 1921 年的53 304人。

表 3.4　　1900～1930 年英国全国性银行的兴起

	1900	1905	1910	1915	1921
数据组 A:排名前 5 位银行的统计数据					
排名前 5 的银行股东平均人数	8 364.8	15 269	17 101.6	21 808.8	53 304.8
排名前 5 的银行分支机构平均数	245.4	346.6	467.0	669.0	1 311.0
英国银行股东					
拥有排名前 5 的银行股份(%)	21.8	26.6	35.6	39.4	81.9
排名前 5 的银行分支机构数量与英国银行分支机构总数量比(%)	21.9	19.8	32.5	39.9	78.5
排名前 5 的银行在英国全部储蓄额中的占比(%)	24.7	28.7	36.7	39.8	79.4

① Munn, *Clydesdale Bank*, pp.155－6.

② 从凯皮(Capie)和罗德里克－巴里(Rodrik-Bali)在《英国银行业的集中》(Concentration in British banking)中所给出的 1920 年为 65.5%的数字来看,数字的差别是两个原因导致的。第一,由于当时发生了拆分,1921 年的数字不含北爱尔兰的银行数字。第二,在 1921 年的数字中,全资子银行的独立储蓄额被计入母银行。

续表

	1900	1905	1910	1915	1921
数据组 B:排名前 5 位银行的储蓄额(排名)					
巴克莱银行	5	5	5	5	5
劳埃德银行	3	1	1	2	3
伦敦城市与内陆银行	4	3	3	1	—
伦敦城市与内陆股份银行	—	—	—	—	1
伦敦与地方股份制银行	2	4	—	—	—
伦敦地方与威斯敏思特银行	—	—	2	3	—
伦敦地方与威斯敏思特和巴尔银行	—	—	—	—	4
英格兰国民地方银行	1	2	4	4	—
英格兰国民地方与联合银行	—	—	—	—	5

注:在数据组 A 中,排名前 5 的银行是按照最大储蓄规模加以界定的。伦敦郡县与威斯敏思特银行是伦敦与郡县股份制银行同伦敦与威斯敏斯特银行于 1909 年合并而成立的。伦敦城市与内陆股份银行是伦敦城市与内陆银行同伦敦股份银行于 1918 年合并而成立的。英格兰国民地方与联合银行是英格兰国民地方银行和伦敦与史密斯联合银行于 1918 年合并而成立的。伦敦郡县威斯敏思特与巴尔银行是巴尔银行同伦敦郡县银行与威斯敏思特银行于 1918 年合并而成立的。1921 年的数据不含南爱尔兰银行,但是,包括了排名前 5 的大银行所拥有的独立银行机构,他们分别是:巴克莱银行的机构(曼彻斯特联合银行和英国亚麻公司)、劳埃德银行的机构(苏格兰国民银行)、伦敦城市与内陆股份银行的机构(贝尔法斯特银行和克莱德斯戴尔银行)、伦敦郡县银行和威斯敏思特银行的机构(阿尔斯特银行)以及英格兰国民地方与联合银行的机构[库茨银行(Coutts Bank)]。

资料来源:*Banking Almanac and Yearbook* 1900,1905,1910,1915,1921;Goodhart,*The Business of Banking*,pp.417—566。

1918 年大规模的银行兼并导致政府成立财政部银行合并监管委员会,主席为科尔温(Colwyn)勋爵。该委员会宣称,反对合并进一步发展的主要理由是，合并的进一步增加将会削弱竞争，而且会有形成货币托拉斯的可能性，进而少数个人最终控制国家银行业体系。① 该委员会提出的建议是，由于银行地位的重要性，未来的合并需要政府加以控制。作为兼并不受法律阻碍的交换条件，五大银行接受财政部和英格兰银行对未来兼并的非正式控制。② 科尔温委员会达到的最终效果是五大银行之间不能兼并，并且各大银行兼并小银行需要征得财政部和英格兰银行的同意。③

如表 3.5 所示，1931 年五大银行与表中所列地域上处于外围的其他九家独立银行主导了英国银行业。除了 1935 年曼彻斯特与地方银行[Manchester and Country Bank，1934 年转变为地方银行(Country Bank)]同地区银行(District Bank)的合并案以及巴克莱银行对曼彻斯特联合银行(Union Bank of Manchester)全面收购案，表 3.5呈现出来的银行业结构状况直到 20 世纪 50 年代，几乎没有发生变化。20 世纪 50 年代，由于一系列合并，苏格兰银行业结构得以合理化，苏格兰银行数量由 8 家减少到 5 家。④

---

① *Report of the Treasury Committee on Bank Amalgamations*, p.6.

② Ackrill and Hannah, *Barclays*, p.70.

③ 例如，1919 年巴克莱银行被允许与曼彻斯特联合银行以及英国亚麻银行合并(Ackrill and Hannah, *Barclays*, p.71)，1923 年内陆银行被允许与北苏格兰银行合并(Holmes and Green, *Midland*, pp.162—3)。在这个时代，仅有的其他重大收购案是 1930 年英格兰银行精心安排的、总部位于曼彻斯特的威廉姆斯—迪肯斯银行(Williams Deacon's Bank)与苏格兰皇家银行的合并(Anon., *Williams Deacon's*, pp.158—9)。

④ Checkland, *Scotish Banking*, pp.642—4。1950 年内陆银行将其苏格兰的两家分支机构合并，一家是克莱德斯戴尔银行，另一家是北苏格兰银行，从而组建了克莱德斯戴尔与北苏格兰银行(Clydesdale and the North of Scotland Bank)[这个名称于 1963 年被简化为克莱德斯戴尔银行]。1955 年苏格兰银行兼并了苏格兰联合银行。1959 年苏格兰商业银行兼并了劳埃德银行全资的苏格兰国民银行(National Bank of Scotland)。合并后的主体更名为国民商业银行(National Commercial Bank)。劳埃德银行持有该银行 36.6%的股权。

表 3.5　　　　1931 年的英国银行业

银行	母公司	储蓄占比(%)	分支机构数量	持股人数量
内陆银行		17.46	2 129	75 493
劳埃德银行		16.07	1 950	65 000
巴克莱银行		15.77	2 125	57 094
国民地方银行		13.46	1 380	40 000
威斯敏斯特银行		13.43	1 085	86 000
马丁银行		3.45	569	16 769
苏格兰皇家银行		2.32	247	4 992
地区银行		2.32	397	9 677
苏格兰商业银行		1.53	351	7 600
苏格兰银行(Bank of Scotland)		1.50	247	4 707
苏格兰国民银行	劳埃德银行	1.49	181	—
威廉姆斯—迪肯斯银行	英格兰皇家银行	1.47	202	—
克莱德斯戴尔银行	内陆银行	1.39	201	—
苏格兰联合银行		1.34	210	4 670
英国亚麻银行	巴克莱银行	1.27	206	—
北苏格兰银行	内陆银行	1.00	159	—
阿尔斯特银行	威斯敏斯特银行	0.99	115	—
曼彻斯特联合银行	巴克莱银行	0.82	170	—
库茨银行	国民地方银行	0.81	1	—
曼彻斯特与地方银行		0.78	189	3 368
北部银行		0.65	188	4 255
贝尔法斯特银行	内陆银行	0.63	86	—
男人岛银行(Isle of Man Bank)		0.11	9	409

资料来源:1931～1932 年《银行家年鉴和年报》。

财政部和英格兰银行反对五大银行的任何一家与其他银行的兼并行为一直持续到 1962 年，这一年五大银行中最小的一家银行——国民地方银行——被允许与地区银行合并。此后，在 1965 年，内陆银行收购了北部银行(Northern Bank)这家保持独立地位的北爱尔兰银行。[①] 1967 年全国物价与收入委员会(National Board on Prices and Incomes)报告称，如果合并可以使机构网络合理化，那么，权威部门就不应该阻碍合并。[②] 1968 年 1 月，国民地方银行和威斯敏斯特银行(五大银行中两家最小的银行)宣布合并得到了官方批准，从而组建了国民威斯敏斯特银行(National Westminster Bank)，此后，在半个世纪里银行业版图发生了重大变化。在这次合并之后，巴克莱银行和劳埃德银行被允许同马丁银行合并，巴克莱银行给出的报价更高。

这样，1968 年发生的一系列事件导致了更加集中的银行业体系的出现，4 家银行而不是 6 家银行主导了银行业，分别是巴克莱银行、劳埃德银行、内陆银行和国家威斯敏斯特银行。在苏格兰，也发生了类似的银行业高度集中的变化。[③] 到 1970 年，苏格兰有三家银行，分别是苏格兰银行、克莱德斯戴尔银行和苏格兰皇家银行，大的伦敦清算银行是前两家银行的小股东并全资拥有第三家银行。这样的整合结果是，1972 年四大银行及其分支机构拥有了英国非银行业居民

---

① 1970 年北部银行与贝尔法斯特银行合并，贝尔法斯特银行也是内陆银行所属的银行(Simpson, *The Belfast Bank*, pp.342－8)。

② Winton, *Lloyds Bank*, p.195.

③ 1969 年苏格兰皇家银行与国民商业银行合并。同年，英国亚麻银行(巴克莱银行的全资所属银行)与苏格兰银行合并，巴克莱银行获得合并后的银行的 35%股权。

72.1%的英镑储蓄市场份额。[①]

自20世纪60年代以后，英国银行面临着诸多新的竞争压力。在商业存贷方面，它们面对建立起伦敦分支机构的海外银行的激烈竞争；[②]在储蓄业务方面，它们还面对来自快速扩张的建房互助协会(Building Society)竞争以及1986年后活跃于股票市场的信托储蓄银行(Trustee Savings Bank, TSB)涉足商业银行业务的竞争。[③]

建房互助协会是18世纪后期出现的，旨在帮助会员建设或购买属于自己的住房的共同储蓄机构。几乎与“居者有其屋”运动的兴起相一致，两次世界大战期间和1945年之后，建房互助协会运动快速发展。到了20世纪60年代，建房互助协会迅速成长，其储蓄略大于银行全部储蓄规模的一半。[④] 此后，建房互助协会继续成长，1986年的《建房互助协会法案》(Building Societies Act)使其监管得以放松，该法案允许建房互助协会由共同储蓄机构转变为上市公司。[⑤] 该法案还认可了建房互助协会参与商业借贷以及从批发货币市场筹措资金。仅有一家主要的建房互助协会，即全国建房互助协会，没有转型。[⑥]

---

① House of Commons, *Committee to Review the Functioning of Financial Institutions, Evidence on the Financing of Industry and Trade*, p.123

② 1965年英国拥有海外银行104家，储蓄额达到45.53亿英镑，与之对照，国内银行的储蓄额为10 622英镑。参见 Alhadeff, *Competition and Controls in Banking*, p.219。

③ 1945～1980年建房互助协会的成长主要归因于私人屋主的增长，事实是建房互助协会总体上主导了这个市场(Reid, *Abbey National Conversion*, p.12)。

④ Cleary, *The Building Society Movement*, p.275.

⑤ 1986 Eliz. Ⅱ.c.53.

⑥ 1989年阿比国民银行第一个将互助的法律地位转变为有限公司，接着，是1994年的切尔滕纳姆和格洛斯特(Cheltenham and Gloucester)，继之，是1997年的联合莱斯特(Alliance and Leicester)、哈里法克斯(Halifax)、北岩银行以及伍尔维奇(Woolwich)。2000年，布莱德福—宾利是大型银行中最后一家实现转变的银行。

为了应对日益增长的竞争压力,四大清算银行采取了不同的策略。四大银行中的三家重在建立全球银行体系,而劳埃德银行则重点致力于英国金融零售市场。劳埃德银行的这一策略导致了1995 年同信托储蓄银行的合并,成立了劳埃德—信托储蓄银行。就内陆银行而言,其采取的是进入海外市场的策略。最值得关注的是,1980 年内陆银行收购了加利福尼亚的克罗克银行(Crocker Bank)。1980 年以来,由于内陆银行无力应对国内市场的竞争,出现了较大的损失。① 由于内陆银行的弱势,注定了其 1992 年被汇丰银行收购。从全球批发银行业务撤退后,巴克莱银行再次将重点放在了国内市场,于 2000 年收购了转型后的建房互助协会伍尔维奇。然而,国民威斯敏斯特银行从全球银行业务撤退后,面对接管的风险其地位脆弱,潜在的收购者随时可能出现。苏格兰银行和苏格兰皇家银行都有意收购国民威斯敏斯特银行,并且,后者于2000 年成功竞标。收购国民威斯敏斯特银行失败后,苏格兰银行于 2001 年兼并了哈里法克斯这家最大的转型后的建房互助协会,从而组建了苏格兰哈里法克斯银行(HBOS)。

因此,在 2007～2008 年的大崩溃前夕,英国商业银行体系是被 9 家银行控制的,其中,4 家是原来的建房互助协会。正如表 3.6 所示,其包括了 9 家主要的清算银行以及仅有的一家大型全国建房互助协会,控制英国银行业体系的是排名前五的银行,紧随其后的是全国建房互助协会和 4 家原来的建房互助协会。

① Rogers, *The Big Four British Banks*, p.177.

表 3.6　2006 年主要的国内储蓄机构的储蓄、资产和雇员分布状况

储蓄机构	英国银行集团的雇员（人）	储蓄在主要储蓄机构中占比（%）	资产在主要储蓄机构中占比（%）
苏格兰皇家银行	135 000	26.25	23.10
巴克莱银行	62 400	17.81	26.43
汇丰银行	79 127	15.77	11.69
苏格兰哈里法克斯银行	74 252	14.69	15.67
劳埃德 TSB 银行	74 079	9.76	9.16
全国建房互助协会	15 622	5.61	3.02
阿比国民银行（Abbey National，桑坦德所属）	19 277	4.61	5.09
北岩银行	5 936	1.86	2.68
联合莱斯特银行	8 315	1.70	1.79
布拉德福德—宾利集团	3 174	1.54	1.20

注：主要储蓄机构是由英国大银行集团构成（Major British Banking Group）的，这是英国银行家协会和全国建房互助协会给出的定义。全国建房互助协会是仅存的拥有全国网络的大型建房互助协会。储蓄和资产数据基于整个银行集团的数据，而不仅仅是英国银行集团的经营数据。

资料来源：Annual reports for 2006; British Bankers' Association, *Annual Abstract of Banking Statistics*, 2007。

英国银行业体系具有怎样的稳定性？

至此，本章概述了自 1800 年到大崩溃前夕英国银行业体系的演变。英国银行业体系的演变过程是从大量的区域小银行体系向少数全球金融机构主导的体系演变的过程。本章余下的部分将对过去两个世纪里这样的银行业体系的稳定性加以评估。

我们如何确认是否发生了银行业危机呢？由于在长期里针对这个问题做出量化回答是极其困难的，因此，学者们通常运用描述法和各种不同的标准来确定是否发生了银行业危机。例如，只要出现以下三要素之一，格罗斯曼(Grossman)就认为出现了银行业危机：(1)较高比例的银行倒闭；(2)某个特别重要的大型银行倒闭；(3)在(1)和(2)描述的倒闭类型因政府向濒危银行提供直接支持而得以避免，政府直接支持的方式可以是“银行休假”到救助。① 莱茵哈特(Reinhart)和罗格夫(Rogoff)给出的定义更加宽泛，即银行业危机以两种类型的事件为标志：(1)银行挤兑导致银行倒闭，一个或更多的金融机构被兼并或被公营部门接管；(2)一家重要的金融机构或一群金融机构倒闭、兼并、被接管或需要政府支持。②

基于以下几个原因，在本书中规避了描述法。第一，仅仅是银行倒闭，并不必然意味着银行业体系是不稳定的。爱尔兰蒂伯雷里银行(Tipperary Bank)的倒闭(1856 年)和明斯特银行(Munster Bank)的倒闭(1885 年)就说明了这一点，对此，当时的学者或后来的学者都没有认为发生银行业危机。③ 事实上，不时发生的银行倒闭现象有助于增进银行业体系的整体稳定性，因为它们有助于激励银行把谨慎经营放在首位。④ 例如，就英国银行业体系而言，学者们提出，由于

① Grossman, *Unsettled Account*, pp.58—9.

② Reinhart and Rogoff, *This Time Is Different*, p.10.

③ Ó Gráda, ‘Moral hazard and quasi-central banking’ and ‘The last major Irish bank failure’.

④ Calomiris and Kahn, ‘The role of demandable debt’.

看到了偶尔发生的银行倒闭，19世纪的银行学会了更加谨慎地经营。[①] 另外，银行的倒闭可以清除风险最大的金融机构，从而使整体金融系统更加稳健。

第二，银行倒闭标志着货币市场出现了冲击，所以，银行倒闭是银行弄清压力的有用方式，但是，只是银行倒闭并不意味着银行业体系是不稳定的。

第三，即使将投资银行和商业银行都包括在内，可能也无助于对银行业危机的定义，至少在历史背景下来看是如此。因为他们既不直接同货币供给(通过储蓄)关联，也不直接介入信用中介活动。

施瓦茨(Schwartz)将真实的金融危机和虚假的金融危机区别开来。[②] 她将真实的金融危机或银行业危机定义为，由于担心在任何价格水平下均无法得到支付手段，人们争抢高能货币。用她的话说，虚假的金融危机是这样的情形：在避免发生金融危机的幌子下，当局实施干预措施，但是尽管当局干预失败，危机依然没有发生。施瓦茨的定义受到其货币主义倾向的影响，而且，其过度强调了银行的货币功能。可是，提供信用是银行所具有的同等重要的功能。值得注意的是，在施瓦茨的严格定义下，2007～2008年发生的事件不能被视为银行业危机，因为，对高能货币的争抢局面并没有出现。

我们不想用二元论的方法审视银行业危机，相反，我们通过评估银行业不稳定性的规模或范围来确定是否发生了重大的或系统性危机。被用来测度银行业稳定性的主要方法是银行股票价格变动以及

① Collins, *Money and Banking in the UK*, pp. 84－5; Baker and Collins, 'Financial crises'.

② Schwartz, 'Real and pseudo-financial crises'.

相对于整个股票市场价格的银行股价的变动。采用银行股价变动指标有助于我们确定是否银行倒闭影响了其他机构。还有助于我们确定当政府为避免一家或多家银行倒闭而采取直接干预措施时，危机究竟到了什么程度。至于银行业不稳定性的规模，首先采用的是商业银行倒闭比率。虽然这注定会遭到来自几个方面的批评，正如前面讨论的那样，但是，可以提供关于银行业稳定性的大致的测度标准。特别是在银行是合伙制的早期阶段里，银行股价不具有可得性。

为了测度英国银行的倒闭比率，我们主要关注从零售存款人那里筹集资金并向公司和个人提供贷款的商业银行。结果，这个测度指标排除了商人与投资银行。另外，这个指标也忽视了在伦敦注册为公司的外国和殖民地银行，因为由于历史(甚至在目前)原因，这些银行绝大多数业务发生在英国之外。例如，1893 年倒闭的诸多澳大利亚银行机构是以公司名义在英国注册的，但是，这些澳大利亚的机构只是在伦敦股票市场募集资本。①

图 3.2 显示了 1792～1930 年每年度英国银行倒闭的数量。1930 年以后，私人协调或国家救助意味着本质上银行不再出现倒闭了(参见第 6 章的论述)。正如图 3.2 所示，大多数银行的倒闭是在 1826 年之前发生的，相对而言，此后很少发生银行倒闭。然而，股份制银行时代的到来导致更大规模的银行出现，这意味着一家股份制银行的倒闭造成的影响远远大于 10 家或更多的私人银行和合伙制银行的倒闭。1826 年以后的数据告诉我们，在大量的文献中某些年份银行倒闭高潮从传统意义上被定义为危机(比如，1847 年、1866 年和 1914

① Hickson and Turner, 'Free banking gone awry'.

年)，但是，另外一些年份的(银行倒闭)并没有被定义为危机(比如，1836～1837 年和 1890 年)。

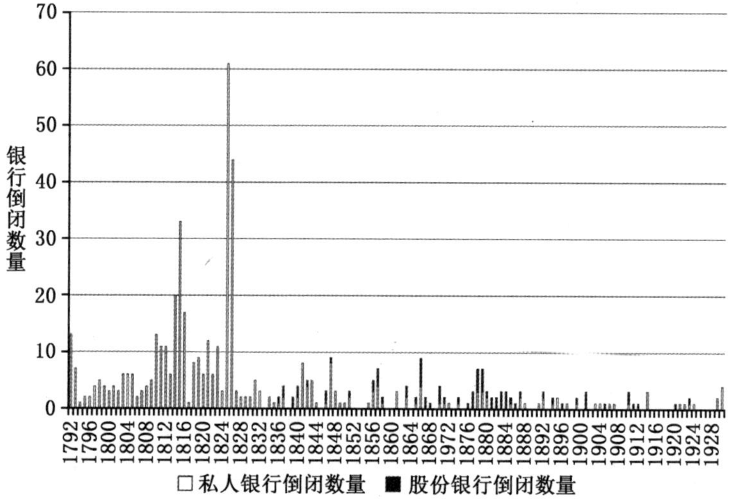

注:《银行家年鉴和年报》提供了关于银行倒闭、延迟支付或破产清算的详细资料。由于这个数据源没有报告破产清算是自愿的还是非自愿的，除了奥贝尔和图尔顿在《英国银行业》中明确的一项特别的破产清算之外，这里假设所有的破产清算都是因为倒闭而发生的。这里，还假设所有延迟支付的银行都倒闭了。因为爱尔兰的数据太少，故 1826 年之前的数据排除了爱尔兰，而其他所有的数据都是可信的。

资料来源:1792～1826 年英国银行倒闭数据来源于阿奇森、希克斯和特纳(Acheson, Hickson and Turner):《组织的弹性》(Organizational Flexibility)，第 521 页。1826～1930 年英国银行倒闭数据基于《银行家年鉴和年报》1931～1932，第 279—330 页。

图 3.2　1792～1930 年英国银行倒闭情况

为了审视银行破产的规模,危机年度采用了莱茵哈特和罗格夫所定义的危机年度,倒闭比率采用了以下两种方式加以计算:(1)商业银行倒闭的数量除以商业银行的数量,以及(2)倒闭的商业银行资本额除以商业银行资本总额。由于相对于股份制银行而言,合伙制银行和私人银行的规模较小,1826年之后的倒闭比率排除了私人银行的倒闭。由于1826年后仍有少数私人银行倒闭,这样就造成了些许与实际的差距(参见图3.2)。[①] 例如,在莱茵哈特和罗格夫所定义的危机年度里,私人银行的倒闭比率如下:1847年为2.2%,1857～1858年为1.6%,1866～1867年为1.4%,1878～1879年为2.3%。[②]

正如表3.7所示,按照莱茵哈特和罗格夫的定义,除了1825～1826年外,1914年之前的危机中银行倒闭比率从未出现过高于10%的情况。而事实上,1825～1826年之后,银行倒闭比率从没有超过5%,采用资本权重的倒闭比率也只有1857年超过了5%,而且这主要是由苏格兰西部银行的倒闭造成的。

表3.7　　1800～1914年英国银行的倒闭比率

	倒闭率	以资本为权重衡量的倒闭率
1810年	1.6	—
1815～1817年	7.0	—
1825～1826年	18.4	—

① 1850年仅有266家私人地方银行。参见Dawes and Ward-Perkins, *Country Banker of England and Wales*, pp.11－12.

② 1826～1930年银行倒闭的数据基于1931～1932年《银行家年鉴和年报》第278－330页提供的信息。每一次危机前存在的私人银行数量得自1847年、1857年、1866年和1878年《银行业年鉴》中的英格兰和威尔士私人银行名录。

续表

	倒闭率	以资本为权重衡量的倒闭率
1836～1837年	3.7	—
1847年	0.7	1.0
1857～1858年	3.2	9.4
1866～1867年	4.2	4.1
1878～1879年	4.2	3.9
1890年	0.0	0.0
1914年	0.0	0.0

注:1826年之前的数据排除了爱尔兰以及三家特许苏格兰银行。此后的年度包括了所有爱尔兰和苏格兰银行,但是,不包括私人银行和贴现公司。以资本为权重的倒闭率等于倒闭银行的实收资本除以整个英国银行体系的实收资本。

资料来源:1800～1826年英国银行倒闭率数据来源于阿奇森、希克斯和特纳:《组织的弹性》,第521页。1826～1930年英国银行倒闭率的信息基于1931～1932《银行家年鉴和年报》,第279－330页。1836年以后的英国银行数量来自托马斯(Thomas):《崛起与增长》(*Rise and Growth*),第656－662页,以及《银行家年鉴和年报》各期。用来计算资本权重的倒闭率的实收股本数据来自《银行家年鉴和年报》各期。

按照莱茵哈特和罗格夫的定义,在1914～2006年间,英国发生了4次银行危机,分别是1974年、1984年、1991年和1995年。虽然这个时期的任何一个阶段里英国商业银行没有倒闭,但是,其他类型的金融机构发生了倒闭现象。1974年,几家次级银行机构*倒闭了。这些金融机构在批发货币市场上筹集资金,并利用这些资金发放资

* 次级银行机构意为金融公司。——译者注

产抵押贷款和消费贷款。事实上，在英格兰银行的协调下，英国商业银行向这些次级银行机构提供了 13 亿英镑的流动性支持和贷款。[①] 1984 年，约翰逊·马塞公司(Johnson Matthey Plc)的银行业分支机构约翰逊·马塞银行家公司(Johnson Matthey Bankers)经历了经营困难，倒闭后被英格兰银行接管，英格兰银行试图联合私营部门参与救助。然而，这家银行并非商业银行。1991 年位于伦敦的一家大型国际银行——国际商业信贷银行(The Bank of Credit and Commerce International，BCCI)——倒闭了，然而，这家金融机构也不是商业银行。1995 年，一个叫尼克·李森(Nick Leeson)的交易员累积了大量的损失之后，巴林银行倒闭了，然而，这家银行是投资银行，而不是商业银行。

最终，2007～2008 年的大崩溃应当是这样的长期背景的反转，也就是说，自 1878 年以来没有发生主要商业银行倒闭现象的历史被改写了。2008 年初，主导英国商业银行业的十大储蓄机构之一北岩银行(见表 3.6)被英国政府国有化了。接着，2008 年 9 月，陷入困境的联合莱斯特银行被阿比国民银行所属的西班牙大银行桑坦德银行(Santander)接管。布雷德福特—宾利银行被国有化，劳埃德 TSB 银行接管了苏格兰哈里法克斯银行(HBOS)。就在几周时间里，劳埃德—信托储蓄银行和苏格兰皇家银行获得了英国政府的大量注资，从而，英格兰银行成为这些银行最大的东家。总的来看，2008 年英国 9 家主要银行中的 6 家出现了实实在在的清偿困难，按照总资产规模，英国银行体系中的 51.8%需要政府救助(参

① Reid, *The Secondary Banking Crisis*, p.192.

见表3.6)，这还不包括银行体系中的其他机构要求中央银行和监管机构的支持。[①]

测度银行业不稳定性规模的第二个也是优先选择的方法是运用银行股价以及银行股价与股市价格水平之比。[②] 由于股份制银行起源于19世纪20年代中期，只是到了19世纪30年代早期和中期才开始确立，这样的情况在伦敦尤其突出，因此，19世纪30年代前几乎没有股份制银行股价信息。1830年后才有了苏格兰和爱尔兰全部银行的月度股价信息，1834年以后才有了全部伦敦主要银行以及伦敦与各郡银行的股价信息。由于绝大多数英国郡银行不太被关注，其股价并没有系统的和综合的报告，因此这种情况一直延续到19世纪60年代。但是，1869年以后，绝大多数英国郡银行的股价信息就可以获得了。

1965～2010年期间每月股价数据得自《汤森路透数据流》(Thomson Reuters Datastream)，并通过范戴克研究机构*的OSIRIS数据库加以补充。1830～1965年间的数据是从几个信息源手工整理加工的。第一，1834～1868年间的英国银行股价数据得自于《外汇行情表》(*Course of the Exchange*)。第二，1830～1834年间苏格兰银行股价数据得自《外汇行情表》，而1835～1867年间的数据是在报纸《苏格兰人》(*The Scotsman*)上检索到的。第三，1830～1867年间爱尔兰银行股价数据检索自《外汇行情表》《贝尔法斯特新闻通

---

① 这是按照2006年资产合算的，得自于《汤森路透银行家分析法》(Thomson ONE Banker Analytics)。

② Reinhart and Rogoff, *This Time Is Different*, p.8.

* 简称BVD，是一家全球知名的商业信息数据资讯提供商。——译者注

讯》(Belfast Newsletter)和《北部辉格党》(*Northern Whig*)*。第四,1869～1929 年间全部英国银行的股价数据来自《投资者月度手册》。第五,1930～1964 年间的每月股价数据人工整理自《泰晤士报》(*The Times*)。由于《泰晤士报》没有报道,因此,1930～1938 年间苏格兰银行的股价数据和 1930 年苏格兰皇家银行的股价数据是从《苏格兰人》整理得来的。

正如表 3.8 所示,按照收益序列,银行数量变动与前一部分所描述的英国银行业体系演进极其同步。与其说银行业体系发生了根本变化,不如说英国各郡银行排除于收益序列的核算,正如此,1870 年银行数量出现了惊人增加。出于稳健性的原因,收益序列的核算不考虑这些银行,仅仅考虑伦敦的银行以及伦敦与各郡银行。由于这样的调整对收益序列影响微乎其微,因此,可以呈现出全部银行样本的结果。由于银行的合并过程,按照收益序列核算的银行数量在 20 世纪前 30 年里是下降的,到 1930 年存在 9 家银行。

表 3.8　　　　1830～2007 年按照收益序列合算的银行数量

年度	按照收益序列核算的银行数量
1830	8
1840	20
1860	23

* 辉格党为英国政党,产生于 17 世纪末,19 世纪中叶演变为英国自由党。——译者注

续表

年度	按照收益序列核算的银行数量
1870	108
1890	97
1910	51
1920	25
1930	9
1950	9
1970	6
1990	7
2007	8

对拆股和资本变动的数据进行调整后,采用收益对数来构造收益序列;平均收益未作为权重,也就是说在收益序列中每一家银行的权重相同。由于是基于伦敦的大型银行所构成的收益序列,因此,结果与包括了所有银行的收益序列是相似的,不考虑价值权重并不影响实质性结论(见图 3.3、图 3.4 和表 3.9)。因为银行倒闭是极少发生的事件,并且银行倒闭前股票价格通常会下跌,所以,如果银行倒闭,消失的收益不可设定为 0。另外,当银行被批准破产时,这个时期的银行数量已经存在,将消失的收益包括在内不会对平均收益造成差异。更为关键的是,我们更感兴趣的是检验整个银行业体系如何应对银行倒闭,而不是精确测算银行股票的投资收益。

表 3.9　**1830～2010 年英国银行业稳定性**

危机年份	最糟糕月份的收益(%)	危机期间银行股收益(%)	危机前一年到危机后一年的银行股收益(%)	危机前一年到危机后一年的市场收益(%)	危机前一年到危机后一年的银行股收益与市场收益差额(%)
1836～1837 年	1836 年 9 月(－4.59)	11.76	30.58	32.46	－1.88
1847 年	1847 年 10 月(－3.18)	－12.15	－15.50	－17.90	2.39
1857～1858 年	1858 年 6 月(－2.58)	－2.19	4.53	14.59	－10.05
1866～1867 年	1867 年 8 月(－3.43)	－16.18	－16.30	－1.28	－15.02
1878～1879 年	1878 年 11 月(－4.00)	－13.39	－10.22	20.25	－30.46
1890 年	1890 年 2 月(－0.76)	1.97	2.69	－1.88	4.58
1914 年	1914 年 7 月(－2.22)	0.67	－17.06	－14.04	－3.02
1931 年	1931 年 11 月(－8.82)	－24.88	0.28	－45.42	45.70
1974 年	1974 年 9 月(－16.32)	－62.85	－5.40	－8.05	2.65
1984 年	1984 年 6 月(－13.04)	26.17	53.61	44.54	9.07
1991 年	1991 年 12 月(－6.18)	22.30	63.65	6.47	57.17
1995 年	1995 年 2 月(－3.59)	40.33	55.30	45.25	10.05
2007～2008 年	2008 年 10 月(－35.90)	－80.32	－78.04	－18.00	－61.60

注:本表中的“危机”是莱茵哈特和罗格夫在《这次不同了》(*This Time is Different*)中给出的界定。我们认为 1931 年依然是大萧条的高潮时期,所以,1931 年也被纳入考虑。

资料来源:见正文所述。

图 3.3 描绘了 1830～2010 年英国银行月度股票收益,三个特征

已经显而易见。第一,20 世纪 50 年代后银行股收益具有更加显著的波动性。当然,整个股票市场的波动性更大,也是事实。第二,置于过去 180 年的背景下,2007～2008 年的危机之严重性是相当明显的。这场危机不同于此前发生的任何一场危机。第三,正如图 3.3 所显示的,1830～1914 年间发生的所谓危机中并没有出现大量的负收益率情况。

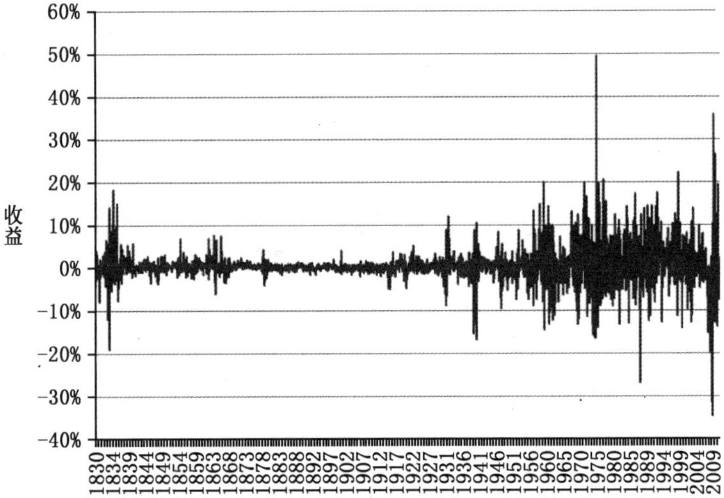

注:1914 年底伦敦证券交易所关闭了 5 个月,这就是为什么这些月份里没有收益的原因。

资料来源:见正文所述。

图 3.3　1830～2010 年英国银行股票的月度收益情况

图 3.4 检验了银行股的年度收益并将其与整个股市的价值加权资本溢价进行比较。这个年度收益的价值加权序列是将以下时间序列的数据连接起来而得到的,他们分别是:阿奇森等关于 1830～1870

年间的指数，1871～1913年间的格罗斯曼指数，1914～1933年间的《银行家杂志》指数，1933～1962年间的精算协会一般指数以及1962～2010年间金融时报股票交易所全股指数。①

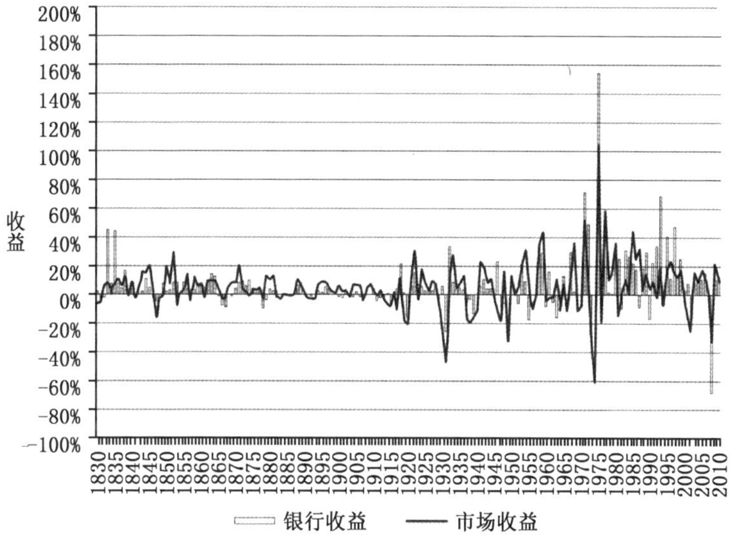

注：由于1914年底伦敦证券交易所关闭了5个月，1914年7月30日的股票价格被用作1914年年末的股票价格。

资料来源：见正文所述。

图3.4　1830～2010年英国银行年收益与股票市场年收益

图3.4显示了1914年之前的任何不稳定时期银行股票均未出现巨大的年度负收益的情况。事实上，1836～1837年和1890年也没有

① Achesn, Hickson, Turner and Ye, 'Rule Britannia!'; Grossman, 'New indices'. 《银行家杂志》(*Banker's Magazine*)指数和精算普通股指数(Actuaries General Index)得自2000年《全球金融数据库》(*Financial Database*)。金融时报全股指数得自汤森路透数据流。

出现年度负收益情况。1847 年、1857～1858 年、1866～1867 年、1878～1879 年以及 1914 年均出现了温和的、小幅度的年度负收益。除了 1847 年，在那些不稳定的时期里，银行股收益的下降幅度均大于整个股票市场收益的下降幅度。

1914 年之后，银行股票下跌幅度超过 20%的情况出现在 4 个年份，分别是 1931 年、1974 年、2002 年和 2007～2008 年。1931 年整体市场的下跌幅度超过了银行股的下跌幅度，2002 年银行股跌幅几乎与整体市场相当。这表明这两个年份银行股下跌反映出的是普遍的经济问题。值得注意的是，1931 年的英国与其他众多经济体不同，并没有发生银行业危机。① 为什么那时的英国银行业能够保持稳定，在本书的其余部分中我们将做几点说明。

1974 年银行股 62%的跌幅几乎与整体市场持平，整体市场的跌幅为 54%。此外，正如图 3.4 所示，1975 年银行股和其他类型的股票出现了惊人的反弹，表明 1974 年银行股的下跌是由于普遍的经济问题而不是由于银行的特定问题而引起的。

2007～2008 年的危机显然是图 3.4 中涵盖的 180 年里最严重危机。银行股下跌接近 80%，而整体市场下跌仅为 30%。因为苏格兰皇家银行、汇丰银行和巴克莱银行占 2007 年 8 月金融时报全股指数权重的 10.96%，所以，非银行股市值下跌幅度远低于 30%。②

表 3.9 中的第三列显示了整个危机期间银行股收益，第四列给出了整个危机期间危机前一年到危机后一年的银行股收益。这样的

---

① 参见 Billings and Capie，'Financial crisis'。

② 这个数字指的是 2007 年 8 月 31 日的数字，得自于金融时报 100 指数数据表。可见 http://www.ftse.com/Indices/UK_Indices/Downloads/FTSE100_Index_Factsheet.pdf，2012－5－23。

分析让我们能够确定危机是否造成了对银行股价的重大冲击，而接着银行股价得以恢复。最后一列列出的是危机前一年到危机后一年的银行股收益低于市场收益的幅度。正如表 3.9 中所清晰显示的，无论考虑我们采用的哪一种指标，2007～2008 年危机都是到目前为止最严重的一次危机，这些指标包括危机期间银行股收益、危机前一年到危机后一年的银行股收益以及银行股相对于整个市场的收益。

表 3.9 中的事实还表明了，1890 年、1931 年、1984 年、1991 年和 1995 年间危机前一年到危机后一年的银行股收益均为正，银行股相对于整个市场的收益亦为正，这表明这些年份里并没有发生银行业危机。1914 年银行股相对于整个市场收益的较小差额也表明，这个时期不应该被视为银行业危机。

表 3.9 还揭示了 19 世纪不稳定时期中一些值得关注的情况。第一，1836～1837 年间，银行股并没有下跌，虽然银行股收益与市场收益的差幅略为负值。第二，1847 年间银行股收益以及危机前一年到危机后一年的银行股收益为负值而且比较显著，但是，1847 年银行股的相对收益为正值。第三，1857～1858 年、1866 年和 1878 年银行股相对收益以及危机期间银行股收益均为负值。第四，1878～1879 年的收益数据显示，银行股下跌了 13.39%。这个跌幅发生在 1878 年的 10 月和 12 月之间，在此期间整体市场下跌了相类似的水平。然而，1879 年整体市场出现反弹，而银行股并没有出现反弹，这说明了为什么银行股收益与市场收益差幅显著为负值。

1974 年危机引人关注的地方是银行股的剧烈下跌，其他类型的股票亦如此。1975 年银行股出现了反弹，危机前一年到危机后一年的银行股收益为正值。另外，正如表3.9所示，此期间银行股相对于整体市场的收益为正。

将倒闭率数据和收益数据结合起来看，显然，在过去200年里，发生了两次重大的系统性危机：一次是1825～1826年，另一次是2007～2008年。虽然无法得到相同的标准来比较这两个时期，但是，显而易见，2007～2008年的崩溃是至今英国曾经经历的最严重的银行危机。如何看待过去的学者们所界定并贴上危机标签的其他时期呢？倒闭率和股票收益数据表明，1836～1837年、1847年、1857～1858年、1866～1867年、1878～1879年以及1974年可以被视为严重程度各不相同的小危机。至于1836～1837年是否算作一个小危机，可以说1836～1837年危机可能是最不严重的危机，处在危机的临界状态。

基于银行股的证据，很难将1890年、1914年、1984年、1991年和1995年的事件归类为银行业危机。① 然而，在这些时期里，可能是由于政府干预或中央银行的支持才避免了危机的发生。例如，1890年私人部门与英格兰银行合作救助巴林银行，以及1894年英格兰银行接管了JMB，从而避免了两起银行危机的发生。可是，在上述两个案例中，英格兰银行干预前的一个月银行股收益表明，银行体系并没有遭到严重的威胁，也就是说，1890年11月银行股仅下跌了0.05%，1984年9月银行股上升了1.78%。

1914年夏季，欧洲资本市场的崩溃以及外汇市场危机导致英国银行在货币市场上面对严峻的流动性压力，商业银行囤积货币又加

① 值得注意的是，塞耶斯(Seyers)在《劳埃德银行》(*Lloyds Bank*)第206页称1890年为“抖动而不是危机”。

大了流动性压力。由于需要保持黄金可兑换性,开始时英格兰银行未能明确这是一场危机。然而,通过将通常的银行假日(8月3日)延长为4天以及财政部发行小额纸币避免了流动性危机的发生,而没有采取通常的停止黄金可兑换性的政策。[①] 这个时期是货币危机而不是银行业危机。

银行业稳定性与实体经济

本部分分析重大的银行业危机(1825～1826年和2007～2008年)与小危机(1836～1837年、1847年、1857～1858年、1878～1879年)对于更加广泛的经济领域的影响,从而确定关于这些危机严重程度的另一个测度指标。事实上,在某种程度上,这可能是评估是否发生银行业危机的最佳方式。我们首先检讨用来测度大小银行业危机效应的GDP估值,而且,检验破产率以及危机广泛经济影响的轶事证据。

1825～1826年危机对商人和商业的影响是双重的,危机中,货币供给下降,同时,因为票据被拒绝贴现,尚能存续的银行信贷收缩,所以,商人筹集资金困难。[②] 1825年12月,银行破产数量显著上升。1826年平均年破产率至少是1822～1832年的两倍。[③] 正如表3.10所示,1824年经济显著增长,可是,危机期间GDP急剧下降。事实上,在表3.10所列的各个时期中,1825～1826年危机是真实危机期

---

① Sayers, *The Bank of England*, vol.1, pp.74－6.

② *The Times*, December 8, 1825, p.2; Pressnell, *Country Banking*, p.491.

③ Gayer, Rostow and Schwartz, *The Growth and Fluctuation*, vol. 1, p. 205; Neal, ‘The financial crisis of 1825’, 69.

间GDP下降最厉害的。

表3.10　1830～2010年大小银行业危机前、中、后的真实GDP状况

历次危机	危机前10年年均变化率(%)	危机前1年的变化率(%)	危机期间的年变化率(%)	危机后的年变化率(%)
1825～1826年	1.9	6.4	−4.2	8.4
1836～1837年	2.4	5.3	0.5	5.6
1847年	2.3	7.0	−2.5	6.3
1857～1858年	1.8	4.7	0.2	4.2
1866～1867年	2.3	4.5	−0.3	3.3
1878～1879年	2.6	0.5	−0.7	7.9
1974年	3.4	7.6	−1.0	−0.5
2007～2008年	3.0	2.9	1.3	−4.9

资料来源：1830年之前的数据来自布劳德贝瑞和凡·利文(Broadberry and van Leeuwen)：《英国经济增长》(British Economic Growth)；1830～1870年的数据来自米歇尔(Mitchell)：《英国历史统计学》(*British Historical Statistics*)，第836－837页；1870～1913年的数据来自索罗姆和维利(Solomou and Weale)：《英国GDP的平衡估算》(Balance Estimates of UK GDP)；1948年之后的数据来自国家统计办公室(Office for National Statistics)并得自网站：http://www.ons.gov.uk/ons/datasets-and-tables/data-selector.html?cdid=YBHH&datasets=md&table-id=1.1。

1836～1837年小的银行业危机相对而言几乎没有对实体经济产生影响。1836年和1837年破产率与1832～1842年平均年破产率没有多大差异。如表3.10所示，1835年出现了高水平的经济增长，尽管1836～1837年这个数字略有下滑，但是，危机年份里的平均增长率仍为正。值得关注的是，1938年的GDP有了显著提高。

1848 年小的银行业危机也可以说几乎没有对实体经济产生影响。1847 年夏商业实体破产率开始上升，1848 年第一个季度破产数量高于前期有记录以来的任何季度。由于 1846 年收成不好，爱尔兰土豆荒以及大量玉米和小麦商人的破产，因此 1847 年 GDP 的缩减不足为奇。然而，1848 年经济增长出现了巨大反弹，如表 3.10 所示。

1857～1858 年之后，破产数量是 1857 年为2 014起，1858 年为2 116起，而此前 5 年的年均破产数量为1 445起。① 正如表 3.10 所示，在 1857～1858 年危机期间，GDP 增长率放缓，可是，与 19 世纪所有危机不同的是，危机期间和危机后的年度 GDP 并没有收缩。结果是，虽然按照规模调整的银行倒闭率，1857～1858 年危机是最大的危机之一，但是，它对英国实体经济几乎没有任何影响。根据苏格兰皇家银行钞票主管劳伦斯·罗伯特森(Laurence Robertson)的说法，西部银行倒闭后数月交易低迷的状态是因为一个时期的过度交易必然出现的滞胀。这种情况不能归因于银行倒闭和信用紧缩，因为值得信赖的商业实体仍然能够获得需要的资金。②

1866 年小的银行业危机并没有立即伴随破产数量的增加，但是，在 1867 年和 1869 年间破产数量显著增加了。③ 正如表 3.10 所显示，1866 年和 1867 年平均实际 GDP 增长为－0.3％，1866 年提高了 0.8％，1867 年下降了 1.3％。然而，1868 年实际 GDP 提高了 3.3％，1868～1871 年，实际 GDP 增长率平均为 4.7％。

就 1878～1879 年危机更加广泛的经济效应而言，危机前的五年

① Mitchell, *British Historical Statistics*, p.695.
② Anon., *The Western Bank Failure*, p.36.
③ Mitchell, *British Historical Statistics*, p.695.

里英格兰和威尔士每年平均破产数量为950.6起，而1878年和1879年增加到仅仅分别为1 084起和1 156起。[①] 可是，危机前的五年里破产清算债务平均为430万英镑，相对而言，1878年英格兰和威尔士破产债务总额为930万英镑。由于苏格兰银行业是危机的焦点，苏格兰的情形更加糟糕也就不足为奇了，危机前的五年里苏格兰银行破产数量平均为429.8起，1878年和1879年分别为717起和1 077起。[②] 这些数字仅仅反映了历史事实的一部分，因为银行业史学家描述的是英国部分地区的画面，强调的是苏格兰、南威尔士和英格兰的局部地区的产业分析，从而形成1878年危机后果的结论。[③] 1879年GDP缩减了2.2%，则反映了产业面对的困境。可是，正如表3.10所显示，1880年GDP再次反弹。

1974年小的银行业危机影响了次级银行，但是，相对而言，对更广泛的经济领域没有产生影响。1969～1973年间英格兰和威尔士破产数量平均为4 109起，而本次危机中的1974年和1975年破产数量分别为5 191起和6 676起。这些破产数据在1974年和1975年GDP增长数据中也相应地得到反映(参见表3.10)。然而，GDP的下降主要归因于石油冲击以及与高水平通货膨胀相关的问题，而不是次级银行部门相对小的问题。

2007～2008年的危机与过去的危机不同，对经济造成了重大、持久的影响。就其广泛的经济影响而言，2002～2006年间英国丧失清偿能力的公司和个人平均数量分别为14 374和67 978，而2007～

① Mitchell, *British Historical Statistics*, p.695.

② Mitchell, *British Historical Statistics*, p.695.

③ Clapham, *The Bank of England*, vol.2, p.309; Crick and Wadsworth, *A Hundred Years of Joint Stock Banking*, pp.102 and 397; Holmes and Green, *Midland*, p.61

2011 年间英国丧失清偿能力的公司和个人平均数量分别为16 785和139 950。[①] 这些数字表明个人而非公司承受了 2007～2008 年危机所带来的严重后果。这次危机还与信用紧缩相关,而信用紧缩是银行削减资产负债表以及注入资金而引起的。危机广泛的经济效应在表 3.10 列示的 GDP 数据中得到了反映,表 3.10 显示 2009 年实际 GDP 几乎下降了 5%。从 2008 年第一季度的最高水平到 2009 年第三季度的最低水平,实际 GDP 下降了 6.6%。甚至在危机之后的 2011 年和 2012 年的几个季度里经济增长率低且为负值。总体而言,与 2007～2008 年危机相关的 GDP 下降是英国历史上历次银行业危机最糟糕的后果,尽管有救助和政府财政的慷慨支持。事实上,以 GDP 为视角,2009 年 GDP 下降了 4.9%,与 1931 年和 1944 年 GDP 下降幅度相似(两个年度 GDP 分别下降了 4.97%和 4.85%)。2009 年 GDP 下降幅度未必能够提供 2007～2008 年危机的经济成本的真实写照,因为此次危机导致的产出损失是永久性的,所以,长期经济成本将被证明是巨大的。

重要的是,表 3.10 所列出的银行业危机期间两次 GDP 最大幅度下降与两次大危机相关。2007～2008 年危机广泛的经济影响是前所未有的,按照危机规模,此次危机是一场完全不同的危机类型。没有任何一次小危机与实际 GDP 的大幅下降相关联。正如 1974 年危机期间 GDP 下降,除了危机原因之外,还有其他更重要的原因导致 GDP 下降。

---

① 未清偿的服务数据可得自 http:// www.insolvencydirect.bis.gov.uk/ otherinformation/ statistics/ 201205/ uksa/ index.htm。

结论

本章描述了自1800年以来英国银行业体系是如何演化的。在这样的历史时期里,存在着两个主导趋势。第一,银行业体系从19世纪存在大量的银行参与其中演变到20世纪银行业高度集中的状况。第二,自1914年以来,英国不同地区的银行体系变得越来越一体化了。

使用倒闭率数据和银行股相对收益指标,本章测度了自1800年以来银行业体系的稳定性。本章还揭示了银行业危机的实体经济效应。本章分析的主要结论是,2007～2008年的大崩溃是英国迄今所经历的最大的一次银行业危机。事实上,基于本章所呈现的证据,自1800年以来仅有两个时期可以归类为重大的或系统性的银行业危机,一次是1825～1826年,另一次是2007～2008年。在这两次银行业危机之间的历史时期,英国银行业体系相对稳定,仅仅出现了小规模的银行业危机。在本书的其余部分里,主要解释为什么会发生这两次重大危机,以及为什么在两次重大危机之间银行业体系能够相对稳定。

本章提出了以下问题:银行业体系结构与银行业体系稳定性之间存在怎样的关联性?第2章基于理论分析视角得出的结论是:二者未必存在必然的联系。相应地,两次重大的、系统性的危机发生在两种不同的银行业体系结构下,也就是说,1825～1826年银行业体系是竞争结构,而2007～2008年银行业体系是寡头垄断结构。虽然其间银行业体系是稳定的,但是,在此期间出现了转型,从高度竞争体系转变为五家银行主导的市场体系,这进一步支持了这样的观点:银行业体系结构与稳定性之间未必相关。

4

1800 年以来大大小小的英国银行业危机

每一次独立发生的恐慌都有其显著的特征，但是，所有的恐慌都是在一段时期的繁荣之后，虚假的繁荣暴露时立即就会发生，这是它们彼此的相同点。所以，完全一致的顺序是，一旦发现我们处在非因缓慢增长的产业使我们快速获取财富的环境，那么，我们几乎可以断言恐慌时期即将来临。[①]

——D.莫瑞·伊文思(D. Morier Evans)

引 言

在前一章中我们得出了这样的结论：英国历史上大的银行业危

① Evans, *The History of the Commercial Crisis*, p.1.

机分别是1825～1826年的银行业危机和2007～2008年的银行业危机，其间，发生了一系列小的银行业危机(比如，1836～1837年、1847年、1857～1858年、1866～1867年、1878～1879年和1974年)。在本章中，对这些大大小小的危机，我们给出叙事般的描述。这样做的主要原因有两个方面：

第一，我们需要对这些危机的范围和规模有一个定性，从而证明(或者证伪)第3章提出的定量测度的结果。尤其是，我们揭示每一次危机是如何发展的，并分析其严重程度的轶事和证据。另外，为了弄清楚金融机构破产的原因，我们探讨每次危机中主要金融机构所经历的困难或破产。

第二，我们要探究每次危机可能存在的触发因素及其先兆。因为在金德尔伯格和明斯基的危机理论中，宽松的货币和信用条件与投机是重要的因素，所以，我们审视每次危机之前的货币与信用条件，以及考察在每次危机之前各类资产是否存在投机行为。①

1825～1826年

随着拿破仑战争的结束和准备重启黄金的可兑换性，英格兰银行开始收缩其钞票的发行规模，因此出现了一个时期的通货紧缩，导致1818～1822年间综合价格指数下降了32.6%。② 经济紧缩也很严重，在这些年里名义GDP下降了13.9%。③ 然而，接着便是有意为之

① Minsky, *Stabilizing an Unstable Economy*; Kindleberger, *Manias, Panics and Crashes*.

② O'Donoghue, Goulding and Allen, 'Composite price index'.

③ Broadberry and van Leeuwen, 'British economic growth'.

的宽松货币条件以及相伴而生的信用扩张，1822 年经济开始复苏。[①]这项政策的目的是缓解一直对政府施压的农业利益集团的痛苦。[②]

宽松的货币与信用环境的出现有几个方面的根源。第一，1822 年 4 月政府将郡级银行发行小额钞票(比如，5 英镑以下面额)的权利延展到 1833 年，按照重启的《1819 年现金支付法案》(Resumption of Cash Payment Act of 1819)，郡级银行享有的这项权利将被取消。[③] 第二，在首相利物浦(Liverpool)勋爵的施压下，英格兰银行于 1822 年 6 月将贴现率从 5%降低到 4%，这种情况一直保持到 1825 年 12 月。[④] 第三，政府买入其长期债券，因而向经济体注入货币。[⑤] 第四，1823 年政府通过将 1.35 亿英镑的债券利率从 5%调整到 4%，1824 年将8 000万英镑的债券利率从 4%调整到 3.5%，从而降低了长期利率。[⑥]

英格兰银行支持政府实施宽松的货币和信用政策。在 1822 年 2 月到 1825 年 2 月间，英格兰银行钞票发行量增加了 25%，同时，减少了黄金持有量(见表 4.1)。另外，1823 年 5 月，英格兰银行购入固定收益年金(Dead Weight Annuity)——为海陆军支付退休金所创，政府试图将年金向公众发售，但没有获得成功。[⑦] 这些行为的结果是，

---

① *Committee of Secrecy on the Bank of England Charter*, P.P.1831－32 Ⅵ, Evidence of William Ward, qq.1981－3, 2015, John Richards, q.5107.

② *Committee of Secrecy on the Bank of England Charter*, P.P.1831－32 Ⅵ, Evidence of William Ward, q. 2015, Samuel Gurney, q. 3760; Pressnell, Country Banking, pp. 487－8; Clapham, *An Economic History of Modern Britain: The Early Railway Age*, p.264.

③ Clapham, *An Economic History of Modern Britain: The Early Railway Age*, p. 264.

④ Hawtrey, *A Century of Bank Rate*, p.14.

⑤ Neal, 'The financial crisis of 1825', p.60.

⑥ *Committee of Secrecy on the Bank of England Charter*, P.P. 1831－32 Ⅵ, Evidence of J. Horsley Palmer, q.606.

⑦ 到 1825 年 2 月，英格兰银行持有该年金价值超过 500 万英镑。参见 *Committee of Secrecy on the Bank of England Charter*, P.P.1831－32 Ⅵ, Appendix 6。

1822年2月至1825年2月间英格兰银行持有的证券增加了62%(见表4.1)。

表4.1 1821～1826年英格兰银行流通中的钞票、证券和黄金持有量

	流通中的钞票(百万英镑)	证券(百万英镑)	黄金(百万英镑)
1821年8月	20.295	18.475	11.233
1822年2月	18.665	15.478	11.057
1822年8月	16.609	17.290	10.097
1823年2月	18.392	18.319	10.384
1823年8月	19.231	17.467	12.658
1824年2月	19.736	18.872	13.810
1824年8月	20.132	20.904	11.787
1825年2月	20.753	24.951	8.779
1825年8月	19.398	25.106	3.634
1826年2月	25.476	32.918	2.459
1826年8月	21.563	25.083	6.754

资料来源:*Committee of Secrecy on the Bank of England Charte*,P.P. 1831－32 VI Appendix 5。

1832年英格兰银行授权保密委员会(Committee of secrecy on the Bank of England Charter)之前的几项证据令人相信英格兰银行和政府货币宽松政策起源于1825～1826年的危机。[①] 毫不奇怪，1821～1872年时任英格兰银行董事的乔治·W. 诺曼(George W. Norman)认为,英格兰银行的货币宽松绝不应该为1825～1826年恐慌负责。[②] 然而,托马斯·图克(Thomas Tooke)主张,如果政府债务

① *Committee of Secrecy on the Bank of England Charter*,P.P.1831－32 Ⅵ,Evidence of Vincent Stuckey,q.1186;Samuel J.Lloyd,p.3466;George Grote,q.4646;John Easthope,p.5795.

② *Committee of Secrecy on the Bank of England Charter*,P.P. 1831－32 Ⅵ,Evidence of George W.Norman,p.2557.

再融资造成了利率下降，那么，1824 年英格兰银行应该减少而不是增大其钞票发行。① 他还认为，英格兰银行买入证券助长了投机。②

虽然英国各郡银行超量发行钞票的做法遭到了严厉的批评，但是，相关事实则相反，伯吉斯(Burgess)提出的收益证据表明 1824 年与 1825 年间钞票发行量增加了 7.2%，而印花税情况表明郡级银行钞票发行量增加了近 50%(见表 4.2)。伯吉斯甚至令人难以置信地提出其中的差异可以用这样的事实给出解释：银行当时更换其旧钞票，并且大量的新印花钞票没有公开发行。③ 更有可能性的解释是，伯吉斯采用的 122 家样本银行并不能代表所有银行，而且这些银行向伯吉斯低报其钞票发行量。④ 呈现在英格兰银行授权保密委员会面前的其他事实表明郡级银行钞票发行量存在显著扩张的情况。⑤

表 4.2　　　　　　1821～1826 年郡级银行钞票流通量

	所有钞票的印花税	1.1 英镑以下面额的印花税	伯吉斯确认的 122 家郡级银行钞票发行的收益	盖耶(Gayer)等估计的郡级银行钞票印花税(百万英镑)
1821 年	53 654	34 600	100.0	—
1822 年	66 957	45 158	94.9	4.3

① *Committee of Secrecy on the Bank of England Charter*, P.P. 1831—32 Ⅵ, Evidence of Thomas Tooke, pp.3852, 3857.

② *Select Committee on Banks of Issue*, P.P. 1840 Ⅳ, Evidence of Thomas Tooke, q. 3762.

③ *Committee of Secrecy on the Bank of England Charter*, P.P.1831—32 Ⅵ, Evidence of Henry Burgess, pp.5484—5.See also *The Times*, 13December 1825, p.2.

④ *Committee of Secrecy on the Bank of England Charter*, P.P. 1831—32 Ⅵ, Evidence of Henry Burgess, pp.5152—9.

⑤ *Committee of Secrecy on the Bank of England Charter*, P.P.1831—32 Ⅵ, Evidence of George W.Norman, p.2666; William Beckett, P.1392; amd John Wilkins, p.1638.

续表

	所有钞票的印花税	1.1英镑以下面额的印花税	伯吉斯确认的122家郡级银行钞票发行的收益	盖耶(Gayer)等估计的郡级银行钞票印花税(百万英镑)
1823年	62 178	38 615	94.7	4.5
1824年	65 051	39 694	102.5	6.7
1825年	93 272	51 028	109.9	8.8
1826年	114 913	63 309	—	1.5

注:伯吉斯收益仅仅是每年7月122家郡级银行钞票发行的均值。收益核算采用的是指数形式。

资料来源:*Committee of Secrecy on the Bank of England Charter*, P.P. 1831—32 Ⅵ, Appendix 99; Evidence of Henry Burgess, q.5165, Gayer, Rostow and Schwartz, *Growth and Fluctuation*, vol.1, p.206。

尽管1832年英格兰银行授权保密委员会之前的一些证人没有考虑到前面描述的宽松货币和信用环境产生的投机和资产价格效应,但是,大多数人的观点是,郡级银行钞票发行的扩张尤其应当受到谴责。① 1824年和1825年证券交易所发生了针对拉丁美洲股份公司的股票和贷款的投机,更不用说保险公司和采矿公司的投机了。② 另外,股份公司存在人为推动的繁荣,1824年和1825年,624

① *Committee of Secrecy on the Bank of England Charter*, P.P. 1831—32 Ⅵ, Evidence of William Ward, p.1992; Jeremiah Harman, p.2330; George W. Norman, p.2667; John Richards p.5019; and Thomas Tooke, p.3852, 3911. 相反的观点参见 Samuel Gurney (p.3763)。

② *Committee of Secrecy on the Bank of England Charter*, P.P. 1831—32 Ⅵ, Evidence of Thomas Tooke, p.3849. 外国贷款收益和股票价格指数参见 Neal, 'The financial crisis of 1825', pp.62—4。

家公司溢价发行股票。① 1824年和1825年仅股份公司和海外贷款就在伦敦市场筹集资本4 290万英镑。这是一个惊人的数量,要知道1825年12月伦敦证券市场全部市值仅为4 360英镑。②

危机最初的征兆出现在1825年秋,德文郡*和英格兰西部的银行倒闭了。接着,在12月初,波尔—索顿公司(Pole, Thornton and Company)——将资金投入高风险证券的伦敦一家大银行——面临一系列挤兑风潮并最终倒闭了。③ 接着,一家领先的约克郡银行倒闭,且郡级银行发生了一系列挤兑和倒闭现象。12月14日伦敦地方和郡级银行停止营业之后,英格兰几乎没有哪个地方存在"当地银行没有停止营业和不处于恐慌状态的"。④ 停止营业的多数银行最终重新开业了,但是,仅在12月份,30家郡级银行破产了,还有超过33家银行在1826年头3个月陷入破产境地。⑤ 在这些银行破产的同时,英格兰和威尔士境内的所有银行面临严峻的挤兑。⑥

1825～1826年的危机是如此严重,以至于几乎每一家英国郡银行都寻求英格兰银行的支持。状态如此危险,以至于贸易委员会(Board of Trade)主席威廉姆·哈斯克森(William Huskisson)指出,

① English, *A Complete View*, p.30.

② English, *A Complete View*, pp.30, 42; Acheson, Hickson, Turner and Ye, 'Rule Britannia'.

* 英格兰西南部的一个郡,首府埃克塞特。——译者注

③ *Committee of Secrecy on the Bank of England Charter*, P.P. 1831－32 Ⅵ, Evidence of J. Horsley Palmer, q.606.

④ Pressnell, *Country Banking*, p.487.

⑤ *Committee of Secrecy on the Bank of England Charter*, P.P. 1831－32 Ⅵ, Appendix 101.

⑥ *The Times*, December 20, 1825, p.2, carries a list of reports from regional newspapers on the severity of runs in its area. See also *The Times*, 16 December 1825, p.2.

英格兰"4 到 20 小时内处于物物交换的状态"。[①] 这个说法也许夸张了,但是,站在 1832 年英格兰银行授权保密委员会面前的证人指出,1825 年 12 月整个信用系统和经济生活出现几日的崩溃状态。[②]

1836～1837 年

虽然 1836 年英格兰银行和其他银行的钞票发行没有大规模扩张,但是,情况表明,货币流通速度加快了,新的股份制银行的创立导致储蓄和信用的扩张。[③] 由于投机活动兴起,1834～1836 年间不仅有许多股份制银行成立,众多新的铁路公司也蓬勃兴起。议会授权 59 家新铁路公司,这些公司大约拥有资本3 640万英镑。[④] 然而,在这个时期,既没有哪一家银行股票,也没有哪一家铁路公司股票出现过显著的价格反向变动。[⑤]

1836 年夏,作为对经历的黄金显著流失的滞后回应,英格兰银行两次提高了银行利率,将银行利率从 4%提高到 5%。同时,英格兰银行拒绝贴现股份银行的任何票据。[⑥] 到 1836 年末和 1837 年初,由此产生的货币市场压力使两大新建立的股份银行的弱点得以暴露,这两家银行分别是爱尔兰农商银行(Agricultural and Commer-

---

① Stuckey,'Thoughts on the improvement',p.424.

② *Committee of Secrecy on the Bank of England Charter*,P.P. 1831－32 Ⅵ,Evidence of John Richards,q.5006,and Jeremiah Harman,q.2262.

③ Clapham,*The Bank of England*,vol.2,p.149;Thomas,*Rise and Growth*,p.297.

④ *The Economist*,4October 1845,p.949.

⑤ Gayer,Rostow and Schwartz,*Growth and Fluctuation*,vol. Ⅰ,p.375;Acheson,Hickson,Turner and Ye,'Rule Britannia'.

⑥ Clapham,*An Economic History of Modern Britain*:*The Early Railway Age*,p.515.

cial Bank of Ireland,A&C)和英格兰中北部银行(Northern and Central Bank of England,NCBoE)。

1834 年 5 月开业之后,爱尔兰农商银行在爱尔兰全境快速扩张分支机构网络,以至于倒闭之前,拥有分行和次级分支机构总数达 45 家。[①] 1836 年为应对一系列挤兑,爱尔兰农商银行号召其股东增加银行实缴股本达157 000英镑。[②] 爱尔兰农商银行还请求爱尔兰银行贴现其部分票据,可是,11 月 10 日和 11 日见面会上提出请求之后,次日爱尔兰银行拒绝贴现票据并且将维持这一做法,因为爱尔兰银行"不认为自己对所提出的证券贴现提供担保"。[③] 英格兰银行和爱尔兰银行拒绝贴现其贷款票据之后,加之无力从股东那里筹集足够的资本,11 月 14 日爱尔兰农商银行停止了支付业务。[④] 尽管几次试图起死回生,最终,爱尔兰农商银行还是被清算。可是,储户和票据持有人最终得到了全额给付。[⑤]

英格兰中北部银行也在 1834 年开展业务,40 家分行和次级机构所构成的广泛的业务网从曼彻斯特总部辐射开去。[⑥] 与爱尔兰农商银行相似的另一个特点是,英格兰中北部银行拥有大量的股东,1836 年股东就有1 204位。[⑦] 然而,与爱尔兰农商银行不同的是,英格兰中

① *Select Committee on Joint Stock Banks*, P.P. 1837 XIV, Evidence of James Dwyer, p.2688.

② *Select Committee on Joint Stock Banks*, P.P. 1837 XIV, Evidence of James Dwyer, p.2723.

③ Bank of Ireland, Court of Directors Transactions, 10—14 November 1836.

④ 对股东的号召仅筹集了 23 000 英镑而不是全部 157 000 英镑。

⑤ *Select Committee on Joint Stock Banks*, P.P.1838 VII, Evidence of James Pim, pp. 596—97, and Jeremiah Dunne, pp.1382—83.

⑥ *Select Committee on Joint Stock Banks*, P.P.1836 IX, Appendix 41.

⑦ *Select Committee on Joint Stock Banks*, P.P.1836 IX, Appendix 64; Hickson and Turner, 'The genesis of corporate governance'.

北部银行拥有大量的实缴股本，截至1836年发行了71 860股面额为10英镑的股票，全部为实缴股本。

1836年8月卡塞尔斯(Cassels，即英格兰中北部银行的伦敦代理)的证据发布后，英格兰中北部银行在伦敦货币市场的再贴现业务遇到了困难，这种情况与英格兰银行拒绝对英格兰中北部银行背书的票据贴现叠加在了一起。由于英格兰中北部银行不存在未实缴股本，因此，无法号召持股人一起应对资金问题。① 即使在获得了英格兰银行的支持之后，该银行还是于1836年关门了，然后进入了清算阶段。但是，英格兰银行和英格兰中北部银行票据持有人和储户均未遭受损失。

为什么这两家大银行倒闭了呢？虽然缺乏经验和管理失当可以作为个中原因的解释，但是，可得证据表明，他们都是激进的风险接受者，而且他们甚至时常涉足欺骗性行为。② 还有治理方面的问题：大量借贷给董事和他们的朋友，并且董事们从银行借钱购买股票。③

1847

1847年商业危机前的三年里，呈现出显著的经济增长，1844年、1845年、1846年GDP增长率分别为5.4%、5.3%以及7.0%。④ 此

① *Select Committee on Joint Stock Banks*, P.P.1837 XIV, Evidence of J.W. Gilbart, p.1930.

② Hickson and Turner, 'The genesis of corporate governance', 185; Thomas, *Rise and Growth*, p.286.

③ *Select Committee on Joint Stock Banks*, P.P. 1837 XIV, Appendix IV; Thomas, *Rise and Growth*, pp.276, 283—5.

④ Mitchell, *British Historical Statistics*, pp.836—7.

外,由于 1842 年、1843 年和 1844 年的丰收,大量的黄金流入英国。这导致了历史性的低市场贴现率,1843 年和 1844 年贴现率接近 2%,英格兰银行积累了大量的黄金储备。

1844 年 7 月实施了《银行特许法案》(Bank Charter Act)。① 该法案旨在让纸币像金属货币一样流通。结果是英格兰银行分成两个独立的部门。② 法案实施当日,了解自己拥有大量黄金储备的英格兰银行利用其自由裁量权,立即将票据贴现率从 4%降低到当时历史性的低点:2.5%。③

继人所共知的"铁路投资疯狂时期"之后,就是低利率时期。1844 年和 1845 年,超过1 000条铁路得以投资建设,1843 年 1 月和 1845 年 8 月之间铁路股票价格的价值加权指数翻了一番。④ 该指数在 1845 年最后一个季度出现急剧下跌,并在 19 世纪 40 年代的剩余时间内持续下跌,到 1850 年,跌幅是市场峰值的 67%。⑤ 最近发现的证据表明,铁路投资疯狂源自政治失败和投资者急功近利的综合作用。⑥

1845 年秋,不仅出现了土豆枯萎病,农业收成也欠佳。后续的海外谷物进口导致英格兰银行黄金储备减少,英格兰银行钞票发行紧缩。为了避免黄金储备进一步缩减,英格兰银行在 10 月 16 日将贴现率提高到 3%,11 月 6 日再将贴现率提高到 3.5%。两次提高贴

① 7 & 8 Vict. c.32.

② 发行部门关注的是钞票发行,并确保英格兰银行拥有充足的黄金来支撑钞票发行。银行部门的行为与其他商业银行无异。

③ Thomas, *Rise and Growth*, p.433.

④ Campbell, 'Myopic rationality'.

⑤ Campbell, 'Myopic rationality'.

⑥ Campbell, 'Myopic rationality'; Campbell and Turner, 'Dispelling the myth of the naive investor'.

现率对铁路股票市场产生了负面影响。[①]

虽然1846年上半年货币市场压力减轻，但当年的土豆绝收和农业收成欠佳导致谷物的大量进口。结果是英格兰银行的储备从1847年1月初的940万英镑下降到4月底的300万英镑，所持有的黄金数量从1 500万英镑下降到930万英镑。[②] 这些指标下降的后果是英格兰银行将贴现率从3%提高到3.5%，又在1847年1月将贴现率提高到4%。1847年4月贴现率再次从4%提高到5%，英格兰银行还开始对其贴现和贷款实行配给制[③]。由于铁路股份持有者试图筹措资金给付其未实缴股本，货币市场面临更大的压力。[④] 1847年夏，货币市场的压力增大。由于几个月里小麦和玉米价格出现超过50%的未预见到的下跌，众多谷物商人承受着经营困难。

1847年9月商业破产情况继续着，包括相继被取消英格兰银行董事资格的三位董事的商业破产。10月16～23日"恐怖周"(Week of Terror)导致几家银行停止支付，而且运营很好的苏格兰的银行也期待获得英格兰银行的资金融通。周末，首相和财政大臣给英格兰银行发出了一封宽慰的信，对其打破《银行特许法案》提供保护，这足以缓解对货币市场压力的关注。

在"恐怖周"之前和"恐怖周"中，纽卡斯尔市经历了银行困境。

---

① Evans, *The Commercial Crisis*, p.18.

② Thomas, *Rise and Growth*, p.438.

③ 有观点认为英格兰银行比其实际开始的时间更早提高其效率。参见 Hawtrey, *A Century of Bank Rate*, p.21; and *Secret Committee of the House of Lords on Causes of Commercial Distress*, P.P. 1847－8 I, Evidence of James Morriesa and H. J. Prescott, pp. 2661－2。

④ *Secret Committee of the House of Lords on Causes of Commercial Distress*, P.P. 1847－8 I, Evidence of James Morris and H.J. Prescott, p.2674.

1847年春货币市场面临压力，北英格兰股份银行倒闭。这家银行是1832年建立的，倒闭后，披露的信息表明最初5年的业务就出现了巨大损失，以至于原始实缴股本340 955英镑全部损失掉了。[①]

北英格兰股份银行的倒闭让人们对该地区的其他银行起了疑心，自1847年春开始，该地区银行业的公众信心受到损害。在“恐怖周”里，即1847年10月21日，纽卡斯尔、希尔兹和森德兰联合股份银行(Newcastle, Shields and Sunderland Union Joint Stock Bank)停止支付业务。在一次股东大会上，作为大股东之一的威廉姆·伍兹(William Woods)被任命为股东大会主席，受托扭转该银行的困局。该银行的资产与负债之间的缺口大约为80 000英镑，即每股为20英镑。[②] 该银行最终于1849年重新开门营业。

1847年其他3家著名的银行暂时停止业务。[③] 第一家是利物浦皇家银行(Royal Bank of Liverpool)，其“恐怖周”开始时就停止了支付业务，尽管其以优质票据担保从英格兰银行获得了300 000英镑。[④] 该银行管理出现重大失误，以至于贷给一个人520 000英镑(即该银行资本的84%)。[⑤] 但是，1847年12月1日该银行恢复了业务。第二家是规模较小的利物浦银行(Liverpool Banking Company)，那时也立即暂停了业务，但是，该银行从股东那里筹集资金，以帮助银行

---

① Philips, *A History of Banks*, p.333.

② Philips, *A History of Banks*, p.324.

③ *Secret Committee of the House of Lords on Causes of Commercial Distress*, P.P. 1847－8 I, Evidence of C.Turner, q.991.

④ *Secret Committee of he House of Lords on Causes of Commercial Distress*, P.P. 1847－8 Ⅰ, Evidence of James Morris and H.J.Prescott, q.2645.

⑤ *Secret Committee of the House of Lords on Causes of Commercial Distress*, P.P. 1847－8 Ⅰ, Evidence of James Morris and H.J. Prescott, q.3223.

度过资金困难时期。[①] 第三家是南北威尔士银行(North and South Wales Bank),该银行的大量业务在利物浦,或与利物浦存在业务关系,一份伦敦报纸错误地谴责该银行暂停交易。错误报道之后,继之而起的银行挤兑导致该银行马上暂停支付业务。在股东注资之后,并且在客户的帮助下,1848 年初银行重新开门营业。[②]

与 1836～1837 年的危机相似,1847 年的危机是一场货币市场危机。可是,那时货币市场感受到的压力显然反映了一种恐慌(臆断或者并非臆断的),即《银行特许法案》限制了英格兰银行作为最后贷款人的地位。[③] 根据当代学者的看法,1847 年危机显然给银行造成的麻烦少于 1836～1837 年危机。[④] 1847 年危机被当代学者视为商业或商人危机,而不是银行危机,故而,被称为“商业危机”。1847 年银行系统的稳健性从未受到质疑。[⑤]

1857～1858

1857～1858 年的危机被认为是第一次全球金融危机。[⑥] 根据银行法案特别委员会(Select Committee on the Bank Act)的报告,至少有三个方面的前期变化决定了本次危机的规模。[⑦] 第一,加利福尼

---

① Thomas, *Rise and Growth*, p.444.

② Crick and Wadsworth, *A Hundred Years of Joint Stock Banking*, pp.184－5.

③ Gayer er al., *Growth and Fluctuation*, p.326.

④ *Secret Committee of the House of Lords on Causes of Commercial Distress*, P.P. 1847－8 Ⅰ, Committee Report, p.vii.

⑤ Thomas, *Rise and Growth*, p.444.

⑥ Clapham, *Bank of England*, vol.2, p.226; Kindleberger, *Manias, Panics and Crashes*, p.129

⑦ *Select Committee on the Bank Acts*, P.P. 1858, LXXVIII, Committee Report, p.v

亚的黄金发现导致货币大量增发,1851～1856 年间欧洲黄金存量增加了8 070万英镑。[①] 第二,英国出口显著增长,在危机前的十年间英国出口值翻了一番,特别是对美国的出口,1856 年英国出口价值1.22 亿英镑中的大约 1/4 来自对美出口。[②] 第三,1847～1857 年,伦敦股份制银行的储蓄增长了 5 倍,达到了4 310万英镑,其中绝大部分的储蓄最终贷给了商人。[③]

当 1857 年的秋天临近时,英格兰银行没有任何预警信号,公众也不知道面临怎样的危险。[④] 9 月 15 日,第一条坏消息且随之而来的一系列坏消息从美国传来:铁路证券价值出现了巨幅下跌,这对英国的影响是显而易见的,因为那时英国持有大约8 000万英镑的美国股票和债券。[⑤] 接下来的数周里,关于大西洋沿岸到处都有银行停止业务的消息传来。例如,63 家纽约银行中的 62 家银行停止了支付,据估计,在 1857 年的恐慌中,美国共有1 415家银行停止支付。[⑥] 其后果是深度介入美国贸易的英国公司开始出现倒闭,从而对银行产生影响。英国的银行尤其是业务主要在利物浦和格拉斯哥的银行开始出现挤兑黄金的现象,因为这两个城市与美国有着广泛的商业联系。结果是英格兰银行不断提高银行利率,10 月 8 日为 6%,10 月 12 日提高到 7%,10 月 19 日提高到 8%,11 月 9 日提高到 9%。

---

① *Select Committee on the Bank Acts*, P.P. 1858, LXXVIII, Committee Report, p.iv

② *Select Committee on the Bank Acts*, P.P. 1858, LXXVIII, Committee Report, pp. iii, viii.

③ Evans, *The History of the Commercial Crisis*, pp.32－3.

④ *Select Committee on the Bank Acts*, P.P. 1858, LXXVIII, Committee Report, p.vii.

⑤ *Select Committee on the Bank Acts*, P.P. 1858, LXXVIII, Committee Report, p.vi-ii.

⑥ 值得注意的是,只有少数几家银行最终倒闭。参见 Calomiris and Schweikart, 'The panic of 1857'。

1857年10月27日,利物浦市镇银行(Liverpool Borough Bank)是第一家倒闭的银行。接着,11月9日苏格兰西部银行(Western Bank of Scotland)倒闭,银行利率立即被提高到10%。11月11日格拉斯哥市银行停止支付业务。到11月12日,由于几个关键的票据经纪人陷入困境,市场贴现活动几乎全部停止。因此,像1847年那样,财政大臣写了一封信函给英格兰银行行长,要求立即停止实施《英格兰银行特许法案》,将银行利率维持在10%。最后倒闭的一家银行是诺森伯兰和杜伦区域银行(Northumberland and Durham District Bank),该银行于1857年11月末关门。

然而,到1857年12月中旬,危机才真正结束,银行利率回落到8%,临时停止实施《英格兰银行特许法案》才宣告结束。在接下来的数周里,银行利率进一步下降:1858年2月11日,银行利率为3%。按照《经济学家》(*The Economist*)的说法,"没有更严重的危机,也没有更快地复苏"[①]。

1857年三家大银行倒闭了。第一个倒闭的银行是利物浦市镇银行(成立于1836年),所在城市对美国的贸易和船运业务具有严重的商业依赖。在过去的十年间,这家银行累积了大量的不良债务,在商业危机来临之前,这家银行便出现了困难。[②] 股东掩盖了这些不良债务,担保贷款过度膨胀,并且对这些不良债务没有付起应有的责

---

① *The Economist*, 5 January 1858.

② *Select Committee on the Bank Acts*, P. P. 1858, LXXVIII, Evidence of J. Dixon, p.4200.

任。[①] 当这家银行倒闭时，两位前执行董事还对银行负债。[②] 由于银行管理者冒太多的风险，这些风险没有得到银行董事会的检查和控制，最终，这家银行倒闭了。[③]

1857 年倒闭的最大一家银行是苏格兰西部银行（成立于 1832 年），那时，它拥有苏格兰最大的分支机构网络。这家银行的倒闭导致1 280名股东承担1 089 577英镑的损失，由于银行拥有自己的股份达1 671股，故这个数字被夸大了大约300 000英镑。[④] 还有一个事实表明这个追索数字被夸大，即西部银行的一些股东以其股票为担保借款达988 487英镑。[⑤] 这种做法是早期苏格兰股份制银行的普遍做法，但是，这种做法最终减少了银行资本，出现银行经营困境。[⑥]

苏格兰西部银行还有一个广为人知的承担高风险的名声。1834 年经历了经营困境，1837 年受到被驱除出苏格兰票据交易系统的威胁，在 1847 年的危机中要求英格兰银行提供总量达300 000英镑的流动性支持。该银行倒闭后，大白天下的是，该银行激进地从事贴现和再贴现业务，银行拥有的二级储备很少。[⑦] 此外，该银行贷款组合集中，贷给格拉斯哥四家商行的总额超过 160 万英镑，这个额度超过

---

① *Select Committee on the Bank Acts*, P.P.1858, LXXVIII, Appendix 18. 虚假账目导致针对该银行一名董事的民事诉讼（*The Times*, 28 August 1858, p.7; 21 October 1858, p.5; 29 January 1859, pp.7—8）.

② *Select Committee on the Bank Acts*, P.P. 1858, LXXVIII, Appendix 18 and Evidence of J.Dixon, pp.4250—1.

③ *Select Committee on the Bank Acts*, P.P. 1858, LXXVIII, Committee Report, p. xvii.

④ *Select Committee on the Bank Acts*, P.P. 1858, LXXVIII, Appendix 21, p.460.

⑤ Anon., *The Western Bank Failure*, p.70; Anon, *How to Mismanage a Bank*, p.17.

⑥ Acheson and Turner, 'Investor behavior'.

⑦ Anon., *The Western Bank Failure*, p.14.

了银行实缴资本，这四家商行均在1857年危机中倒闭。[①] 这四家倒闭商行的债权人每英镑借款获得的分红为1先令或2先令。[②] 更有甚者，苏格兰西部银行还参与海外贸易融资，尤其是参与美国初级产品市场的融资。虽然有些学者将苏格兰西部银行的破产归责于爱丁堡的银行不愿助其度过危机，[③]但是，归根结底，其破产的原因是治理问题以及大多数董事对银行账目漠不关心。[④]

在1857年的危机中，诺森伯兰和杜伦区域银行是最后倒闭的一家大银行。该银行倒闭发生的主要原因是向戴文特铁业公司(Derwent Iron Company)发放的一系列重大贷款完全没有充足的担保。[⑤] 在该银行倒闭时，向戴文特铁业公司的贷款总额为947 000英镑，相当于该银行实缴资本的158%。显然，乔纳森·理查德森(Jonathan Richardson)是"操纵整个银行……管理一切"的人，尽管他不是戴文特铁业公司的所有者，但是，他向戴文特铁业公司所开采的矿区收取使用费。[⑥] 通过向407名股东每股追索35英镑，加之有几名股东承担了35 000英镑，银行资产与负债差额得以弥补。[⑦]

按照严重程度，1857年危机是19世纪最大的一场危机。三家倒闭的银行都是长期承担过度风险的脆弱的机构，跨越大西洋的冲击

---

① Anon., *The Western Bank Failure*, p.59.

② Anon., *The Western Bank Failure*, p.59.

③ Tamaki, *The Life Cycle*, p.69; Campbell, 'Edinburgh bankers'.

④ Anon., *The Western Bank Failure*, pp.43, 70.

⑤ *Select Committee on the Bank Acts*, P.P. 1858, LXXVIII, Committee Report, p.xix, and Evidence of K.D.Hodgson, qq.3456—7.

⑥ *Select Committee on the Bank Acts*, P.P. 1858, LXXVIII, Evidence of K.D. Hodgson, pp.3458.

⑦ Philips, *A History of Banks*, p.344. See *The Times* 26 May 1858, p.7, for the major shareholders.

仅仅暴露了其内在的脆弱性。但是系统性崩溃的威胁从没有发生过，而且多数银行并没有受到这次危机的影响。[①] 诺森伯兰和杜伦区域银行的倒闭没有导致那个地区其他银行的挤兑现象。[②] 虽然在苏格兰西部银行倒闭后，苏格兰的银行面临普遍的挤兑，但是，总体来看，苏格兰银行系统从未处于危险境地。[③] 至于其他两家业务主要在格拉斯哥的银行，格拉斯哥市银行停业后的5周内便重新开业；在爱丁堡的银行和英格兰银行的支持下，苏格兰联合银行(Union Bank of Scotland)也在危机中起死回生。[④] 正如表4.3所示，在危机过程中，仅有两家苏格兰银行的股票出现大幅下跌，甚至苏格兰联合银行的股价于1858年完全回复到原来的水平。

表4.3　　1857～1858年位于苏格兰的银行的月末股价(英镑)

	苏格兰银行	英国亚麻银行	苏格兰人银行	格拉斯哥城市银行	克莱斯戴尔银行	商业银行	国民银行	苏格兰北部银行	苏格兰皇家银行	苏格兰联合银行
1857年9月	193.0	218.5	3.85	13.50	13.60	241.5	193.0	5.50	137.0	105.0
1857年10月	188.0	216.0	3.85	11.85	13.25	240.0	190.0	5.50	134.0	100.0
1857年11月	187.0	215.0	3.75	——	12.00	232.0	182.5	5.50	135.0	89.0
1857年12月	188.6	210.0	3.35	——	11.35	219.0	179.5	5.95	140.0	71.5
1858年1月	183.0	210.0	3.60	7.25	12.00	220.0	171.0	5.25	137.0	75.0
1858年2月	190.0	214.5	3.60	8.60	12.35	224.0	183.0	5.25	137.5	81.0
1858年3月	193.0	217.0	3.80	8.60	13.00	225.0	184.2	5.60	143.0	90.0

注：这些价格是每月最后一次报道的价格。由于11月和12月暂停业务，格拉斯哥市银行11月和12月的股价信息无法获取。

资料来源：《苏格兰人》(*The Scotsman*)股价表列。

---

① Clapham, *Bank of England*, vol. 2, p. 231; Crick and Wadsworth, *A Hundred Years of Joint Stock Banking*, p.66。在苏格兰西部银行倒闭后，伍尔弗汉普顿和斯塔福德郡银行(Wolverhampton and Staffordshire Bank)暂停支付，但是，几周内又重新恢复了支付业务(Holmes and Green, *Midland*, p.40)。

② *The Times*, 27 November 1857, p.5.

③ Crick and Wadsworth, *A Hundred Years of joint Stock Banking*, p.389.

④ Tamaki, *Life Cycle*, p.73.

1866～1867

根据货币和信用条件，1866年危机的前奏是银行利率的提高，从1865年6月的3%提高到1866年1月的8%，这是内部黄金需求和受欧洲各国政府准备战争所引发的外部需求所造成的。[①] 2月银行利率降低到7%，接着，3月降低为6%。可是，到了这个阶段，“金融界已经陷入极端恐惧状态”[②]。所以，1866年危机与19世纪中前面发生的危机不同，此前并没有发生大规模的货币扩张。

1865年GDP增长了4.5%。这样的增长一部分是英国出口增长的结果，反映了美国南北战争后对英国商品需求的增长。此外，由于增加铁路历程方面的投资以及继1862年《公司法案》对法人注册完全自由化之后的法人组织兴起，1863～1865年间英国的产业经济活动高涨。[③] 1866年5月经济崩溃，许多公司浮现出来，反映了这些公司本质上是不可靠的，尤其是那些金融和投资公司。[④] 众多新成立的金融公司以高利率将钱贷给其他有限责任公司，拿到的是劣等证券。而这些有限责任公司也是铁路承包商的融资工具，它们为增加国家铁路里程积极工作。这种情况导致英格兰银行的汤普森·汉克(Thompson Hankey)指出，货币市场大量的合约更接近抵押贷款合约，而不是票据。[⑤] 实际上，金融公司就是类银行公司，它们创造并再

---

① Clapham, *An Economic History of Modern Britain: Free Trade and Steel*, p.375.
② Hawtrey, *A Century of Bank Rate*, p.82.
③ 25 & 26 Vict. c.89.
④ Hunt, *The Development of the Business Corporation*, pp.153—4.
⑤ Cottrell, 'London's first big bang', p.75.

贴现汇票和其他信用工具。[①]

有一家最知名的破产金融公司浮现出来，这家公司是奥富仑德和格尔内合伙公司(Overend, Gurney and Co.)——一家伦敦著名的贴现公司，而且是英格兰银行的竞争对手，1865 年 7 月成立为有限责任公司并且发行公司股票。[②] 向社会发行股票时，奥富仑德和格尔内合伙公司至少有 420 万英镑的未清偿债务，该公司在 19 世纪 60 年代前半期从事了不合理的商业活动。[③] 然而，不良资产被隔离到一个独立的账户，并以合伙人个人财富做担保。尽管如此，公司股票表现很好，1865 年 10 月股票便溢价 10 英镑。可是，1866 年 1 月，有几家新成立的金融公司便出现了困难。第一，1866 年前几个月里铁路承包商出现困难，这意味着为它们进行融资的这些公司也面临着压力。[④] 第二，金融公司的股东不付实缴股本，而是试图出售其股票以避免实缴股本。[⑤] 19 世纪 60 年代创立的众多金融公司均基于很低比例的实缴股本发行股票，意在当公司扩大时再要求股东实缴股本，同时，留出一些未实缴股本作为缓冲器，用来保护股东的利益。[⑥] 可是，拥有有限资源的众多投资者愿意对这些公司投资，所以，这样的安排出现了问题。[⑦]

1 月底股份制贴现公司的倒闭突然暴露了贴现和金融公司的严重问题。股票市场开始出现压力，到 1866 年 5 月初金融公司的股票

① Chub, 'The Bank Act'.
② King, 'The extent of the London discount market'.
③ *The Economist*, 16 June 1866, pp.697—8.
④ Anderson and Cottrell, 'Another Victorian capital market', p.613.
⑤ Taylor, *Creating Capitalism*, p.179.
⑥ Acheson, Turner and Ye, 'The Character and denomination of shares'.
⑦ Hunt, *The Development of the Business Corporation*, p.155.

被抛售，出现了“给钱就卖”的情况。[①]

在 1866 年最初的 4 个月里，奥富仑德和格尔内合伙公司也经历了股价下跌，从 12 月底的 21.50 英镑跌到其倒闭前的 12.25 英镑。[②]这些月份里，其相应地承受着储蓄被提取干净，估计在倒闭时提取储蓄额达 460 万英镑。[③] 当 5 月 10 日公司关闭时，资产与负债差额大约为 500 万英镑，并且许多债权人是将头寸储蓄在这家公司的银行。[④] 次日，即 5 月 11 日，剧烈的恐慌降临整个货币市场，成为众所周知的“黑色星期五”。5 月 12 日，财政大臣写了一封信给英格兰银行，告知即使打破《英格兰银行特许法案》，英格兰银行也能够得到补偿。一周内，这剂“心理药方”使恐慌戛然而止。[⑤] 按照克莱普海姆(Clapham)的说法，与过去的危机不同，1866 年的恐慌显然是心理现象，而不是基于实体经济或货币现象。[⑥] 然而，《经济学家》认为，一个重要的金融机构的倒闭，信贷供给者的信心遭到破坏，引致恐慌。[⑦]

奥富仑德和格尔内合伙公司在 19 世纪 50 年代后期(一个“温室”增长时期)承担了太多的风险，最终倒闭。该公司以不可靠的证券为担保，向信誉有问题的公司提供了大量的贷款。根据清算数据，该公司提供给 13 个贷款人的贷款总额为 350 万英镑，而合伙制转变为有限责任公司时，(抵押证券)当时估值仅为711 500英镑。[⑧]

---

① *The Times*, 1 May 1866, p.12.
② *The Times*, 28 December 1865; 29 March 1866; 10 May 1866.
③ *The Economist*, 16 June 1866, p.698.
④ *The Economist*, 2 March 1867, p.234; Holmes and Green, *Midland*, pp.43－5.
⑤ Clapham, *Bank of England*, vol.2, p.266.
⑥ Ibid.
⑦ *The Economist*, 23 June 1866, pp.730－1
⑧ *The Economist*, 24 November 1866, p.1361.

该公司倒闭的后果是,格尔内家族几乎丧失了所有财富,公司股东面临巨额的股本追索。有一名股东诉称,他(以及其他股东)对未实缴股本不负责任,因为 1865 年合伙制转变为有限责任公司的时候,是受到欺骗性诱导才持有这家公司股票的。1867 年 8 月 15 日上议院做出了不利于这名股东的裁决,坚持认为追索未实缴股本是债权人的权利。[①] 根据《泰晤士报》编辑的说法,如果上议院不这样做,众多股份制公司将面临债权人的挤兑,并将出现毁灭性后果。[②] 接下来的情况是,人们明白了奥富仑德和格尔内公司董事们欺骗了他们的投资者。[③]

第一家倒闭的商业银行是伯内德银行有限责任公司(Barned's Banking Company Ltd.),该银行于 1866 年 4 月 18 日倒闭。[④] 与奥富仑德和格尔内公司类似,伯内德银行有限责任公司仅仅在 8 个月之前转换为有限责任公司,其接管了合伙制公司[即 J.伯内德公司(J. Barned and Co.)]已有的银行业务。与奥富仑德和格尔内公司相似的不仅如此,在公开发行股票之前,伯内德银行并不健康。在银行倒闭后,股东们拿起法律武器,起诉(后来证明并不成功)J.伯内德公司的两个最初合伙人查尔斯·莫斯利(Charles Mozley)和莱文·伯内德·莫斯利(Lewin Barned Mozley),这二人后来成为新成立的有限责任银行的董事。[⑤] 根据银行未实缴资本,伯内德银行有限责任公司必须追缴每股 40 英镑,从而弥补银行资产与负债的巨大差额。显

① *The Times*, 16 August 1867, p.7; *Economist*, 17 August 1867, p.817.
② *The Times*, 17 August 1867, p.9.
③ *The Economist*, 25 December 1869, p.1522.
④ *The Manchester Guardian*, 21 April 1866, p.4.几家 1862 年后在伦敦成立的殖民地和海外银行在 1866 年倒闭。
⑤ *The Times*, 10 December 1869, p.8.

然,债权人不可能得到全额给付。[1]

奥富仑德和格尔内公司破产后,倒闭的第一家股份制银行是1866年5月11日倒闭的英国联合股份银行有限公司(English Joint Stock Bank Ltd.)。这家银行开始是1864年1月成立的东南银行有限公司(South Eastern Banking Company Ltd.),很快便发展了大量的分支机构,到1865年其具有27家分支机构、200 000英镑实缴资本,大约有485名股东。作为清算的一部分,根据未实缴股本,需要向股东每股追索8英镑,这意味着每名股东必须支付329英镑。[2] 银行的债权人得到了全额给付。三名董事和总经理萨缪尔·芬妮(Samuel Finney)发布错误的账户和财务报表信息,意在欺骗股东。虽然对三名董事提起诉讼的事实不够充分,但是因为芬妮在欺骗行为中的角色,其在刑事法庭中得到了审判。[3] 这也表明,董事们用银行自有资金购买自己银行的股票,试图从1865年11月以来支持银行股价。[4]

接下来倒闭的股份制银行是伦敦银行(Bank of London,成立于1855年),该银行于1866年5月24日倒闭。因拥有400 000英镑的实缴股本,这家银行做了大量的、不谨慎的贷款业务。例如,大西洋和大西部铁路公司(Atlantic and Great Western Railway)500 000英镑的贷款违约。[5] 在该银行倒闭之前,伦敦银行达成协议,将其业务

---

① *The Manchester Guardian*, 24 December 1866, p. 4; *The Times*, 10 December 1869, p.8.

② *The Observer*, 30 May 1869, p.7.

③ *The Times*, 8 June 1869, p.10.

④ *The Times*, 20 April 1869, p.12.

⑤ Gregory, *The Westminster Bank*, vol.2, p.63.

转移给联合银行有限公司(Consolidated Bank Ltd.)。可是,考虑到债权人优先的法律障碍,联合银行不得不取消协议,并立即进入自愿清算程序。但是,联合银行是具有清偿能力的,并于 1866 年 6 月重新开业。① 伦敦银行的所有债权人得到了给付,其股东得到了每股 4.25英镑的补偿。②

1866 年的危机中,倒闭的最大银行是伯明翰银行公司(Birmingham Banking Company,成立于 1829 年)。这是一家中西部地区的老牌银行,安全地度过了前面的历次危机。③ 当这家银行于 1866 年 7 月 14 日关闭时,负债为 180 万英镑,而实缴股本为280 000英镑。此后,根据 1862 年《公司法案》,该银行重建为一家有限责任公司,并于 1866 年 8 月重新开展业务。

伯明翰银行公司倒闭的原因是管理不善和监管失败,银行的前任经理人造成了75 000英镑的债务,并且将大量的资金借贷给自己的 5 名董事。④ 通过他们的辩护律师,伯明翰银行公司的董事们发表了一封公开信,声明:(1)他们并不知晓银行资产糟糕到何种程度;(2)在银行倒闭前,董事们没有抛售他们自己的股票,有些董事甚至购买了股票;(3)银行 12 名董事中的 7 名并没有从银行借钱;(4)董事们一起借给银行75 000英镑,以帮助银行渡过难关。⑤

在一波挤兑之后,普瑞思顿银行公司(The Preston Banking Company,成立于 1844 年)于 1866 年 7 月 19 日停止了支付业务,这

① Gregory, *The Westminster Bank*, vol.2, p.57—62.
② Ibid.
③ Holms and Green, *Midland*, p.47.
④ Crick and Wadsworth, *A Hundred Years of joint Stock Banking*, p.69.
⑤ HSBC Archives, 16.F.02, Press Cuttings Relating to Birmingham Banking Company.

是继伯明翰银行公司倒闭 5 天前因储户的担心所触发的。[①] 这家银行向两个商业机构提供的巨额贷款达 40 万英镑。由于棉花绝收，后来这两家商业机构倒闭了。[②] 因为该银行的实缴股本仅有 10 万英镑，这样的集中贷款成为银行陷入困境的根本原因。[③] 尽管如此，该银行在 5 周之内增加其实缴股本达 23.9 万英镑，并重新恢复业务。[④]

1866 年恐慌的最后一个后果体现在利物浦皇家银行（Royal Bank of Liverpool，Liverpool Royal Bank）身上，该银行成立于 1836 年，1847 年危机中曾经停止支付业务。由于向两家不具清偿能力的公司提供了惊人的贷款，该银行于 1867 年 10 月 21 日倒闭了。[⑤] 此外，两名董事对银行负有沉重债务，无力给付；而且，银行经理的一个兄弟也无力偿付银行的大量债务。[⑥]

1878～1879

与 19 世纪前面的危机不同，在 1878～1879 年危机之前并没有发生信用扩张、投机活动和股份公司的繁荣。事实上，英国开始出现了“大萧条”，出现了较长时期的信用紧缩，从 1873 年持续到 1896 年。[⑦] 同时，也不像其他绝大多数的银行危机，1878～1879 年危机前的情况是经济低增长，危机前的一年 GDP 增长率仅为 0.5%。

---

① *The Manchester Guardian*, 20 July 1866, p.3.
② Orbell and Turton, *British Banking*, p.442.
③ *The Manchester Guardian*, 20July 1866, p.3.
④ Orbell and Turton, *British Banking*, p.442.
⑤ *The Manchester Guardian*, 21 October 1867, p.7.
⑥ Ibid., 12 November 1867, p.5.
⑦ Saul, *The Myth of the Great Depression*.

1878～1879年危机的核心事件是1878年10月发生的格拉斯哥市银行的倒闭。到19世纪70年代中期，格拉斯哥市银行已经成为著名的银行，拥有123个分支机构(即英国第三大银行网络)，储蓄总额达8 489 000英镑。该银行倒闭所波及的地域，正如当时一位评论家所宣称的，"灾难无法预见，是这样巨大和深重，让人们目瞪口呆，让人们的心脏停止了跳动，我们都应该记住，这是我们的死亡之日，是我们这代人历史的转折点"。[①] 这一事件发生几乎80年后，(劳埃德银行的)霍华德·劳埃德(Howard Lloyd)的一个儿子回忆道，拉斯哥市银行倒闭造成的"焦虑和低迷"是他童年最早的记忆。[②]

1878年夏末，当拉斯哥市银行承受着来自货币市场压力的时候，亟须卖出一些承兑业务，但是，其他银行拒绝提供帮助。[③] 1878年9月30日苏格兰其他银行的总经理在爱丁堡开会，会上得到了拉斯哥市银行董事们的通讯，显示发布于3个月前的拉斯哥市银行年报是造了假的。次日，格拉斯哥市银行董事会关闭了银行，10月3日独立会计师受委托检查银行账簿。公布于10月18日的这些会计师的报告显示，尽管银行实缴股本100万英镑和股东储备45万英镑已经耗尽，尚存银行资产与公众负债的缺口是5 190 983英镑11先令3便士，令人震惊。[④] 这个损失大约为苏格兰GDP的4%，1878年英国GDP的0.45%。[⑤]

次日，即10月19日，董事、经理和银行秘书均被逮捕，并以欺诈罪名受到审判。在对他们的审判过程中，银行总经理罗伯特·史特

---

① Wilson, *Banking Reform*, p.46.
② Sayers, *Lloyds Banks*, p.211.
③ Kerr, *History of Banking in Scotland*, p.294.
④ Couper, *Report of the Trial*, p.2.
⑤ Scottish GDP based on Crafts, 'Regional GDP in Britain', p.58.

龙纳奇(Robert Stronach)以及银行董事刘易斯·波特(Lewis Potter)被发现犯有篡改银行资产负债表的罪行。他们每个人都被判处18个月的监禁。[①] 其他5名董事被发现明知资产负债表错误,仍如常发布,结果,他们被判处8个月的监禁。[②]

为什么格拉斯哥市银行的倒闭如此令人吃惊?自其开业之时,格拉斯哥市银行就激进地扩张分支机构网络和储蓄机构。[③] 该银行的资产管理战略与其他银行战略不同,表现为:(1)持有相对低水平的二级储备,且以可出售的证券形式持有;(2)通过贴现市场深度介入国际融资;(3)大量投资美国铁路和新西兰的土地。[④] 该银行风险偏好的资产管理政策还表现为高度集中的贷款组合,三名借款人拥有该银行几乎45%的贷款,并且多数贷款的担保是不充分的。[⑤] 格拉斯哥市银行风险嗜好的形象根子在于它的治理结构:银行董事投入银行的股本是有限的,而有几名股东欠银行大量的资金。[⑥]

在银行圈子里,人们都用怀疑的眼光审视格拉斯哥市银行,并将格拉斯哥市银行视为具有风险的机构。[⑦] 瑞特(Rait)评论道,与1857年倒闭的西部银行不同,"格拉斯哥市银行在受骗者圈子之外从未有好的声誉,似乎它长时间持续地进行欺骗活动"。[⑧] 按照克莱普海姆

---

① Couper, *Report of the Trial*, p.463.

② Couper, *Report of the Trial*, p.463; Rosenblum, 'The Failure of the City of Glasgow Bank', p.291.

③ Checkland, *Scottish Banking*, p.469; French, *Unlimited Liability*, p.8; Kerr, *History of Banking in Scotland*, p.295.

④ Checkland, *Scottish Banking*, pp.470—1; French, *Unlimited Liability*, p.8.

⑤ Checkland, *Scottish Banking*, p.470.

⑥ Achesn and Turner, 'The death blow to unlimited liability'.

⑦ Wilson, *Banking Reform*, p.52; Saville, *Bank of Scotland*, p.421; *The Bankers' Magazine*, Nov 1878, p.917.

⑧ Rait, *The History of the Union Bank of Scotland*, p.310.

的说法，英格兰银行从来没有相信过格拉斯哥市银行。[①]

值得关注的是，由于苏格兰其他银行的行动，格拉斯哥市银行倒闭对苏格兰银行体系的影响得到了缓解。[②] 他们不仅立即决定接受格拉斯哥市银行的钞票，还允许储户（不包括股东）转移储蓄账户，有些储蓄账户可以立即提现。[③]

苏格兰人银行在苏格兰北部地区拥有一个分支机构。在格拉斯哥市银行倒闭时，不幸成为拥有格拉斯哥市银行4股的记名所有者，苏格兰人银行以这些股票为抵押发放贷款。基于这样的事实，苏格兰人银行的股东据说开始卖出他们的股票，因为联合的和几人合作的无限责任意味着他们需要对格拉斯哥市银行的债务负责。这就导致苏格兰人银行的股票价格从1878年9月末的7.63英镑下跌到该年11月的2.00英镑。为了回应关于股票将成为"稻草人"的社会关注，格拉斯哥市银行清算机构迫使苏格兰人银行于1878年12月5日停止股票交易，并开始业务清理程序。[④] 可是，按照持有的4股格拉斯哥市银行股票，追缴了11 000英镑后，苏格兰人银行于1879年6月重新开门营业。

1878～1879年危机中仅有的另外一家倒闭的大银行是西英格兰和北威尔士区域银行（West of England and South Wales District Bank）。该银行倒闭时，拥有大约1 800个股东，42家分支机构，480万英镑的储蓄额。清算机构估计，资产与负债差额大约为40万英镑，实缴股本为75万英镑，储备为16.1万英镑，这些全部被消耗掉

---

① Clapham, *Bank of England*, vol.2, p.309.
② Fleming, 'On the theory and practice of banking'.
③ *The Bankers' Magazine*, November 1878, p.921.
④ Frech, *Unlimited Liability*, p.12.

了。[①] 与格拉斯哥市银行案子相似的是，其贷款集中、账户作假，试图对股东掩盖银行真实的财务状况。[②] 银行董事中有 5 名经历了刑事审判，但是，在审判过程中，陪审团发现董事们并不知晓他们欺骗股东。[③]

与格拉斯哥市银行倒闭相似的是，该区域的其他银行愿意帮助它的客户。《曼彻斯特卫报》(*The Manchester Guardian*)评论道，“这个立即实施的行动无疑极大地消解了这个地区已经形成的不安情绪”[④]。与格拉斯哥市银行倒闭案的另外一个相似点是，救助基金得以成立以帮助绝望而无助的股东，有几家银行向基金提供了 100 英镑，财政大臣斯塔夫德 · 诺斯考特(Stafford Northcote)爵士提供了 20 英镑。[⑤]

在 1878～1879 年的危机中，除了西英格兰和北威尔士区域银行外，还有四家英国银行倒闭，但是，它们都是小银行，其中 3 家银行对人们来说相对陌生。1878 年 11 月曼彻斯特商业银行(Bank of Manchester Ltd.，成立于 1875 年)倒闭。[⑥] 切斯特菲尔德和北德比郡银行(The Chesterfield and North Derbyshire Bank，成立于 1834 年)将 35 000英镑(相当于实缴股本的 100％)借给一家倒闭了的酿酒厂，该银行也于 1878 年后期倒闭。[⑦] 该银行总经理乔治 · 霍兰(George Holland，银行倒闭后被宣布有严重精神病)拥有两本账，对此，董事

---

① *The Manchester Guardian*，7 January 1880，p.5.

② Ibid.，28 April 1880，p.6.

③ *The Times*，6 May 1880，p.13.

④ *The Manchester Guardian*，11 December 1878，p.6.

⑤ *The Times*，4 January 1879，p.6.

⑥ *The Manchester Guardian*，30 November 1878，p.7.

⑦ 该银行 1879 年 6 月被克朗普顿和伊文思联合银行(Crompton and Evans' Union Bank)收购(Gregory，*The Westminster Bank*，vol.2，p.83)。

们均未察觉。[1] 以知晓发布伪造的财务报告之罪名对董事们的刑事起诉随后被放弃。[2]

大都会银行(The Metropolitan Bank,1867 年成立)于 1879 年初被股东自愿接管,进行业务清理,并再一次起死回生,这次的情况与皇家外汇银行(Royal Exchange Bank)相同。[3] 西部区域银行(The Western District Bank Ltd.,成立于 1875 年)于 1879 年 7 月倒闭,结果显示,在该银行关闭时,银行资产等于公众债权。[4]

科林斯(Collins)认为,1878 年危机是整个英格兰和苏格兰严重的流动性危机,其特征是储蓄急剧缩减、持有储备增加以及现金—储蓄比率提高,这种情况在格拉斯哥市银行倒闭前的几周内就已经出现了。[5] 在格拉斯哥市银行倒闭后,一些银行便经历了严重的提款现象,但是,很快便得到补充。例如,在格拉斯哥市银行倒闭后的几天里,南北威尔士银行(North and South Wales Bank)储蓄被提取 100 万英镑(即总储蓄的 1/5)。由于受到银行操纵股价的错误谣言影响,提款更甚。[6] 然而,值得关注的是,在格拉斯哥市银行倒闭后,苏格兰银行并没有经历严重的银行业恐慌造成的提取存款现象。[7]

除了格拉斯哥市银行与西英格兰和北威尔士区域银行,其他倒闭的银行都是小银行和特别年轻的银行。除了流动性压力之外,

---

① *The Manchester Guardian*, 14 March 1879, p.6.

② Ibid.

③ Ibid, 28 January 1879, p.6; Orbell and Turton, *British Banking*, p.460.

④ *The Manchester Guardian*, 24 July 1879,. p.4; 29 July 1879, p.4; 4 August 1879, p.8.

⑤ Collins, 'The banking crisis of 1878.'

⑥ Crick and Wadsworth, *A Hundred Years of Joint Stock Banking*, p.190.

⑦ Crick and Wadsworth, *A Hundred Years of Joint Stock Banking*, p.190; Rait, *The History of the Union Bank of Scotland*, p.313.

1878～1879年并没有出现系统性崩溃的威胁。这可能纯粹是一种意外：危机前没有发生外部提款和经济停滞，从而避免了整个系统的崩溃。但是，1878～1879年危机前，经济经历了几年的低潮，银行业系统面临一些关键产业下降的风险。另外，出现了2008年之前英国最大的一家银行倒闭，这是对英国银行业系统稳定性的重大检验。

1974年

1879年之后持续近一个世纪的英国银行业保持长期稳定，即使在20世纪30年代的大萧条期间，也没有出现银行业不稳定的迹象。可是，由于金融公司的危机，一个世纪的银行业的平静局面在1974年终结了。金融公司危机开始于20世纪60年代，最初人们关注的是分期购买、消费者信贷或股票市场某种类型的活动。[①] 这些公司提供的是中介服务功能，它们在批发货币市场筹集大量的资金，把资金用于股权投资，以及把大量的资金出借给传统银行所不愿意提供贷款的机构或个人（也就是说，它们从事的主要是向地产开发商贷款和提供次级抵押贷款）。[②] 这些金融公司就是从事批发业务的、次级业务的或外围的银行，因为他们从批发货币市场和二级货币市场获得资金，并在银行业体系的外围进行运作。次级银行"有各种类型，但是，业务方式基本相同：短期而廉价地借入资金，长期而昂贵地借出资金"。[③]

---

① Reid, *Secondary Banking Crisis*, p.35.
② *The Banker*, February 1974, p.88.
③ *The Guardian*, 17 May 1974, p.16.

20世纪60年代次级银行部门的增长受到两个变化的刺激。第一,伴随着银行间资金市场和定期存单市场的发展,20世纪60年代次级银行获取资金的货币市场快速扩张。[①] 第二个变化是1967年《公司法案》的通过。其第123节规定贸易委员会可以确认特定金融公司像银行一样运作。[②]

清算银行因无力与这些银行竞争而苦恼,因为他们的贷款业务受到政府限制,而次级银行不受限制。所以,次级银行可以向被传统银行拒绝的借款人提供贷款。此外,由于存在利率联盟,清算银行的储蓄利率低于次级银行。为了平衡竞争,也为了刺激经济,1971年9月保守党政府实施了竞争与信用控制政策(Competition and Credit Control),消除了对银行贷款业务的限制。这样导致了接下来两年半时间里的货币繁荣,同时出现了次级银行系统的大规模扩张。正如表4.4所示,20世纪60年代后期,主要的次级银行经历了显著增长,其资产在1971～1973年间显著增加。

1971年后期以来贷款快速增长,如表4.5中显示了1972年和1973年M4贷款的快速扩张。1971年10月至1973年12月间,清算银行向英国居民提供的贷款从53.67亿英镑增加到113.79亿英镑。然而,在同一时期,次级银行提供的贷款从3.95亿英镑增加到33.66亿英镑。[③] 同一时期,这样的贷款增长在批发货币市场得到了同样的反映,其中,定期存单市场从18.6亿英镑增长到60亿英镑,银行间市场从20亿英镑增长到77亿英镑。[④]

---

① Reid, *Secondary Banking Crisis*, pp.24－6.
② Ibid., p.49.
③ Reid, *Secondary Banking Crisis*, p.60.
④ Ibid., p.62.

表 4.4 主要次级银行的状况与危机应对情况

名称	成立时间	1965 年总资产（百万英镑）	1971 年总资产（百万英镑）	1973 年总资产（百万英镑）	1975 年税前损益（百万英镑）	1972 年股价峰值（英镑）	1974 年末股价（英镑）	救助贷款（百万英镑）	危机后的经历
伯斯顿集团（Burston Group）	1955	—	70	100	—	2.24	0.16	25.5	1975 年 2 月指定接管方
坎农街投资公司（Canon Street Investment）	1968	0.4	3	122	0.70	1.19	0.08	40.0	1974 年 9 月指定接管方
锡达控股（Cedar Holding）	1958	8.0	18	128	−2.70	0.99	0.13	50.0	1975 年资产重组并偿还救助贷款
爱德华·贝特斯父子公司（Edward Bates and Sons）	1967	—	24	74	−16.3	3.37	0.20	2.5#	重组
第一国民金融公司（First National Finance Corporation）	1963	20.0	182	543	−83.2	1.39	0.04	350.0	1975 年资产重组，1980 年仍有 2.5 亿英镑救助贷款未偿还
J.H.瓦瓦瑟尔（J.H. Vavasseur）	1968	—	12	52	−3.90	4.00	0.03	10.2	两次资产重组，1979 年偿还救助贷款

续表

名称	成立时间	1965年总资产（百万英镑）	1971年总资产（百万英镑）	1973年总资产（百万英镑）	1975年税前损益（百万英镑）	1972年股价峰值（英镑）	1974年末股价（英镑）	救助贷款（百万英镑）	危机后的经历
凯赛尔·乌尔曼控股（Keyser Ullmann Holdings）	1962	—	13	161	−59.20	3.85	0.36	65.0	1976年偿还贷款
伦敦与地方证券集团（London and Country Securities Group）	1961	3.6	15	129	—	3.58	0.40	39.8	1975年3月指定接管方
商人信贷公司（Mercantile Credit）	1934	12.0	243	377	−10.80	1.47	0.11	167.0	1975年偿还贷款并被巴克莱银行接管
史莱特·沃克证券公司（Slater Walker Securities）	1964	20.0	280	588	−39.90	3.09	0.35	0.0	从英格兰银行得到5 480万英镑的贷款，1977年被英格兰银行接管
成功投资信托（Triumph Investment Trust）	1964	—	61	203	−19.40	1.50	0.05	30.2	1974年指定接管方
联合多米诺信托（United Dominions Trust）	1922	265.0	466	896	−53.50	1.59	0.13	430.0	1980年支持贷款尚未偿还；1981年被TSB银行接管

注：—表示数据不可得；# =710万德周马克加6 730万美元。

资料来源：Reid，*Secondary Banking Crisis*，pp.40—1；153—69；Capie，*The Bank of England*，pp.573—5。

表 4.5　1971～1975 年季度住房价格上涨、零售物价指数、M4 贷款和 GDP

		国家统计局统计的年度住房价格变动(%)	全国范围的年度住房价格变动(%)	与上季度相比的真实 GDP 增长(%)	年化零售物价指数变动(%)	年化 M4 贷款增长率变动(%)
1971	一季度	8.8	8.3	−1.40	8.8	11.0
	二季度	10.2	10.3	1.20	10.3	9.6
	三季度	11.7	16.3	1.44	9.9	12.9
	四季度	16.6	20.7	0.33	9.0	17.5
1972	一季度	21.0	26.7	−0.39	7.6	24.1
	二季度	28.7	33.6	2.27	6.1	31.9
	三季度	39.7	41.0	0.65	7.0	32.7
	四季度	43.5	42.4	1.88	7.7	35.2
1973	一季度	50.4	39.8	5.23	8.2	32.4
	二季度	44.2	34.7	0.71	9.3	26.9
	三季度	33.8	24.2	−1.01	9.3	27.6
	四季度	26.2	24.0	−0.17	10.6	26.7
1974	一季度	14.9	18.2	−2.34	13.5	22.9
	二季度	9.7	13.5	1.98	16.5	21.6
	三季度	3.7	10.5	1.45	17.1	18.6
	四季度	3.9	4.5	−1.39	19.1	13.0
1975	一季度	3.0	4.6	0.25	21.2	10.8
	二季度	5.5	7.0	−1.49	26.1	8.3
	三季度	7.7	8.2	−0.39	26.6	5.6
	四季度	7.3	10.6	1.62	24.9	5.7

注：房价变动数据是名义值，并且是基于住房全样本的数据。M4 贷款数据没有做季节调整。

资料来源：零售价格指数与国家统计局的年度房价变动以及真实 GDP 来自国家统计局官方数据。全国范围的年度房价变动数据来自全国建房互助协会。M4 贷款数据来自英格兰银行。

20世纪70年代始，放松了不动产业发展的管制，导致不动产开发商对融资需求的剧烈增长。结果，贷款增长中的大部分流到了不动产行业，银行贷款在1971年2月至1974年2月间增长了614%。[①]到1973年年底，次级银行取代了清算银行，成为不动产开发的主要贷款人。[②] 正如表4.5所示，从1971年最后一个季度到1973年的最后一个季度，主要是向不动产行业的贷款增长与房价明显提高相伴随。因此，按照真实价格核算，房价显著下降。

1973年夏，英格兰银行关注了伦敦与郡县证券公司这家较大的次级银行机构的情势。[③] 伦敦与郡县证券公司通过其22家分支机构——分布于英国全境的零售商店——提供所有的银行服务业务（包括高风险的二次抵押业务）。[④] 它还将1 120万英镑（相当于其储蓄额的12.7%）投资于几家实业公司和商业公司的股份。另外，通过其中一家全资子机构，拥有740万英镑的不动产。如果获得了股东资本的财务支持，那么，所有这些风险资产都是可以接受的，但是，伦敦与郡县证券公司的储蓄—资本比率仅为10%。导致风险状况复杂化的是，伦敦与郡县证券公司以自己的股票作为抵押发放贷款270万英镑，并向董事们提供巨额贷款，比如，董事会执行主席罗伯特·博特尔（Robert Potel）借款100万英镑。[⑤] 继货币政策收紧，货币市场紧缩来临后，1973年11月底伦敦与地方证券公司需要从英格兰银行获得支持，这触发了其他二级银行的挤兑现象，少数储户在各个分

---

① Capie, *The Bank England*, p.527.
② Reid, *Secondary Banking Crisis*, p.61.
③ Capie, *The Bank of England*, p.531; *The Observer*, 12 May 1974, p.15.
④ *The Banker*, January 1974, p.14.
⑤ Ibid., p.15.

支机构门前排队提款。[1]

这个首先出现的公共事件表明次级银行出现了普遍的问题。在吃着三明治、喝着威士忌补充能量，从而持续19小时的会议得到英格兰银行7 200万英镑支持计划之后，1973年12月20日一家专门从事二次抵押的次级银行锡达控股的股票还是被公告停止交易。在这个公告之后，恐慌降临股票市场，众多次级银行的股票下跌。结果是，12月21日英格兰银行发起了一个秘密会议，与四家大型清算银行的领导人商讨紧急流动性支持计划，帮助次级银行，从而避免造成对商业银行系统的溢出效应。由于储蓄额从次级银行提取出来并存入清算银行，因此，被称为"救生船操作"的该计划就是让这些储蓄再回流到二级银行。

由于对银行业系统外围的机构通过贷出储蓄——主要从货币市场筹集——给历史上高风险的不动产领域转移风险，次级银行危机发生了。次级银行承担的风险是复合风险，他们获得不动产开发商的股份，同时，其不动产行业贷款与账面价值比范围在90%～100%，从而在1974年不动产价格下跌时处于极端脆弱的地位。[2] 但是，在整个危机时期，即使在1974年年底有传言说国民威斯敏斯特银行获得了英格兰银行的支持，人们也从未怀疑清算银行的稳定性。谣言被银行断然否定了，最终证明谣言乃无稽之谈。

2007～2008年

普遍的看法是，2007～2008年的危机可以追溯至2000年后出现

---

① *The Guardian*, 17 May 1974, p.16.

② Reid, *Secondary Banking Crisis*, pp.64－5.

的全球宏观经济不平衡,中国、日本和石油输出国的高储蓄率导致了其对英美发达经济体的债权累积。① 不平衡的后果之一就是英国的实际利率和国债实际收益率自 2000 年之后开始下降,并达到了历史上的低水平(如表 4.6 所示)。

表 4.6　　2000～2010 年英国家庭负债与利率水平

年度	英格兰银行基准利率(%)	实际利率(%)	国债实际收益率(%)	私人债务与GDP 的比率(%)	家庭总债务与收入比率(%)
2000	6.00	2.98	3.0	148.2	100.40
2001	4.00	3.28	4.4	157.3	104.53
2002	4.00	1.03	1.0	167.5	114.07
2003	3.75	0.92	0.8	173.0	122.90
2004	4.75	1.22	0.9	182.9	135.32
2005	4.50	2.24	2.5	194.4	137.48
2006	5.00	0.55	0.3	206.3	146.39
2007	5.50	1.39	1.6	205.7	151.77
2008	2.00	1.04	4.1	221.2	153.61
2009	0.50	−1.86	−1.7	219.7	148.56
2010	0.50	−4.08	−4.1	209.2	143.07

注:基于年末数据。2006 年前的英格兰银行基准利率为再回购利率,此后为银行官方利率。实际利率基于针对通货膨胀调整后的英格兰银行基准利率。

资料来源:私人债务与 GDP 比率以及家庭总债务与收入比率的数据来源于欧盟统计局。英格兰银行基准利率数据来源于英格兰银行。运用通货膨胀数据计算出实际利率,同时,国债实际收益率源自迪姆森、马什和斯塔顿(Dinson,Marsh and Staunton)所著《2011 年瑞士信贷银行全球投资回报资料集》(*Credit Suisse Global Investment Returns Sourcebook* 2011),第 165 页。

① *Turner Review*, pp.11—12.

低水平的实际利率存在两个近似效应。第一,刺激信贷需求,特别是居民住房抵押信贷需求。正如表4.6所示,2000～2008年私人债务与GDP比率显著提高,提高的份额中的绝大部分来自家庭而非企业。[①] 表4.6的最后一列显示,与收入相比,21世纪头10年英国家庭负债显著增加。表4.7显示,2000～2007年间,住宅抵押贷款平均规模翻了一番,同期,所有金融中介机构提供的抵押贷款总额和银行提供的抵押贷款总额均增长3倍,此外,购房出租类抵押贷款疯狂增长,且数量非常巨大。

表4.7　　2000～2009年英国抵押贷款市场

年度	银行和建房互助协会提供的抵押贷款平均规模(百万英镑)	抵押贷款总额(百万英镑)	银行提供的抵押贷款总额(百万英镑)	购房出租类抵押贷款余额
2000	70 606	119 794	83 335	120 300
2001	76 258	160 123	119 765	185 000
2002	84 489	220 737	162 423	275 000
2003	98 254	277 342	194 959	417 500
2004	109 920	291 249	202 756	576 000
2005	122 049	288 280	201 833	699 400
2006	138 407	345 355	234 390	835 900
2007	150 405	362 758	247 147	1 026 000
2008	145 666	254 022	192 940	1 156 000
2009	137 028	143 276	118 458	—

注:基于年末数据。"—"表示数据不可得。

资料来源:抵押贷款数据来源于社区与地方政府部(Department for Communities and Local Government),http://www.communities.gov.uk/housing/housingresearch。

① *Turner Review*, p.13.

低水平实际利率的第二个近似效应是，对于偏好投资于固定收益金融产品的投资者来说，刺激其提高收益需求。[1] 这样的需求以复杂信用产品证券化形式的金融创新得以实现，它们都是 AAA 级的证券，高于传统的第一等级固定收益证券给付的收益。为了满足这样的需求，银行和影子银行机构(比如，经纪人做市商，以及投资银行)将住宅抵押贷款和其他债务(比如，信用卡贷款和汽车贷款)组合成投资产品，打包成向投资者出售的固定收益证券。由此产生的证券就是担保债权凭证(Collateralized Debt Obligitions，CDOs)，或者抵押品和抵押担保证券(Mortgage-backed Securities，MBSs)所构成的资产组合。次级抵押贷款是向信用水平低的个人发放的抵押贷款，也被组合起来，并与少量的其他抵押贷款和债务混合在一起。由于估计单个次级抵押贷款的违约风险互不关联，因此，对于次级抵押贷款类投资组合，评级机构给出了高投资评级，后来发现这样的估计是错误的，但已经是后知后觉了。抵押担保证券的风险可以降低，通过将抵押担保证券与信用违约掉期(Credit Default Swaps，CDS)混合起来形成抵押资产组合，从而获得 AAA 级评级，实际上，信用违约掉期(CDS)只是对抗违约风险的保险合约。

2000～2007 年间，资产证券化经历了一个前所未有的增长时期，尤其是在美国。到 2007 年证券化增长的情况是，按照价值核算，银行仅仅拥有大约 30%的美国住房抵押贷款，其余大约 70%的抵押债务被证券化了。[2] 在英国，2000 年证券发行量大约为 200 亿英镑，

---

① *Turner Review*，p.14；House of Commons Treasury Committee，*Banking Crisis：Dealing with the Failure of the UK Banks*(London：Stationery Office，2009)，p.12.

② Adrian and Shin，'The changing nature of financial intermediation'，fig.4.

2007 年增长到1 800亿英镑，英国 18%的抵押信用是通过证券化融资的。[①]

证券化造成的复合效应以及常规抵押贷款导致了英国住房市场繁荣。如表 4.8 所示，2000～2007 年间英国住房市场的实际均价提高了两倍，同期，市盈率从 3.22 提高到 5.68。同时，英国商业地产价格提高了 50%。

表 4.8　　2000～2010 年英国住房市场

年份	英国住房实际价格(英镑)	市盈率	住房价格实际变动(%)	英格兰和威尔士住房销售额(百万)
2000	85 579	3.22	1.34	1.139
2001	98 162	3.58	14.70	1.236
2002	116 874	4.30	19.06	1.327
2003	133 414	4.81	14.15	1.211
2004	147 831	5.22	10.81	1.227
2005	152 989	5.32	3.49	1.021
2006	158 930	5.49	3.88	1.281
2007	163 386	5.68	2.80	1.247
2008	131 671	4.47	−19.41	0.640
2009	135 668	4.67	3.04	0.615
2010	127 139	4.50	−6.29	0.656

注:基于年末数据。实际住房价格以 2000 年为基年。

资料来源:英国住房实际均价、市盈率和住房价格实际变动来自哈利法克斯(Halifax)。英格兰和威尔士住房销售额基于土地登记数据以及社区与地方政府部，见 http:// www.communities.gov.uk/ housing/ housingresearch。

① *Turner Review*, p.14.

自 2007 年 3 月初以来，情况变得明显，美国次贷市场存在问题，贷款人公开承认损失，次级抵押贷款的不良贷款率高于预期，并且大量的次级贷款人出现倒闭。结果是，2007 年证券化的信用市场实际上出现停止状态。另外，由于无人知晓谁拥有次级抵押担保证券和抵押担保证券的违约掉期合约，伦敦银行间同业拆借利率(即银行间市场利率)提高，并且，2007 年 8 月 9 日银行间储蓄市场实际上处于冻结状态。[①] 这引发了英国银行的问题，21 世纪初的十年里英国银行日益依赖批发资金市场，并需要将抵押贷款证券化。

关于次级抵押贷款以及英国住宅和商业地产市场下行的持续不断的坏消息导致了北岩银行于 2008 年 2 月 17 日被国有化。接着，2008 年 7 月 7 日房利美和房地美被美国联邦政府接管。一周后，雷曼兄弟倒闭，金融市场发生恐慌。

表 4.9 列示了英国主要银行危机期间股价下跌和经历的危机情况。表 4.9 中所列的两家大银行(北岩银行以及布拉德福德－宾利银行)陷入严重困境，以至于政府对其实施了整体国有化。正如表 4.9所示，按照 2006 年资产数量，苏格兰皇家银行、苏格兰哈里法克斯银行(HBOS)和劳埃德 TSB 银行(Lloyds-TSB)分别是在英国位列第二、第三、第五大银行，均要求政府巨额注资，否则将会有倒闭的风险。桑坦德银行接管了联合莱斯特银行，所以，联合莱斯特银行最终得以完好无损，可是，它同样要求政府大量注资。

---

① House of Commons Treasury Committee, *The Run on the Rock*, p.35.

表 4.9　　英国主要银行和金融危机

	2006 年总资产（百万英镑）	2000～2007 年资产增长率（%）	2000 年贷款—储蓄比	2007 年贷款—储蓄比	股价跌幅（2007 年 2 月～2009 年 2 月）（%）	危机经历
阿比国民银行	191 805	2.0	0.92	1.49	—	没有要求政府支持
联合莱斯特银行	67 401	130.0	0.87	1.12[a]	74.0[b]	2008 年 9 月 16 日股东同意被桑坦德银行接管
巴克莱银行	996 787	288.0	0.95	1.00	87.0	2008 年 10 月 31 日银行宣布从中东主权基金获得 73 亿英镑注资。现有股东未被赋予优先权。
布拉德福德—宾利银行	45 354	111.0	1.10	1.63	100.0	2008 年 9 月 29 日国有化，其中，零售和储蓄机构转移给阿比国民银行。
苏格兰哈里法克斯银行	591 029	114.0	1.25	1.54	93.4c	2008 年 9 月 18 日宣布被劳埃德 TSB 银行接管，接管工作于 2009 年 1 月完成。
汇丰银行	440 760	231.00	0.45	0.46	44.9	未要求政府直接支持。
劳埃德 TSB 银行	345 664	62.0	0.96	1.25	89.8	2008 年 10 月 13 日宣布 170 亿英镑的资金筹措计划。未被全部接管，政府获得部分股票，拥有该银行 43%的股权。
北岩银行	101 010	348.0	1.01	3.18	100.0	2007 年 9 月 17 日政府对储蓄进行担保。2008 年 2 月 17 日被政府国有化。

续表

	2006年总资产（百万英镑）	2000～2007年资产增长率（%）	2000年贷款—储蓄比	2007年贷款—储蓄比	股价跌幅（2007年2月～2009年2月）（%）	危机经历
苏格兰皇家银行	871 432	494.0	0.94	1.05	95.6	2008年10月13日财政部宣布对其200亿英镑的筹资计划背书。公众仅拥有0.24%的股份，政府拥有其余股份，获得了该银行57.9%的股权。

注：a：如果减去其他银行的储蓄额，则为1.73。b：联合莱斯特银行于2008年9月被桑坦德银行接管。c：苏格兰哈里法克斯银行于2009年1月被劳埃德TSB银行接管。

资料来源：2006年总资产数据来自银行年度报告。股价跌幅基于汤森路透数据以及OSIRIS BvD数据库*。危机经历来自众议院财政委员会（House of Commons Treasury Committee）《银行危机》（*Banking Crisis*）报告。阿比国民银行2008年和2009年利润来自其2009年年报。

* Osiris数据库是研究全球各国证券交易所内125个国家全部70 000多家上市公司的大型专业财务分析库（含中国深/沪及海外上市公司数据），向专业用户提供了深入分析各国上市公司所需的详细财务经营报表与分析比率、股权结构、企业评级数据、历年股价系列、企业行业分析报告等（含已退市公司数据）。Osiris数据库是目前欧美各国针对各国上市公司证券投资分析、企业战略经营分析、跨国企业转让定价、公司财务分析等研究领域中广泛使用的知名实证分析数据库。为适合不同用户的需求及准确开展跨国、跨行业检索与分析，库中各上市公司的财务数据按不同财务格式分层呈现，由标准模板深入至原始财务数据。与此同时，数据库中也收录了全球近3 200家重要的非上市公司的历年经营分析数据。财务会计准则具有国家和行业的差异，为正确反映出一家公司的财务情况，并同时提供准确的跨国检索与对比分析。——译者注

在2007～2008年的危机中，为什么英国9家大银行中的5家均倒闭了呢？正如表4.9所示，在2000～2007年间几乎所有银行都出现了快速增长，可是，增长未必是在危机过程中银行命运的好征兆。从表4.9可以清楚地看到，几家银行的贷款资金来自波动的批发市场而不是储蓄。这就导致了英国银行系统杠杆率中位数翻倍，2000年的增长率大约为GDP的300%，到2007年大约为GDP的500%。[①] 尤其是，北岩银行、布拉德福德—宾利银行、联合莱斯特银行和苏格兰哈里法克斯银行越来越依赖于"大规模银行间融资的持续可得性，和(或)可持续证券化能力以及在抵押市场上迅速出售掉信用资产"。[②] 由于存在高贷款—储蓄比率(见表4.9)以及完全依赖批发市场和抵押资产证券化，在出现严重危机之前，北岩银行倒闭了，这并不足为奇。[③] 相对于同业竞争对手而言，苏格兰皇家银行大量的资金为超短期资金且来自隔夜货币市场，流动性脆弱。[④]

可是，流动性问题只是这些银行资产负债表中资产项下深层次问题的第一表征。英国银行最重要的问题不是持有美国次级抵押证券，而是向英国和爱尔兰居民不动产和商业不动产行业发放的贷款。

布拉德福德—宾利银行在"购房出租"市场和自行认证的抵押市场存在严重的风险暴露，其60%的抵押资产为前者，20%的抵押资产为后者。[⑤] 该银行尽管是英国大银行中最小的一家，却拥有"购房出租"市场中20%的份额，着实令人吃惊。

---

① 'Evolution of the UK banking system', *Bank of England Quarterly Bulletin* (2010), pp.325, 329.

② *Turner Review*, p.35.

③ *The Run on the Rock*, p.19; Skin, 'Reflections on Northern Rock'.

④ *The Failure of the Royal Bank of Scotland*, p.46.

⑤ House of Commons Treasury Committee, *Banking Crisis*, p.17.

北岩银行也向高风险的抵押市场提供贷款，且贷款—资产价值比接近或超过100%。该银行声名狼藉的“共同”抵押(个人借款可以达到住房价值的125%)吸引了次级抵押借款人，导致接下来的市场下跌中大量违约。① 当批发货币市场和证券化机制冻结时，北岩银行持有了大量的这类曾经希望证券化并能从资产负债表中清除掉的抵押资产。②

苏格兰哈里法克斯银行的问题来自三个主要部门。2008～2011年间公司部的损失估计达到了250亿英镑。③ 最初的2008年的结果显示苏格兰哈里法克斯银行公司部仅在1年的损失就是67.93亿英镑，主要是在商业不动产贷款业务上的损失。由于2007年6月之后的18个月里住房不动产市场的崩溃，尤其是商业不动产市场的崩溃，造成了巨大损失：零售不动产市场下跌到2002年水平，办公用房市场下跌到1998年的水平。④

苏格兰哈里法克斯银行公司部曾经把成为英国最好的房地产银行作为目标。为达此目标，采用了三项不顾后果的战略：(1)在向不动产行业提供传统贷款的同时，提供夹层债务和股权融资；(2)寻求发放次优级投资贷款；以及(3)承担大量的个人信用风险暴露。(2008年，有一个借款人借款达到29亿英镑，9个借款人借款超过10亿英镑。与2002年对照，没有任何一笔贷款超过100万英镑，对比

① *The Daily Telegraph*, 5 August 2009.

② Buckley *Financial Crisis*, p.202.

③ Parliamentary Commission on Banking Standards, '*An Accident Waiting to Happen*': *The Failure of HBOS*, p.12.

④ *The Daily Telegraph*, 2 February 2009.

之下，令人吃惊。)[①]

苏格兰哈里法克斯银行国际部在爱尔兰和澳大利亚的业务扩张激进而迅猛，因此，在这两个国家的不动产行业出现了严重的风险暴露。2008～2011年间在这两个国家的贷款损失总额达145亿英镑。就贷款账户损失相对比例而言，苏格兰哈里法克斯银行在爱尔兰的业绩位居倒数第二。[②]

苏格兰哈里法克斯银行国债部在危机前的数年里大量投资于资产抵押证券和信用衍生品。2008～2011年其结构化投资组合的损失总额达72亿英镑，这还仅仅是需要苏格兰哈里法克斯银行重新资本化的损失。[③]

像苏格兰哈里法克斯银行一样，苏格兰皇家银行在商业不动产行业存在严重风险暴露。2008～2010年间，该银行承担的累积贷款损失达303.96亿英镑。其中，8%直接来自住房抵押贷款损失，34%直接来自商业不动产贷款损失。[④] 与其他英国银行不同的是，苏格兰皇家银行还承担了结构化信用产品——主要构成是美国次级抵押贷款——所造成的巨额损失。2008年银行公布的损失是343亿英镑，其中，122亿英镑是结构化信用产品。[⑤]

按照董事和内部人士的说法，由于避免了贷款市场的高风险业务，在进入危机阶段时，劳埃德TSB银行处于强势地位，需要政府注

① Parliamentary Commission on Banking Standards, '*An Accident Waiting to Happen*': *The Failure of HBOS*, pp.10－11.

② Ibid., pp.14－15.

③ Ibid., pp.16.

④ *The Failure of the Royal Bank of Scotland*, p.50.

⑤ *The Failure of the Royal Bank of Scotland*, pp.48－50.

资的唯一原因是对接管苏格兰哈里法克斯银行的误判。[①] 然而，即使合并尚未发生，劳埃德TSB银行依然需要募集70亿英镑的资金——最有可能来自政府。[②]

英国并不是唯一经受2007～2008年银行业危机的国家。除了美国，至少15个欧洲经济体出现了严重的银行业危机。[③] 这些国家的危机与英国的危机之间存在值得关注的共性。第一，受银行信用的助推，多数经济体的不动产价格快速升高。值得注意的是，这也是当代五大发达经济体危机的共同特征（比如，1991年的芬兰、1992年的日本、1987年的挪威、1991年的瑞典和1977年的西班牙）。[④] 第二个共性是，都存在大规模的信用扩张，尤其是2000年以来的家庭信用，结果是家庭信用高杠杆，特别是在爱尔兰和西班牙。第三个共性是，发放次级贷款，尤其是在美国、英国和爱尔兰。与美国、爱尔兰、西班牙相似，英国国内不动产市场的崩溃是银行业危机的直接原因；对于其他经济体来说，最显著的是比利时、法国、德国和荷兰，直接原因主要是结构化信用产品在美国次级抵押贷款市场上的风险暴露。[⑤]

结论

本章的目的是对1825～1826年和2007～2008年发生的重大系

① House of Commons Treasury Committee, *Banking Crisis*, p.52.
② House of Commons Treasury Committee, *Banking Crisis*, pp.52—3.
③ Laeven and Valencia, 'Resolution of banking crises', p.9.
④ Claessens, Dell' Ariccia, Igan and Laeven, 'Lessons and policy implications', p.5.
⑤ Claessens, Dell' Ariccia, Igan and Laeven, 'Lessons and policy implications'; Hüfner, 'The German banking system'; Xiao, 'French banks'.

统性危机进行描述性分析,同时,对这两次重大危机之间的小危机进行描述性分析。描述性分析清楚表明,在英国银行业历史上,2007～2008 年大崩溃是史无前例的,这也表明将 1825～1826 年和 2007～2008 年的危机视为重大危机,并将其余危机视为小危机,是准确的。事实上,危机的描述性分析揭示了某些小的银行业危机更应当被看成“商业危机”或“货币市场危机”。

就危机的前兆而言,在 8 次危机中的 6 次之前就已经发生了不同程度的货币或信用扩张,并且,8 次危机中的 5 次与资产投机相关。然而,仅在三个时期有证据显示危机是内生的,也就是说,资产价格泡沫归因于银行信用扩张。值得注意的是,两次危机是重大危机:1825～1826 年和 2007～2008 年的危机,以及 1974 年的危机。这与第 2 章中提出的看法是一致的,内生性危机比外部冲击造成的危机更加严重。1974 年危机前的银行贷款主要提供给了不动产开发商,绝大部分的贷款是外围银行或次级银行提供的,而不是清算银行提供的,这也就说明了为什么本次危机是小危机而不是重大危机。第 7 章将揭示政府干预对于清算银行避免陷入本次危机的意义。

正如对危机的叙述中所提出的,我们分析不同的危机过程中倒闭(或受政府救助)的银行,是为了弄明白在其倒闭前是否从事了风险转移。因为风险转移无法被直接观察,所以,我们使用了判定倒闭银行是否承担了超额或非正常风险的间接指标来评估倒闭前是否有风险转移情形。值得注意的是,在几乎所有银行倒闭案例中,我们发现经理人(和股东)均承担了超额风险,所承担的风险是极端的,并且，在许多案例中，银行都具有欺骗性，或者说，几乎都有欺骗性。我们还看到，重大危机和小危机之间的不同是，在重大危机中危机前的风险转移是系统性的，某种程度上绝大多数银行均进行风险转移，而在小危机中，风险转移限于少量的金融机构。

5

银行业稳定性、股东责任与银行资本

今天听闻因银行破产，一个大银行家上吊自杀了。我不知道是否这是避免其他银行类似业务实操的最佳方式……①

1682 年 1 月 31 日发自巴黎的一封信

——亨利·赛维(Henry Savile，驻巴黎全权代表)

引　言

第 3 章和第 4 章讨论了自 1800 年以来英国银行业系统发生的两次重大的或系统性的银行危机。第一次重大银行危机发生于 1825～1826 年，几乎 1/5 的英国银行业系统倒闭；第二次重大银行危机是

① Pressnell, *Country Banking*, p.501.

2007～2008 年的大崩溃。在这两次重大危机之间，存在银行业体系出现压力的时期，并时常伴随银行倒闭现象发生，但是，面对所经历的历次冲击，银行业体系是稳健的。根本而言，我们要问，为什么在 1826～2006 年间英国银行业体系没有发生重大银行危机？为什么在这个时期的开头和结尾发生了重大银行业危机？本章将描述在银行业机构资本不足的环境下如何发生了两次重大危机。

正如上一章中所讨论的，在两次重大危机之间的长期间歇期银行体系的稳定性并非因为缺乏银行业体系的冲击。相反，如本章所提出的观点，银行业体系的稳定性显然与直到两次世界大战之间的那个时期各家银行拥有充足资本相关，事实上，在这个时期之后，对充足资本的替代方式有了可能性。特别是 20 世纪 30 年代的某个时期里可以得到应急资本(比如，可召集的资本以应对银行倒闭)成为保持银行业体系稳定性的重中之重，应急资本以股东有限责任、未缴股本和负债储备的形式而具有可得性。后两种类型的应急资本与美国直到 20 世纪 30 年代依然存在的双重责任规则具有相似性，不同的是，股东面对的责任是私人银行决定的，而不是法规所施加的。本章的观点是，受应急资本可得性的激励，银行股东和经理人善用风险转移的方式，因此，绝大多数银行平安度过影响银行业体系的周期性冲击，更加重要的是，没有发生内生的银行业危机。这一点与第 2 章中提出的理论是一致的，第 2 章中的理论认为，扩大银行股东责任将约束经理人和股东以牺牲储户利益为代价进行风险转移。

本章的第二部分解释了为何英国合伙法的特征表明在股份制银行设立之前英国银行没有充足资本。第三部分解释为何 1826 年后的半个世纪里股份制银行的无限责任支撑了银行业体系的稳定性。第四部分记述了1878年格拉斯哥市银行倒闭后无限责任制快速消亡。第五部分记述在有限责任制时代英国银行业实缴股本的减少与应急资本。第六部分解释1914年后银行资本为什么会下降。

合伙制银行

正如第3章中所讨论的,法规允许合伙自由,19世纪20年代之前整个英国的银行机构限于合伙制模式。可是,苏格兰的合伙法不同于英格兰的合伙法,其中主要的不同是,苏格兰的合伙制具有独立的法定人格,这与那时欧洲大陆的合伙法相似。[①] 这意味着苏格兰合伙制银行的经理人或董事可以代表其他合伙人订立合同,不参与管理的合伙人不能代表银行订立合同,也不能以任何方式介入日常运营。另外,无需取消合伙人地位的情况下,苏格兰合伙制银行的合伙人可以转让银行股权,因而,创造了银行股票市场。[②] 即使在1707年《联合法案》(Act of Union in 1707)出台后,英国普通法对苏格兰商业法释放出更大的影响力,苏格兰合伙制银行依然保持着独立法律人格的特征。[③] 正是如此,苏格兰的银行与其所有者被明确区分开来,保证了所有权与控制权的分离。

相比之下,英格兰合伙制维持了"个体构成的整体与个体不分"。[④] 虽然英格兰合伙制银行的合伙人并非积极参与银行的日常运

① Acheson et al.,'Organizational flexibility'.
② 同上。
③ Campbell,'Law and joint-stock company',p.141;Clark,Treatise,p.3.
④ Brown,*Early Scottish joint-Stock Companies*,p.6.

营,但是,与苏格兰银行不一样的是,法律上不可以排除合伙人参与银行日常商业合约订立和管理决策的权力。换句话说,在英格兰合伙法条件下,所有权不可以与控制权分离。

这种所有权与控制权分离的不可行意味着英格兰合伙制银行必将受到潜在套牢成本和不时发生的溶解成本的影响,这两种成本随着合伙人数量增加而成比例地增大。仅此就意味着,英格兰合伙制银行是小规模的。可是,与苏格兰钞票发行银行不同的是,英格兰钞票发行银行受到最多 6 名合伙人的限制。更何况 6 名合伙人规定还不是主要的强制性约束。例如,1822 年英格兰钞票发行银行平均仅有 3 名合伙人,522 家银行中实际合伙人达到 6 人的仅占不到 5%。① 相比之下,正如表 5.1 所示,苏格兰合伙制银行(通常所指郡银行)平均拥有 43.1 名合伙人,11 家银行的合伙人超过 50 名,1 家银行达到了 424 名合伙人。

表 5.1　　1747～1864 年苏格兰郡银行的规模和倒闭数

	银行总数	未倒闭银行数	客户未受损的倒闭银行数	客户受损的倒闭银行数
数据年度(中期)	1 788	1 787	1 779	1 802
平均寿命	32.3	34.4	26.5	29.0
成立时合伙人平均数量	34.1	37.3	54.3	7.1
终结时合伙人平均数量	43.1	48.7	67.7	3.5
小于 10 名合伙人的银行数	24	14	2	8

① Pressnell, *Country Banking*, p.226.

续表

	银行总数	未倒闭银行数	客户未受损的倒闭银行数	客户受损的倒闭银行数
大于 50 名合伙人的银行数	11	9	2	0
银行数量	44	30	6	8

资料来源：Munn, *The Scottish Provincial Banking Companies*, pp.16, 222—4; Acheson, Hickson and Turner, 'Organizational flexibility', p.508.

英格兰合伙制银行规模小造成其具有两个内在的弱点。第一，面对合伙人财富受到的冲击，同质合伙人数量少使英格兰银行具有脆弱性。如果某种原因造成合伙人的财富下降，结果可能是合伙人运用储户的资金转移风险。作为所有者，一旦发生银行倒闭，他们就直面财富下降，如果用储户的资金来承担风险，就会有所获。另外，由于具有更大的股份缓冲，拥有众多合伙人的银行能够更好地吸收不良资产所造成的损失。在货币或实体经济遭受冲击时期，不良资产会增加。进一步来说，因为合伙人具有无限责任，合伙人越多，一旦出现银行破产，用来抵补损失的可得资金规模越大。事实上，票据持有者和储户倾向于银行所有权在众多合伙人中分散化，因为所有者数量越少，损失掉全部财富的风险越大。

第二个内在的弱点是，合伙人数量少约束了银行规模，以至于银行仅限于在一个狭小的地理区域运作。这就限制了合伙制银行资产组合多样化的能力，使银行面对冲击求生存的难度增大。可是英格兰合伙银行与伦敦代理银行代其投资之间广泛的、紧密的关系缓解了对资产多样化的约束。例如，在 1824 年，伦敦有代理行的郡银行中的59%至少有一名合伙人同时也是伦敦代理行的合伙人。[①] 然而,这样的连锁合伙关系也造成银行体系的脆弱性,因为,银行合伙人可能面临多个银行储户和票据持有人对其个人财富的多重追索。

英格兰银行业体系的这些内在弱点使其更容易出现不稳定性。如表5.2所示,在1792～1826年间,英格兰郡银行平均破产率为1.85%。在经济紧缩时期,破产率更高,1815～1817年银行破产率为7.15%,1825年和1826年银行破产率分别为11.03%与7.76%。

表5.2　　1792～1826年英格兰和苏格兰的银行破产率

	苏格兰郡银行破产数量	苏格兰郡银行年破产率(%)	苏格兰郡银行年破产率(替代指标)(%)	英格兰郡银行破产数量	英格兰郡银行年破产率(%)
1810年	0	0.00	0.00	13	1.66
1815～1817年	1	3.85	0.80	50	7.15
1825年	1	3.85	4.62	60	11.03
1826年	1	4.17	0.71	43	7.76
1791～1826年(均值)	0.26	1.16	0.86	9.80	1.85

注:苏格兰郡银行年破产率(替代指标)是按规模大小估算的苏格兰银行破产率。苏格兰郡银行年破产率是按苏格兰破产银行的合伙人数量除以苏格兰银行合伙人总数量计算出来的。

资料来源:Munn, *The Scottish Provincial Banking Companies*, pp.222－4; Pressnell, *Country Banking*, pp.11, 538; Acheson, Hickson Turner, 'Organizational flexibility', p.521。

① Pressnell, *Country Banking*, p.116.

相比之下，在1792～1826年整个时期里，就大银行而言，苏格兰银行业的平均破产率(统计值不显著)比英格兰要低。然而，更重要的是，在经济困难时期，苏格兰银行业体系更加稳健。例如，按照表5.2中所列的苏格兰郡银行年破产率(替代指标)——考量的是苏格兰银行的不同规模，1815～1817年的破产率仅为0.80％，1825年和1826年破产率分别为4.64％和0.71％。

从苏格兰银行业内来看，显然规模很重要。正如表5.1所示，破产并对储户和票据持有人造成损失的8家银行均为少量合伙人的银行。在这些银行倒闭时，合伙人数量平均为3.5名，没有一家银行超过7名合伙人。

苏格兰银行业比较成功的历史很大程度上归因于不少于6个合伙人的规定。[①] 可是，正如前述，这个规定对于英格兰合伙制银行来说并不是强制性约束，英格兰银行规模小，甚至不存在合伙人数量约束，英格兰合伙法的特点造成了内在的、显著的套牢问题。

前面所述及的破产率数据也许不足以反映危机期间英格兰郡银行体系承受的压力大于苏格兰。甚至对苏格兰银行业结构没有好感的J.R.麦克库洛赫(J.R.McCulloch)也认为苏格兰金融体系和经济在经济困难时期表现得更加稳健。[②] 事实上，按照议会举证人的说法，苏格兰银行业体系相对稳定的原因是苏格兰银行钞票在英格兰边境县域内流通甚广。[③]

---

① Kerr, *History of Banking*, pp.69—70; Cameron, *Banking in the Early Stages of Industrialization*, pp.97—8; Munn, *The Scottish Provincial Banking Companies*, p.236; White, *Free Banking in Britain*, pp.47—8.

② White, *Free Banking in Britain*, p.40.

③ Ibid., p.38.

苏格兰银行体系的相对稳定性受到广泛称赞，当代评论员包括乔普林(Joplin)、帕奈尔(Parnell)和瓦特(Watt)都将其标榜为典范。[①] 值得注意的是，托马斯·乔普林(Thomas Joplin)认为，相对于英格兰银行业而言，苏格兰银行业体系的相对稳定性并非因为6个合伙人的规定，而是因为合伙法的差异(前面已经讨论)，苏格兰银行可以拥有大量的合伙人。[②]

关于6个合伙人的规定，当时爱尔兰的情形具有指导意义。在1819～1820年爱尔兰经济萧条时大量银行倒闭之后，《爱尔兰银行限制法案(1821)》[Bank of Ireland Restriction Act(1821)]出台了。这种情形与英格兰规定钞票发行银行不得超过6个合伙人的规定相似，只是该法案允许位于都柏林50爱尔兰英里(相当于65英里)外的银行发行钞票，不限合伙人数量。[③] 显然，没有银行对这个规定感兴趣，没有大规模合伙制银行成立。这意味着相对于6个合伙人规定，英格兰和爱尔兰银行业体系出现的问题与合伙制组织形式更加密切相关。[④] 仅当1825年法案通过后，爱尔兰银行被允许采用公司形式，大型多人所有银行出现了，这就是事实证据。

苏格兰银行业体系具有较大稳定性和稳健性受到了著名议员的称赞，这些人包括利物浦勋爵(首相)和罗伯特·皮尔(Robert Peel)

---

① Joplin, *An Essay on General Principles*; Parnell, *Observations on Paper Money*; Watt, *The Practice of Banking in Scotland and England*.

② Joplin, *An Essay on the General Principles*, p.6.

③ 1 & 2 Geo. Ⅳ, c.72.

④ 当时，作为解除垄断地位的补偿，爱尔兰银行被允许追加500 000英镑的资本，这些资本贷给了政府。这或许表明，1821年法案的最终目的是为了救助财政部，而不是为了银行业改革(Barrow, *The Emergence of the Irish Banking System*, p.64)。

爵士。[1] 利物浦勋爵认为,小规模的英格兰合伙制银行使其易于破产。[2] 在 1826 年 2 月 17 日上议院介绍改革英格兰银行业体系的法案时,利物浦勋爵将当时的银行业体系描述为"最不恰当的、最无效率的,没有一条是站得住脚的,它为腐败提供了完全自由,而对于所有美好的失去,则是最彻底的限制"。[3]

作为 1825～1826 年英格兰银行业危机的结果,绝大多数议员决定支持利物浦勋爵提出的议案,引入股份制原则,改造银行业结构。[4] 因此,议会通过了该法案,允许英格兰的银行自由地成立共同合伙制公司或股份公司,从而具有与苏格兰郡银行完全相同的组织特征,即所有权与控制权分离、层级管理、股票可转让以及无限责任。[5] 作为英国公司法自由化的第一步,这个法案具有历史性意义。

至于法律限制是否导致与股权资本相关的事前和事后问题,以及是否法律限制造成银行规模小,基于英格兰合伙制银行的可得证据,是难以判定的。换句话说,我们不知道是否首先合伙人财富出现大量较少,然后,导致他们进行风险转移,并因此造成银行倒闭,或者,是否合伙人财富只是不充足以及多样化程度不高,其资本不足以应对银行资产负债表面对的外生冲击。具有可能的是,1825～1826 年危机中既有事前因素,也有事后因素。

---

① Thomas, *Rise and Growth*, pp.65－6.
② Hansard, House of Commons Debates, 1825－6, vol.XIV, Cols.7－11.
③ Thomas, *Rise and Growth*, p.79.
④ Harris, *Industrializing English Law*, p.214.
⑤ Banking Copartnerships Act(1826), 7 Geo.IV, c.46.

无限责任股份制银行的时代

旨在保证银行变成股份制银行的19世纪20年代的法规要求股东承担无限连带责任。换句话说，银行应当具有公司的全部典型特征，而不再是有限责任机构。正如第2章中所讨论的，股份公司的无限责任承诺比合伙制更加可信，因为所有权在众多的不同所有者中分散化了，并且多成员的所有权意味着银行拥有更大的资源池，从而对其储蓄和票据形成更大的支持。对于这些银行而言，无限责任制主要的经济功能是避免风险转移。由于一旦银行倒闭，股东就将失去其全部财富，因此，他们具有强大的激励确保其银行和经理人不冒超额风险。

然而，在确保债权人和股东无限责任的可置信度方面，也就是说，股东足够富有，从而能够满足对他们财富的追索，具有无限连带责任的股份公司面对三个潜在的问题。第一，由于股份公司的股票是可交易的，富有的银行所有者的均衡状态是不稳定的，因为股票可以卖给财富水平低的个人。第二，假设一旦银行倒闭，每个股东面对的追索是共同所有人财富的函数，如何保证共同所有人拥有充足的财富呢？第三，假设股份公司意味着所有权和控制权分离与层级管理，具有无限责任的银行股东——他们的全部财富面临风险——需要确保经理人谨慎运作银行。

在银行成立和银行存续期间，通过银行董事会审查潜在新股东的资格，使英格兰无限责任制银行确保富有的银行所有者的均衡状态稳定性。与一个俱乐部极为类似，银行董事们控制了持股成员的进入门槛，从而确保持股人的总财富不减少。《爱尔兰银行业合伙监管法案（1825）》[Irish Banking Copartnership Regulation Act (1825)]第22节规定，“未经董事们同意，股票不得转让；除非经过董事中的一位或多位签字确认，任何转让均为无效”。[①] 可是，显然对于自愿实施这项计划的苏格兰银行来说，这一节是多余的。值得注意的是，《英格兰银行业合伙制法案（1826）》[English Banking Copartnership Act(1826)]并不包含这一条款，但是，英格兰银行业改革推动者将它植入了银行章程。[②] 表5.3列示的所有银行（基于银行章程代表性样本，包括清算行为或联合合伙协议）要求股票转让须经银行董事审查。

表5.3　　董事审查股票转让与所有权限额

银行	成立时间	董事审查股票转让	个人拥有股份比例最高限（%）
伦敦银行			
城市银行(City Bank)	1855年	有	6.66
伦敦股份银行	1836年	有	无
伦敦与威斯敏斯特银行(London and Westminster)	1834年	有	无
伦敦联合银行(Union Bank of London)	1839年	有	无

① 6 Geo.IV, c.42, s.22.

② Plumptre, *Grant's Treatise on the Law*, p.444.

续表

银行	成立时间	董事审查股票转让	个人拥有股份比例最高限(%)
伦敦与郡银行			
伦敦郡县股份制银行	1836 年	有	0.75
国民地方银行	1833 年	有	无
英格兰郡银行			
阿斯顿—斯塔尔布瑞吉—海德—格罗索普银行(Ashton, Stalybridge, Hyde and Glossop)	1836 年	有	无
利物浦银行	1831 年	有	无
怀特黑文银行(Bank of Whitehaven)	1837 年	有	无
比尔斯顿区域银行公司(Bilston District Banking Company)	1836 年	有	1.00
伯明翰与内陆银行(Brimingham and Midland)	1836 年	有	1.00
伯明翰城镇与区域银行(Brimingham Town and District)	1836 年	有	无
布雷德福银行公司(Bradford Banking Company)	1827 年	有	2.86
伯顿—阿托斯特—斯坦福德基尔银行(Burton, Uttoxeter and Staffordshire)	1840 年	有	无

续表

银行	成立时间	董事审查股票转让	个人拥有股份比例最高限(%)
卡莱尔与坎伯兰郡银行(Calisle and Cumberland)	1837年	有	1.00
凯莱尔城市与区域银行(Carlise City and District)	1837年	有	2.00
格洛斯特县银行(Country of Gloucester Bank)	1836年	有	2.50
罕布尔什银行公司(Hampshire Banking Company)	1834年	有	3.33
赫里福德银行公司(Herefordshire Banking Company)	1836年	有	2.50
哈德斯菲尔德银行公司(Huddersfield Banking Company)	1827年	有	4.00
哈尔银行公司(Hull Banking Company)	1834年	有	1.25
兰开斯特银行公司(Lancaster Banking Company)	1836年	有	3.33
利兹与西里丁银行(Leeds and West Riding)	1827年	有	0.50
莱斯特银行公司(Leicestershire Banking Company)	1834年	有	2.00

续表

银行	成立时间	董事审查股票转让	个人拥有股份比例最高限(%)
曼彻斯特与利物浦区域银行(Manchester and Liverpool District)	1826年	有	无
南北威尔士银行(North and South Wales Bank)	1836年	有	无
利物浦皇家银行	1836年	有	1.00
谢菲尔德与贺兰夏银行(Sheffield and Gallamshire Bank)	1836年	有	1.00
谢菲尔德与罗瑟勒姆银行(Sheffield and Rotherham)	1836年	有	无
谢菲尔德银行公司(Sheffield Banking Company)	1831年	有	2.66
斯坦福德与斯波尔丁银行公司(Stamford and Spalding Banking Company)	1832年	有	2.00
斯陶尔布里奇与基德明斯特银行(Stourbridge and Kidderminster)	1834年	有	1.00
威尔兹与多塞特银行(Wilts and Dorset)	1835年	有	无
约克联合银行公司(York Union Banking Company)	1833年	有	1.66
约克夏银行公司(Yorkshire Banking Company)	1843年	有	无

续表

银行	成立时间	董事审查股票转让	个人拥有股份比例最高限(%)
约克夏区域银行(Yorkshire District Bank)	1834 年	有	无
苏格兰银行			
苏格兰中央银行(Central Bank of Scotland)	1834 年	有	2.00
格拉斯哥市银行	1839 年	有	无
商业银行公司(Commercial Banking Company)	1810 年	有	无
苏格兰国民银行	1825 年	有	无
苏格兰联合银行	1830 年	有	无
爱尔兰的银行			
贝尔法斯特银行公司(Belfast Banking Company)	1827 年	有	2.00
北部银行公司(Northern Banking Company)	1825 年	有	2.00
爱尔兰国民银行(National Bank of Ireland)	1835 年	有	无
阿尔斯特银行公司(Ulster Banking Company)	1836 年	有	2.00

资料来源:各个银行的合伙制契约与清算行为,参见银行所在地档案记录。

董事们如何获得股东申请人的信息呢？无限责任制银行的资料显示，众多股东同时是银行客户。[①] 另外，显然，股东驻地靠近银行某一个分支机构，这就意味着银行董事可以运用银行网络获得潜在股东的相关信息。[②]

股票转让的少量档案记录尚存。即使可以获得股票转让信息，但是，当股票转让被董事们拒绝时，银行并不经常记录相关情况。谢菲尔德与罗瑟勒姆银行记录了股票转让被拒绝的情况，该银行董事会议记录显示，1848～1877 年间 10 次股票转让被否决。其中一次否决附加了理由，指出转让被否决的原因是“买入者的条件不令人满意”。[③]

无限连带责任的性质意味着，如果太多合伙人缺乏资金，富有的股东将承受起全部财富损失。其结果是，这些人具有最大的激励担当董事角色，并监督股东审查机制的运行。作为爱尔兰的一家大银行，阿尔斯特银行公司详细的所有权记录提供了证据，证据表明，银行董事会和监事会成员都是最大的、最富有的股东。[④] 此外，1883 年银行实施有限责任制的一个后果是，银行董事不再仅限于最富有的股东，相反，董事是按照专业能力遴选的。[⑤]

董事审查制避免了股东总体财富被稀释。可是，当金融灾难发

---

① Newton, ‘Assesment of information’; Newton, ‘Birth of joint-stock banking’, pp. 43－4; Acheson and Turner, ‘Investor behaviour’.

② Newton, ‘Assessment of information’; Newton, ‘Birth of joint-stock banking’, p. 37; Hickson and Turner, ‘Trading in the shares’, pp. 954－5; Acheson and Turner, ‘Investor behaviour’, pp. 205－7.

③ Royal Bank of Scotland Archives, SR/1/2, Sheffield and Rotherham Directors’ Minute Book, February 1851.

④ Hickson and Turner, ‘Trading in the shares.’

⑤ Acheson and Turner, ‘Impact of limited liability,’ pp. 342－3.

生的可能性增大时,董事和股东也存在机会全体撤离银行。为了避免"机会倾销",在他们卖出或转让其所有权份额的一定时期内,所有者依然对银行债务承担责任。《爱尔兰银行业合伙监管法案(1825)》和《英格兰银行业合伙制法案(1826)》都规定了无限责任股份制银行股东的售后延展责任,在其出售股份后三年内,股东对银行债务负有责任。① 在苏格兰,如果现在的所有者凭借自己的财产无法抵补损失,无限责任股份银行股票的原所有者应对其作为所有者期间的银行债务承担责任。②

爱尔兰农商银行于1836年倒闭,几名富有的股东试图规避因银行倒闭对其财富的追索,将其股票转让给了穷人。③ 但是,采用这样的策略并不能使他们逃脱责任,因为售后延展责任要求其对银行债务负起三年责任。

董事审查机制与售后延展责任足以保证银行股票被拥有充分财富的人所有,同时,股票不被转让给财富少的人吗?有两项证据证明了上述机制和要求能够起作用。

第一,源自遗嘱和遗产记录的四家无限责任制银行股东财富的证据。令人意外的是,几家银行尚存的记录中有关于股东的遗嘱财富,表明在他们死亡时仍持有银行股票。另外,阿尔斯特银行公司的股东记录如此详细,以至于可以将1858～1879年死亡的股东与其遗嘱匹配起来。

基于可以得到的记录,表5.4列出了四家银行股东财富的统计

---

① 按照1862年《公司法案》注册为无限责任公司的已建立的英格兰、爱尔兰和苏格兰银行可以减少售后延展责任,时长1年。

② Bell, *Commentaries on the Laws of Scotland*, p.224.

③ *Select Committee Report on Joint-Stock Banks*, P.P.1837, LXXVIII, p.3838.

资料。但是,关于这些数据,必须注意以下事项。第一,生前的赠与意味着遗嘱财富数据低估了实际财富。[1] 第二,一些死亡的股东财富并不能反映全部持股人的财富状况。

表 5.4　　死亡时仍持有银行股票的个人遗嘱财富状况

	布雷德福银行公司(1851～1883)	罕布尔什银行公司(1834～1879)	谢菲尔德与贺兰夏银行公司(1836～1888)	阿尔斯特银行公司(1858～1879)
平均值(英镑)	27 298	10 445	12 962	6 623
中值(英镑)	9 000	5 500	4 000	3 000
最大值(英镑)	400 000	70 000	656 450	120 000
10 名最富有股东的财富总量(英镑)	1 610 000	445 000	2 035 593	570 000
女性股东平均财富(英镑)	13 621	8 367	4 066	3 756
1874 年的储蓄和票据(英镑)	2 120 000	2 116 000	571 000	3 710 000
1874 年的股东数量	211	286	326	1 020
1874 年股东总财富量(估计值)(英镑)	5 759 878	2 987 270	4 225 612	6 755 460
样本数量	152	136	413	272

注:货币价值未对通货膨胀加以调整。1874 年股东财富的估计值计算方式

① Green and Owens, 'Gentlewomanly capitalism?'; Hickson and Turner, 'Trading in the shares', p.944.

是：死亡股东财富平均值乘以 1874 年的股东数量。

资料来源：股东财富的遗嘱上的价值来自汇丰银行档案，档案号 236/4，布雷德福银行公司遗嘱意愿登记簿；劳埃德 TSB 银行档案，档案号 1085，罕布尔什银行公司股东登记簿；以及汇丰银行档案，档案号 598/1－2，谢菲尔德与贺兰夏银行公司股票登记簿。1858～1879 年阿尔斯特银行公司已故股东的生平情况来自北爱尔兰公共档案办公室(PRONI)的档案，档案号为 D/3499/CC/2－3，阿尔斯特银行公司股票转让日志。股东意愿的遗嘱价值来自北爱尔兰公共档案办公室(PRONI)的日志。1874 年的储蓄和票据额来自邓恩(Dun)《银行机构》(*The Banking Institution*)第 46－59 页，股东数量来自 1875 年的《银行业年报》。

按照林德特(Lindert)的估计，1875 年各种职业分类的平均财富如下：绅士(9 855英镑)、商人(11 804英镑)、专业人士(1 201英镑)、农场主(800 英镑)、零售业者(606 英镑)、女性家长(405 英镑)，以及劳工(143 英镑)。这表明表 5.4 中的银行股东来自社会中的富裕阶层。[①] 另外，按照当时的标准，布雷德福银行公司以及谢菲尔德与贺兰夏银行公司有几名极其富有的股东。[②] 重要的是，从这些银行股东遗赠的财富来看，没有任何证据表明长期内股东财富下降了。

进一步观察阿尔斯特银行公司股东的财富，我们可以对 1871 年他们的财富与爱尔兰东北六郡(这里，阿尔斯特银行公司绝大多数股东仍活着)所有死亡者中排名前 10%的平均财富加以比较。[③] 死亡者排名前 10%的平均财富为1 596英镑，中值仅为 300 英镑。假设股东的平均财富和中值应分别为6 623英镑和3 000英镑，对照而言，这

① Lindert, 'Unequal English wealth'.
② 参见 Rubenstein, 'The Victorian middle classes'。
③ Turner, 'Wealth concentration'.

意味着阿尔斯特银行公司股东来自社会最富有的阶层。1858～1879年间,爱尔兰东北六郡仅有 6 名死者比同期阿尔斯特银行公司最富有的股东更富有。

银行股东拥有的财富给付储户和票据持有人全部负债绰绰有余。正如表 5.4 所示,如果我们假设活着的股东的平均财富与死去的股东相当,那么,全部股东的总财富大大超过银行的公共负债。值得注意的是,1874 年有遗嘱的谢菲尔德与贺兰夏银行公司 156 名股东的遗嘱财富是2 135 771英镑,大约为银行公共负债规模的 4 倍。

无限责任制银行股东为富人的第二个指标是银行代表性样本的股东群体的社会职业构成。大体而言,我们假设财富与社会职业(基于林德特的估计,前面已经讨论)存在着紧密关系,这在维多利亚时代的英国似乎是合理的假设。正如表 5.5 所显示的,银行所有权记录表明绝大多数股东和股本来自维多利亚时代最富有的阶层:绅士、商人和专业人士。另外,少数股东来自工人阶级或白领职业人士。完全可能的是,那些死去的人是比较富有的人。股东中的其他主要类别是女性,没有在表 5.5 中列出,而进入 19 世纪后,女性日益成为银行股东群体的重要组成部分。[①] 这些女性都有出色的中产阶级背景,拥有她们自己的财富。例如,如表 5.4 所示,一般女性银行股东都比较富有。[②]

---

① . Newton and Cottrell, 'Female investors'; Acheson and Turner, 'Shareholder liability'.

② 例如,1867 年利物浦皇家银行倒闭时,有一位股东是 80 岁的老妇人,面临23 000英镑的追索。为了提供追索金,她以5 000英镑的总价卖掉了自己的房子(*The Manchester Guardian*, 7 August 1868, p.4)。

表 5.5　　银行股东的社会职业地位

银行（成立年份）	年度	贵族、专业人士和商人阶级		白领职业人士		工人阶级	
		人数占比（%）	资本占比（%）	人数占比（%）	资本占比（%）	人数占比（%）	资本占比（%）
伦敦区域的银行							
伦敦与郡银行(1836)	1878	52.9	—	3.9	—	0.6	—
英格兰国民地方银行(1833)	1878	41.8	—	4.9	—	0.7	—
伦敦联合银行(1839)	1878	58.8	—	4.7	—	0.2	—
英格兰的银行							
谢菲尔德与贺兰夏银行(1836)	1836	63.0	76.7	8.2	4.53	0.5	0.1
威尔兹与多塞特银行(1836)	1836	61.9	—	10.5	—	0.0	—
威尔兹与多塞特银行(1836)	1853	61.4	—	8.6	—	0.0	—
威尔兹与多塞特银行	1860	46.8	—	3.0	—	0.0	—
曼彻斯特与利物浦区域银行(1829)	1856	59.4	—	5.7	—	0.2	—
伯明翰城镇与区域银行(1836)	1866	65.5	—	3.1	—	0.0	—
南北威尔士银行(1836)	1874	47.7	66.6	9.0	4.80	0.1	0.1
南北威尔士银行(1836)	1878	47.8	66.6	9.0	4.80	0.0	0.0
利物浦银行(1831)	1879	56.1	78.5	5.5	3.90	0.0	0.0
苏格兰与爱尔兰的股份制银行							
阿伯丁城镇银行	1846	55.0	—	4.4	—	0.0	—

续表

银行(成立年份)	年度	贵族、专业人士和商人阶级		白领职业人士		工人阶级	
		人数占比(%)	资本占比(%)	人数占比(%)	资本占比(%)	人数占比(%)	资本占比(%)
苏格兰人银行公司(1838)	1846	39.4	—	8.4	—	2.7	—
苏格兰人银行公司(1838)	1878	34.8	46.5	2.9	3.10	1.1	0.6
苏格兰中央银行(1834)	1846	43.8	—	6.0	—	1.5	—
苏格兰中央银行(1834)	1863	28.9	—	3.5	—	3.3	—
格拉斯哥市银行(1839)	1846	55.5	—	5.9	—	0.7	—
格拉斯哥市银行(1839)	1878	37.6	53.3	2.5	2.00	0.3	0.3
克莱兹代尔银行(1838)	1846	55.9	—	5.9	—	0.6	—
克莱兹代尔银行(1838)	1878	43.6	—	2.7	—	0.2	—
苏格兰商业银行(1810)	1846	46.2	—	3.2	—	0.4	—
东部银行(1838)	1846	45.4	—	7.8	—	1.2	—
爱丁堡与格拉斯哥银行(1844)	1846	50.7	—	5.5	—	1.2	—5.5
苏格兰国民银行(1825)	1846	53.4	—	3.6	—	0.5	—
苏格兰国民银行(1825)	1878	36.4	—	1.5	—	0.3	—
英国北部银行(1845)	1846	77.5	—	6.0	—	0.2	—
北苏格兰银行(1836)	1846	59.2	—	5.4	—	0.5	—
苏格兰联合银行(1830)	1846	53.4	—	5.0	—	0.5	—

续表

银行（成立年份）	年度	贵族、专业人士和商人阶级		白领职业人士		工人阶级	
		人数占比（%）	资本占比（%）	人数占比（%）	资本占比（%）	人数占比（%）	资本占比（%）
苏格兰西部银行（1832）	1846	55.8	—	6.4	—	0.5	—
苏格兰西部银行（1832）	1857	43.9	—	4.5	—	0.9	—
阿尔斯特银行公司（1836）	1878	41.8	58.0	6.6	3.90	0.0	0.0

注：贵族、专业人士和商人阶级包括神职人员、军官、医生、律师、银行家、股票经纪人、建筑师、会计师和审计师、商人、制造商、零售商以及贵族成员。白领职业包括教师、银行经理人、银行职员、商贩、代理商、管理者和职员。工人阶级包括熟练和非熟练工人。因为从事贸易的商人可能是商人，也可能是手艺人，所以，他们不被视为商人阶级的一部分。农场主可以归入贵族成员，也可以归入商人，但是，在贵族和商人的数据中不含农场主。

资料来源：Acheson and Turner, 'The death blow to unlimited liability', tables 1 and 2; Acheson and Turner, 'Investor behaviour', tables 2, 4 and 5; Acheson and Turner, 'Impact of limited liability', table 4; Turner, 'Wider share ownership', tables 3, 4 and 5; HSBC Archives, 598/1, Sheffield and Hallamshire Share Registers。

无限责任制意味着最富有的所有者愿意拥有银行大量的股份，因为如果银行倒闭了，他们拥有可以遭受损失的最多财富，并且，他们拥有的财富使其成为债权人的主要目标。① 然而，值得注意的是，众多小规模银行对个人持有的股份比例加以限制（参见表5.3）。这

① Hickson and Turner, 'Trading in the shares'.

样的所有权限制的一个原因是，银行储户和票据持有者愿意看到银行股票分散在众多所有者手中，因为一旦银行破产，持股人众多，则风险小，持股人仅限几个人，则风险大。这一点当时就注意到了，例如，1857 年西部银行倒闭后，议会委员会成员与苏格兰联合银行主席会面时，苏格兰联合银行主席指出，“只要无限责任制存在，受尊敬的阶级的合伙人数量越多，公众安全越有保障，这是毫无疑问的”。① 表 5.3 中所列出的几家大银行没有这样的条款，不仅因为他们通过设定与股权相关的投票数量上限，不鼓励大量持有股票，而且因为他们是大城市银行，需要从大量的股东那里筹集资本。②

对于这些股份制银行来说，无限责任制被用来避免风险转移。在大多数情况下，无限责任制起到了作用。然而，有些无限责任制银行的倒闭令人关注，让人对无限责任制限制风险转移的能力表示怀疑。尽管如此，这些银行倒闭案表明了无限责任制在支撑银行业体系稳定性方面确实是有效的。第一，在一定银行数量的情况下，无限责任股份制银行倒闭的频率不高(见表 5.6)。第二，正如第 4 章讨论的，发生倒闭的原因是管理不善或欺骗行为，其中，经理人拥有银行优先股权，或者，他们从银行借出巨额资金，于是，银行事实上已经破产。第三，无限责任制银行的倒闭并没有导致对其他银行的普遍挤兑，因为这些银行的储户知道其储蓄是安全的，即使其他银行倒闭了，他们也可以得到给付。本质而言，无限责任制有助于银行经营得以保障。第四，这一点也许是最重要的，当无限责任制银行倒闭时，

---

① Anon.,*Western Bank Failure*,p.42.

② 例如，对于英格兰最大的银行来说，投票权的上限如下：伦敦联合银行(20 票)；英格兰国民地方银行(4 票)；伦敦与威斯敏斯特银行(4 票)；伦敦股份银行(20 票)；威尔茨与多塞特银行(5 票)。这些数据得自合伙人合同。

储户能够得到全额给付(见表5.6),这表明无限责任制银行的股东拥有的财富足以补偿资产与负债之间的差额。表5.6揭示了对一般股东(即他们持有平均数量的股票)的追索,此乃银行倒闭的后果。追索是按照每一股进行的,所以,更富有的股东一定受到比其他股东更多的追索。如果需要的话,可以获得更多的事实表明,股东有能力满足大量资金的追索,因此,无限责任制银行的股东都是富有的人。

表5.6　　1836～1878年危机期间倒闭的无限责任制银行

银行	倒闭年度	资产与负债差额(千英镑)	股东数量	一般股东追偿数额(英镑)	全额给付储蓄者和票据持有者情况
爱尔兰农商银行	1836	—	—	—	是
英格兰中北部银行	1836	—		1 204	是
北英格兰股份银行公司	1847	433	420	1 000	是
利物浦城镇银行	1857	395	317	1 000	是
苏格兰西部银行	1857	1 089	1 280	851	是
诺森伯兰与杜伦区域银行	1857	1 947	407	4 785	是
伯明翰银行公司	1866	235	618	400	是
利物浦皇家银行	1867	650	200	3 250	是
格拉斯哥市银行	1878	5 190	1 819	2 310(首次);10 395(第二次)	是

续表

银行	倒闭年度	资产与负债差额（千英镑）	股东数量	一般股东追偿数额（英镑）	全额给付储蓄者和票据持有者情况
西英格兰与南威尔士区域银行	1878	749	1 800	416	是
切斯特菲尔德与北德比银行	1878	24	90	277	是

资料来源:股东数量来自《银行年历与年报》(各期)。资产与负债差额以及追偿数额来自 Philips, *A History of Banks*, pp. 333—4, 344; *Select Committee on the Bank Acts*, P.P. 1858, LXXVIII, Evidence of J. Dixon, p. 4323; Anon, *How to Mismanage a Bank*, p. 25; Holmes and Green, *Midland*, p. 47; *The Times*, 24 October 1867, p. 7; Acheson and Turner, 'The death blow to unlimited liability', p. 243; *The Manchester Guardian*, 12 November 1867, p. 5; 7 January 1880, p. 5; 14 March 1879, p. 6; and 27 September 1880, p. 8。

这就是因无限责任制的稳定性引致的特性，当一家银行倒闭时，支付系统并没有受到大范围的影响，因为其他银行愿意接受倒闭银行的票据和储蓄。当 1857 年苏格兰西部银行倒闭时，就发生了这样的情况。常务副行长解释道，“西部银行大量的股东是不让人怀疑的人，拥有大量的资本，票据的最终支付能力以及银行的索赔给付能力任何时候都不容怀疑”。① 当时另一个被观察到的事实是，人们对苏格兰银行业体系的信心仍在，西部银行和其他银行具有无限责任，当然，如果西部银行是有限责任制银行，那么，“恐慌和紧张状态将绝对

① Anon., *Western Bank Failure*, p. 13.

大于目前银行业体系所成就的状态”。①

正如当代人所认识到的，无限责任制是形成对银行业体系信心的主要因素，而且最终保障了银行业体系的稳定性。② 而有限责任制将风险转移给那些没有办法或权力规制银行承担风险的人们(比如，储户)。③ 因此，他们认为，有限责任制会造成大量的银行破产。④ 可是，这样的预言成真之前，几乎已经过去了 150 年。

无限责任制银行的突然消亡

1826 年公司法自由化后的几十年里，议会出现了银行业实行无限责任制的声音[如威廉姆·克莱(William Clay)和托马斯·海德勒姆(Thomas Headlem)]，也有来自银行业专业人士的反对声音[如乔治·瑞伊(George Rae)]以及媒体的反对声音[如沃尔特·白芝浩(Walter Bagehot)]。⑤ 这些反对派的基本信条是，如果无限责任制银行的股票不为低水平财富的投资者所拥有，动态变化很快就成为必然，致使无限责任制毫无用处。

继 1878 年 10 月格拉斯哥市银行倒闭后，银行业有限责任制的赞成者有了充足的弹药(用来攻击无限责任制)。正如表5.6所示，这是那时所发生的最大的无限责任制银行倒闭案，股东所承担的后果是严重的。格拉斯哥市银行资产负债差额意味着银行需要清算，向

① Callender, *The Commercial Crisis of* 1857, p.35.
② Anon., *Western Bank Failure*, p.42.
③ Anon., *How to Mismanage a Bank*, p.40.
④ Ibid., p.41.
⑤ Turner, ‘Last acre and sixpence’.

1 819名股东进行财富追偿。格拉斯哥市银行发行的股票是10 000股,每股面值100英镑。但是在该银行倒闭之前,1866年恐慌时期发生过几家银行倒闭的情况,经理人和董事们用银行资金购买银行股票,欺骗性地支持银行股价,到1878年10月1日的结果是,银行持有自己的股票达1 535股。[①] 因此,银行资产与负债之间的缺口是每股613英镑,而不再是519英镑。第一次追偿是每股500英镑,于1878年12月初进行,12月22日和2月24日分期给付。这次追偿造成了599名银行股东破产。最后一次追偿是每股2 250英镑,1879年4月进行的,资产与负债的差额完全得以弥补。可是,这些追偿发生之后,仅有254名股东还有偿付能力,由于失去所有财富或绝大部分财富,许多家庭陷入财务困境。[②] 众多过去富有的中产阶级家庭陷入赤贫,救助基金被建立起来,筹集了40万英镑用于捐助,以帮助他们摆脱困境。[③]

苏格兰和英国的媒体夸大了危机的后果以及股东承受的困难。[④] 例如,《经济学家》杂志对因格拉斯哥市银行倒闭给许多股东造成的痛苦进行了夸大的描述:“千万个家庭破裂,健康和生命不再,痛苦和毁灭的情绪弥漫各个教区和城镇,没有一个便士留给儿女。这种臭名昭著的行为方式以其邪恶与愚蠢颠覆了公共信仰。”[⑤]

媒体还复活了克莱与白芝浩提出的观点,认为格拉斯哥市银行倒闭明显反映了大银行的持股人主要是由中等收入的投资者构成

---

① French, *Unlimited Liability*, p.9.
② Checkland, *Scottish Banking*, p.471.
③ Ibid., p.477.
④ Lee, ‘A helpless class of shareholder’.
⑤ *The Economist*, 27 December 1879, p.1480.

的。[①] 这并不奇怪，《苏格兰人》宣称，因为无限责任制“仅仅赶走了富有的人，替代他们的是没有太多财富可以损失的人”。[②] 可是，前面关于股东财富和职业的证据表明，远远不是这样的情况。

还有一种担心，即格拉斯哥市银行倒闭之后，一旦富有的股东迅速撤离无限责任制银行，银行持股群体将快速恶化。例如，银行家和银行业专家乔治·瑞伊指出，倒闭之后，股东会自问“继续作为资产所有者是否是疯狂的行为，持有这些财产将富人变得一贫如洗，成百上千富人变为穷人或乞丐，正如地震一样，毫无警告。”[③]因此，按照乔治·瑞伊的看法，“无限责任制会变得徒有其表——没有果仁的果壳”，并且不能为储户提供安全保障。[④]

阿奇森(Acheson)和特纳提供的几项证据表明，格拉斯哥市银行倒闭之后，事实上富有的股东并没有离开。[⑤] 第一，他们审核了格拉斯哥市银行倒闭前后的英格兰和苏格兰7家主要银行的股东群体，发现他们并没有变差。第二，使用银行档案记录，他们检查了格拉斯哥市银行倒闭后数月的银行股票交易情况，发现除了三家苏格兰银行以外，没有银行股票交易活动增加的情况。这三家银行交易活动增多的原因是格拉斯哥市银行的股东拥有其他银行的股份，他们被迫卖出这些股份，以满足格拉斯哥市银行流动性追偿的义务。[⑥]

---

① *The Economist*, 27 December 1879, p.1480.
② *The Scotsman*, 2 October 1880.
③ Rae, *The Country Banker*, p.257.
④ Ibid., p.258.
⑤ Acheson and Turner, ‘The death blow to unlimited liability’.
⑥ Ibid., table 4.

正如表 5.7 所示,格拉斯哥市银行倒闭后,英国无限责任制银行股票的平均收益与工业股票没有大的差异。此外,从统计和经济意义上来说,英国有限责任制银行和无限责任制银行的收益没有差异。苏格兰有限责任制银行与无限责任制银行收益差异较大的主要原因是众多格拉斯哥市银行的股东被迫卖出其他无限责任制银行的股份,以满足格拉斯哥市银行流动性追偿的义务。尤其是,两家格拉斯哥银行,一家是克莱兹代尔银行,另一家是苏格兰联合银行,其许多股东也是格拉斯哥市银行的股东。因此,这两家银行是苏格兰银行中股票价格下跌幅度最大的(即 3 个月后,两家银行股票价格分别下跌 40.3%和 35.7%)。①

表 5.7

格拉斯哥城市银行倒闭后数月里英国银行股价的平均收益率(%)

	1 个月	2 个月	3 个月	10 个月
英国所有银行				
有限责任制银行(34 家)	−3.51	−6.16	−9.69	−14.22
无限责任制银行(56 家)	−2.45	−4.10	−6.53	−14.92
$P > \|t\|$	0.53	0.32	0.19	0.45
苏格兰的银行				
有限责任制银行(3 家)	−0.21	−14.27	−18.49	−13.54
无限责任制银行(6 家)	0.08	−22.53	−27.50	−24.80
$P > \|t\|$	0.37	0.12	0.13	0.01
工业股票收益	−3.59	−5.28	−8.24	−13.31

① Acheson and Turner, 'The death blow to unlimited liability', pp.248−9.

注:表中数据不含苏格兰人银行,因为该银行在此期间停业了。$P>|t|$ 是有限责任制银行和无限责任制银行收益均值差异双边检验的显著性水平。

资料来源:银行收益来自 Acheson and Turner,'The death blow to unlimited liability',table 5;工业股票收益来自 Smith and Horne,*An Index Number of Securities*,1867—1914。

因格拉斯哥市银行倒闭诱发的歇斯底里状况以及来自股东的压力导致议会的干预,出台了1879年《公司法案》。[①] 这项法规的主要目的显然是"安抚银行股东,避免股票转移到弱者手中"。[②] 1879年《公司法案》包含瑞伊的储备责任理念,以保证银行限制股东的责任,同时对储户提供保护。[③] 储备责任是延展责任的一种形式,银行将一定比例的资本存放起来,作为不可借出的基金,真正的目的是保护储户。[④] 虽然有些银行开始时表示怀疑,但是,1879年8月《公司法案》实施后,几乎所有银行都进行了责任限制。到1884年,仅有9家英格兰银行仍坚持无限责任制。这就形成了瑞伊所观察到的,格拉斯哥市银行倒闭"使银行业无限责任制突然终结"。[⑤]

有限责任制银行

公司法改革的压力导致1855年通过了《有限责任制法案》(Limited Liability Act),但是,该法案此后很快被废止,接着,于1856年

① 42 & 43 Vict.,c.76.
② Gregory,*The Westminster Bank*,vol.I,p.206.
③ Crick and Wadsworth,*A Hundred Years of Joint Stock Banking*,pp.33—4.
④ Rae,*The Country Banker*,p.252.
⑤ Ibid.,p.257.

重新制定《股份公司法案》(Joint Stock Companies Act)。[①] 开始时,银行被排除在该法案的条款之外,主要是因为关注储户安全。[②]《股份制银行法案》(1857)解决了《股份制公司法案》(1856)将银行排除在外的问题,但是,依然明确禁止责任限制。[③] 本质上,除了继续要求无限责任制,1857 年法案意味着,如涉及章程、管理和清算等,银行与其他股份制公司一样面对公司法的约束。[④] 1857 年法案通过后的一年内,另一项法规也得以实施,允许银行采用有限责任制。[⑤] 然而,因在有限责任制基础上组建,银行显得勉为其难,直至 1862 年《公司法案》取消了 1857 年《股份制银行法案》对最小股票面值为 100 英镑的要求后[⑥],情况才有改观。[⑦]

仅有 7 家已经成立的英格兰银行采用这种自由化的措施,没有一家爱尔兰和苏格兰银行采用这种自由化的措施。到 19 世纪 70 年代后期,大多数已经成立的股份制银行尚未采取有限责任制。一个可能的原因是,向有限责任制转变,对钞票发行银行没有吸引力,因

---

① 18 & 19 Vict.,c.133;19 & 20 Vict.,c.47.反对采用普通有限责任的两个主要势力是保守的普通法律师(Cottrell,*Industrial Finance*,p.45)和著名的政治经济学家,他们担心股票投机、垄断势力以及委托代理问题(Amsler,Bartlett and Bolton,'Thoughts of some British economists'),改革的压力来自几个阵营。第一,据说,改革的压力一定程度上来自正在崛起的贸易商阶层,他们不愿意从银行获得债务融资,主要原因是利率风险(Alborn,*Conceiving Companies*,pp.127—8)。第二,有些人认为,改革的主要发起者是中产阶级投资者中正在崛起的阶层(Bryer,'The Mercantile Laws Commission';Jefferys,*Business Organisation*).第三,进一步的改革压力源自这样的现实:有些企业规避法律,按照美国和法国的法律组建公司(Cottrel,*Industrial Finance*,p.51)。

② Alborn,*Conceiving Companies*,p.129.

③ 20 & 21 Vict., c.49.

④ Cooke,*Corporation*,*Trust and Company*,p.166.

⑤ 21 & 22 Vict., c.91.

⑥ 20 & 21 Vict.49.

⑦ 25 & 26 Vict., c.89.See Crick and Wadsworth,*A Hundred Years of Joint Stock Banking*,p.36.

为关乎钞票发行，责任依然是无限的。值得注意的是，这是苏格兰银行的观点，当时，苏格兰银行也被允许向有限责任制转变。① 可是，到 19 世纪 70 年代中期，7 家无限责任的英格兰银行，其中 4 家为钞票发行银行，已经转变为有限责任制银行。尤其是伦敦的银行和大量的郡银行(特别是那些在利物浦和曼彻斯特地区的银行)不发行钞票，并且，其他郡银行钞票发行量少，以至于英格兰地区的银行并不真正关注无限责任制的要求。②

当时的银行专家认为，已经成立的股份制银行勉为其难地限制责任，因为无限责任制“被股东认为能够带来利润，在储户看来，更能带来安全感”。③ 威尔逊进一步指出：

……在争夺储户方面，与竞争者相比，无限责任制银行拥有巨大的优势。储户更加信任并愿意将他的钱放在这样的一家银行，他所了解的是，一旦造成大量损失，银行就会破产，银行股东必须拿出他们最大量的法寻*支付给他。而不那么相信股东仅靠不被追偿的股票承担责任的银行。④

事实上，已经成立的银行勉为其难地采用有限责任制被 1866 年 5 月奥富仑德与古尔内公司的倒闭所证实，这家公司对其责任进行了限制。这家贴现公司的倒闭极大破坏了数家新成立的有限责任制银行的声誉，并激发了储户更大的怀疑，使银行所有者对采用有限责

---

① Carr, Glied and Mathewson, ‘Unlimited liability and free banking in Scotland’.

② Cooke, *Corporation*, p.166.

③ Wilson, *Banking Reform*, p.69.

* 英国旧货币单位和硬币，1961 年停止流通，1 法寻等于 1/4 旧便士。——译者注

④ Wilson, *Banking Reform*, p.71. 类似的观点参见 Crick and Wadsworth, *A Hundred Years of Joint Stock Banking*, p.31。

任制持更加保守的态度。[①]

这就提出了另一个问题:那时已经成立的有限责任制银行怎样才能让储户确信其储蓄是安全的?事实上,仅有一种可能的办法来提供另一种承诺形式,即有限责任制银行能与更大的、更悠久的已有的无限责任制银行竞争。正如表5.8所示,有限责任制银行比作为竞争对手的无限责任制银行拥有更高水平的实收资本和股东储备基金。另外,有限责任制银行拥有更高水平的未缴资本,也就是一旦银行破产发生,会有固定数量的资本向股东追索,或者任何时候都会有固定数量的资本被董事会追偿。[②] 表5.8显示,一般有限责任制银行都有足够的未缴资本抵补64.8%的储蓄额。1875年,每股实缴股本未追偿的平均值和中值倍数分别为3.7和3.3。[③] 换句话说,在一般有限责任制银行里,股东为其股票付出了1英镑,他们还负有另外2.74英镑的责任。就储户的观点而言,这种未追偿的部分使有限责任制银行"事实上同无限责任制银行一样安全"。[④] 实际上,1874年一般有限责任制银行的公共责任完全由股东的资本承担(见表5.8)。

---

① Clapham, *Bank of England*, vol. Ⅱ, p.406. See also Anderson and Cottrell, *Money and Banking in England*, p.249.

② 为什么负有无限责任的银行没有进行资本追索呢?最有可能的解释是,如果需要资金来扩大银行规模,董事们可以选择使用不加追索的资本。因无限责任而追索股东财富仅当银行倒闭时才被使用(Acheson, Turner and Ye, 'The character and denomination', p.865—6)。

③ 所基于的40家银行的数据来自《投资者每月手册》(*Investor's Monthly Manual*),1875年7月。

④ Dun, 'The banking institutions', p.28.

表 5.8　1874 年英格兰有限责任制银行与无限责任制银行的资本

	无限责任制银行	有限责任制银行
未缴资本/公共负债(%)		
均值	24.8	64.8
中值	13.9	50.6
标准差	31.4	37.6
实缴资本/公共负债(%)		
均值	813.4	29.6
中值	10.1	25.2
标准差	8.5	22.3
(实缴资本+股东储备)/公共负债(%)		
均值	20.3	37.2
中值	15.8	30.5
标准差	12.4	24.5
股东资源总额/公共负债(%)		
均值	45.0	100.1
中值	31.9	88.4
标准差	39.7	53.3
银行数量	30	33

注:仅有 63 家英格兰银行发布财务报告,其中,仅有 55 家银行报告资产损失。主要银行全部发布了报告,因此,仅有一些小银行没有纳入比率核算。股东资源总额包括未缴资本、实缴资本和股东储备基金。在统计上,每个变量的均值差都很显著,P 值均接近于 0。

资料来源:作者基于邓恩(Dun)《银行机构》(The Banking Institutions)中的数据进行计算。

1878年格拉斯哥市银行倒闭改变了投资者对无限责任制风险的看法，1879年的《公司法案》推动银行承担储备责任，从而实施有限责任制，这是介于无限责任制和完全有限责任制的过渡方式。除了不被董事会随时追索，储备责任很像未缴资本。换句话说，只有当发生银行即将倒闭、资金不足以给付储户时，储备基金才会被动用。储备责任制和未缴资本安排几乎就是对无限责任制的直接取代，只是现在股东了解了一旦银行倒闭，他们所承担的最大责任限度。① 这样的安排还在改善银行风险中起作用。②

与股东无限责任相似，一项可能出现的风险是，资源不足以承担附加责任的个人可能失去具有储备责任和未缴资本责任的股票。依然是共同和连带责任，这意味着股东依然关注共同所有人的财富状况，只是程度较低一些。与股东无限责任制情况相似的还有，银行董事会可以不让财富不充足的个人获得股份。③ 没有证据反映具有储备责任的破产银行股东的财富水平，因其与无限责任制时代不同，而大幅降低。然而，美国国家货币委员会成立前的事实表明，英国银行董事在同意个人拥有银行所有权方面小心谨慎，因而他们常常拒绝有人将股份转让给被认为不合适的人。④ 另外，按照1862年《公司法案》，在不再持有股份的一年里，银行股东依然对全部未缴资本负有责任。⑤

---

① 在《股东责任体制》(Shareholder liability regimes)一文中，伊文思(Evans)和奎格利(Quigley)认为，去无限责任是为了满足审计银行账户的需要。可是，很难解释这样的做法如何向储户保证银行不转移风险。

② Grossman and Imai, 'Contingent capital and bank risk-taking'.

③ Rae, *The Country Banker*, p.233.

④ Withers and Palgrave, *The English Banking System*, p.93.

⑤ Plumptre, *Grant's Treatise on the Law*, p.507.

表 5.9 显示,1885 年英国银行储备实缴资本比率的均值和中值分别为1.76和 1.83。但是,如果考虑可追索资本,平均而言,英国银行储备与可追索资本的和与实缴资本比率的均值、中值分别为 3.13 和 3.00。这意味着,对于 1885 年的一般银行而言,银行投资 1 英镑,股东还要承担 2.13 英镑的责任。正如表 5.9 所示,135 家英国银行中的 127 家银行要么有储备责任,要么有可追索资本。本质上,就储户的观点而言,责任的有限性并没有立即起到保障储户安全的效果,因为储备责任和未缴资本依然约束了银行风险转移。

表 5.9　　1885 年英国银行的储备责任和未缴资本

	储备/实缴资本		(储备+未缴资本)/实缴资本		拥有可追索资本的银行数量	银行总数量
	均值	中值	均值	中值		
英格兰	1.64	1.38	3.12	3.00	111	116
爱尔兰	3.18	3.56	3.67	4.00	8	9
苏格兰	2.64	3.00	2.85	4.00	8	10
英国	1.76	1.83	3.13	3.00	127	135

资料来源:基于 1885 年《银行业年报》中获得的数据计算。

图 5.1 显示了总体而言 1885 年股东资本略高于 70%的储蓄额,股东资本包括未缴资本、储备基金、已缴资本和储备。可是,正如图 5.1 所示,直到 1900 年,这个比率是下降的。1900 年该比率稳定在不到 40%的水平。第一次世界大战期间,该比率再次下降,1921 年接近 15%。

表 5.10 显示,1900～1921 年资本—储蓄比率的均值和中值也出现下降。1921～1940 年间英国银行资本—储蓄比率的均值和中值

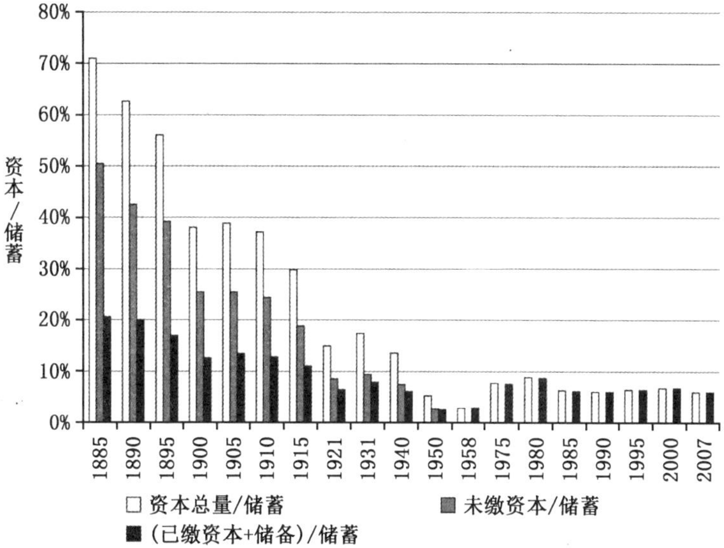

注:所有主要银行的数据均包含在内,1921 年后的爱尔兰南部的银行不在其中。自 1975 年后,仅涵盖了主要清算银行。资本总量是未缴资本、已缴资本和股东储备之和。

资料来源:*Banking Almanac and Yearbook* (1900 and 1910), *Bankers' Almanac and Yearbook* (1921 and 1931) and *Stock Exchange Official Yearbook* (1940, 1950); Bank of England Archives, C40/102, Memo on bank capital (September 1958); *Annual Abstract of Banking Statistics* (1985, 1991, 1995); bank annual reports(2000 and 2007)。

图 5.1 1885～2007 年英国银行系统的总体资本—储蓄比率

没有发生显著变化,尽管最大的五家银行的资本—储蓄比率的均值和中值略有下降。然而,到 1950 年,该比率下降到非常低的水平,到 1958 年出现了进一步下降。

表 5.10　　1900～1958 年英国银行资本

	1900	1910	1921	1931	1940	1950	1958
所有银行							
资本总量/储蓄							
均值	51.9	45.8	17.4	21.0	17.5	7.6	4.2
中值	44.3	40.3	16.2	20.4	17.4	7.4	3.5
标准差	25.2	22.0	8.8	7.9	7.1	3.1	1.7
最大值	126.4	101.8	46.2	38.9	36.2	13.6	9.4
最小值	15.8	15.6	6.7	7.6	5.8	1.6	2.2
银行数量	90	57	25	22	16	16	17
可追索资本/储蓄							
均值	33.9	29.3	10.3	11.3	9.4	3.7	—
中值	28.6	24.4	10.5	11.9	10.1	4.2	
标准差	20.9	19.1	6.7	7.2	7.4	2.8	—
最大值	93.6	84.7	23.7	25.9	27.7	10.1	—
最小值	0.0	0.0	0.0	0.0	0.0	0.0	—
银行数量	90	57	25	22	16	16	—
五家最大银行							
五家最大银行储蓄占比	28.1	37.8	73.1	76.8	80.6	83.4	76.6
资本总量/储蓄均值	30.4	29.0	15.1	15.6	12.6	5.1	3.0
资本总量/储蓄中值	36.1	31.1	13.2	14.7	11.0	4.7	3.0
可追索资本/储蓄均值	20.6	19.2	8.7	8.5	7.1	2.8	—

续表

	1900	1910	1921	1931	1940	1950	1958
可追索资本/储蓄中值	25.8	20.8	7.3	7.3	5.8	2.5	—
股东平均数量	10 104.0	16 872.0	48 674.7	64 717.4	–	–	–

注:这些数据不含英格兰银行的数据。自 1921 年以来,数据不含南威尔士的银行,1900 年和 1910 年的数据包含了南威尔士的银行。资本总量的构成是储备负债、未缴资本、已缴资本和股东储备,可追索资本的构成是储备负债加上未缴资本。

资料来源:作者计算编制,数据来源于 *Banking Almanac and Yearbook* (1900 and 1910), *Bankers' Almanac and Yearbook* (1921 and 1931) and *Stock Exchange Official Yearbook* (1940, 1950); and Bank of England Archives, C40/102, Memo on Bank Capital(September 1958)。

英国银行不被要求公开他们的全部储备,这种情况持续到 1970 年。银行隐蔽储备所获得的收益积累起来,结果是,银行的真实资本比率远远高于财务账户上呈现出来的资本比率。[①] 按照比林斯(Billings)和凯皮的估计,1920 年、1930 年、1940 年、1950 年和 1960 年真实资本与公告资本的平均比率分别为 1.25、1.34、1.57、1.97 和 1.92。[②] 1958 年银行真实资本平均为公告资本的 2.07 倍。尽管如此,对此进行调整意味着,1958 年五大银行平均总体资本—储蓄比率仅为 6.0%。可是,正如表 5.11 所示,英格兰银行的损失数据表明,

① Goodhart, *Business of Banking*, pp.23—5; Wilcos, 'Capital in banking', p.211.隐蔽储备主要由银行投资的市场价值与账面价值的差额组成。参见 Bank of England Archives, C44/304, Discount Office (Banking Supervison) Files, Memo, 7 December 1960; Balogh, *Studies in Financial Organisation*, p.102.

② Billings and Capie, 'Capital in British banks', p.150.

1958 年五大银行的平均“真实”资本—储蓄比率实际上接近 4.3%。

表 5.11　　1958 年排名前六的伦敦清算银行的资本状况

银 行	贷 款（百万英镑）	英国政府证券（百万英镑）	储蓄（百万英镑）	公告资本与储备（百万英镑）	（公告资本＋储备）/储蓄（%）	“真实”资本估计值（百万英镑）	“真实”资本/储蓄（%）	政府证券下跌5%与1%不良债务备用金（百万英镑）	备用金抵扣后的“真实”资本率（%）
巴克莱银行	377.7	476.8	1 511.7	43.9	2.9	92.2	6.1	27.6	4.3
劳埃德银行	341.5	326.3	1 259.6	37.4	3.0	68.4	5.4	19.7	3.9
马丁银行	91.9	88.1	334.3	11.3	3.4	26.8	8.0	5.3	6.4
内陆银行	398.2	451.5	1 507.1	33.2	2.2	83.0	5.5	26.5	3.7
国民银行	240.1	215.2	831.6	24.3	2.9	50.3	6.0	13.1	4.5
区域银行	—	—	—	—	—	—	—	—	—
威斯敏斯特银行	248.4	249.3	889.1	28.7	3.2	60.0	6.7	14.9	5.1

注：因为得不到 1958 年区域银行的“真实”资本估计值，所以，没有使用“真实”资本—公告资本平均比率指标。

资料来源：英格兰银行档案，C40/102，银行资本备忘（1958 年 9 月）。“真实”资本估计值来自比林斯和凯皮：《英国银行资本》（*Capital in British Banks*），第 150 页。

由于隐形储备的存在，从 19 世纪 80 年代初到 1958 年资本—储蓄比率显著下降。为什么发生了这种情况呢？第一次世界大战之前的主要影响因素是，当银行合并时，他们会减少两家银行的储备负债和未缴资本总和，这是以“储户的安全保障为代价的”。① 由于战时的高通货膨胀率，第一次世界大战期间的资本—储蓄比率下降。

① *Report of the Treasury Committee on Bank Amalgamations*, pp.5—6.

1915～1918 年期间，通货膨胀率平均为 18.5%，足以损耗掉真实资本价值的很大一部分。事实上，1918 年科尔温委员会(Colwyn Committee)的报告已经关注到“没有充足资本和储备的不正常的总储蓄情况”。[1] 由于第二次世界大战期间和战后的通货膨胀，资本—储蓄比率再次下降，1940～1950 年的年均通货膨胀率为 5.5%。

1921 年，巴克莱银行成为第一家取消未缴资本的银行。1937 年，苏格兰银行取消了基于股份的未缴资本，旨在提高股票的受欢迎程度以及增加股东数量。[2] 其他主要银行(比如，劳埃德银行、内陆银行、威廉姆斯—迪肯思银行、马丁银行、国民地方银行和韦斯敏斯特银行)仅仅是在 1956 年与 1958 年期间英格兰银行支持和协调的重构过程中取消了未缴资本。[3] 可是，即使在取消之前，就有人对为了限制风险转移行为的未缴资本用途表示怀疑，并对危机期间向股东追索未缴资本的明智之举表示怀疑。例如，1937 年一位英格兰银行的副行长就怀疑储备负债的价值，他认为，“银行规模小、数量多的时代，它有存在的价值。而今天，危机中的一家银行向股东追索不可能不扩大危机”。[4]

正如这位英格兰银行副行长的言论中所阐明的，一旦危机发生，能否轻易追索未缴资本，将是一个问题。正如表 5.10 所示，1900～1940 年间，五家最大银行的平均股东数量出现了惊人增加。股东数量增加的一个后果是董事会审核股份转移的成本增加，成本增加导

① *Report of the Treasury Committee on Bank Amalgamations*, p.7

② Bank of England Archives, G14/75, Confidential internal memo (3 November 1937).

③ Bank of England Archives, C40/102, Confidential internal memo(30 April 1958).

④ Bank of England Archives, C48/61, Capital of the Bank of Scotland secret memo (27 October 1937).

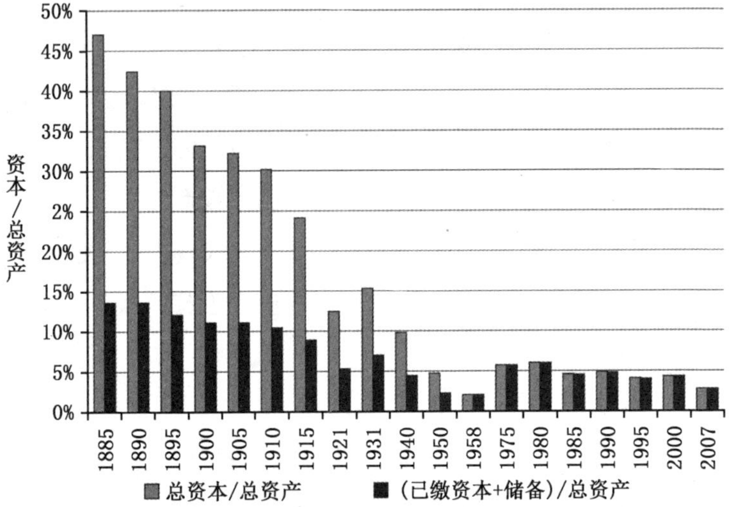

注:这些数据包含了英国所有主要的银行,但是,1921 年后南威尔士的银行不在其列。自 1975 年以来,数据仅包含主要清算银行。总资本是未缴资本、已缴资本和股东储备之和。

资料来源:*Banking Almanac and Yearbook* (1900 and 1910), *Banker' Almanac and Yearbook* (1921 and 1931) and *Stock Exchange Official Yearbook* (1940, 1950); Bank of England Archives, C40/102, Memo on bank capital (September 1958); *Annual Abstract of Banking Statistics* (1985, 1991, 1995); bank annual report(2000 and 2007); Sheppard, *The Growth and Role of UK Financial Institutions*, pp.126—7。

图 5.2 1885～2007 年英国银行系统总资本—总资产比率

致董事审查股份转移的机制减弱,成为橡皮图章(rubber-stamping exercise)。事实上,塞克斯观察了一个时代,发现 20 世纪 20 年代绝大多数股东是财富中等的个人[①]，可是，他拿不出证据支持其判断。另一个后果是，一旦银行破产，从股东那里征收未缴资本和储备资本的管理成本将大幅提高。可是，尽管如此，银行董事们仍被要求投入大量的资本，从而符合董事身份，这样的投资安排意味着一旦银行破产，董事们就需要承担大量的未缴资本。例如，1940 年存在未缴资本的五家大银行中的四家平均拥有董事 28.5 名，他们 1940 年的平均债务至少是3 762.50英镑，这并不是一个微不足道的总量。[②]

正如图 5.1 和图 5.2 所示，到 1975 年英国银行业的资本状况改善了。可是，这种改善很大程度上是幻觉，因为在 1975 年的公开账户里显示了 1958 年的隐形储备。如图 5.2 显示，有趣的是，自 1980 年以来，总资本—总资产比率下降，正如平均资本—总资产比率下降的情况一样(见表 5.12)。2000 年与 2007 年间这个比率的恶化是显著的。值得注意的是，因为银行增大了货币市场融资，为资产扩张提供资金，1985 年后总资本—储蓄比率并未出现下降。

表 5.12　　1975～2007 年主要银行股东资金总额/资产(%)

	1975	1980	1985	1990	1995	2000	2007
阿比国民银行/阿比银行	—	—	3.87	5.81	3.82	2.57	1.68
苏格兰银行(2001 年后合并为苏格兰哈里法克斯银行)	7.03	7.32	5.55	4.90	4.43	5.59(1)	3.17
巴克莱银行	5.30	6.47	5.03	4.88	4.37	4.17	1.90
布拉德福德—宾利银行	—	—	—	—	—	4.53	2.33

① Sykes, *The Present Position of English Joint Stock Banking*, p.141.

② *Stock Exchange Yearbook*, 1940.

续表

	1975	1980	1985	1990	1995	2000	2007
劳埃德银行(1995年后合并为劳埃德TSB银行)	6.06	7.02	5.29	4.94	3.27	4.47	3.52
内陆银行	5.85	5.39	3.59	4.33	3.65	—	—
汇丰银行(HSBC)	—	—	—	—	—	4.76	4.55
威斯敏斯特国家银行	5.95	5.41	4.18	4.99	4.39	—	—
北岩银行	—	—	—	—	—	4.10	2.15(2)
苏格兰皇家银行	6.91	8.07	5.89	5.04	4.28	5.96	2.79
平均	6	6	4	4	4	4	2

注:(1)2001年的数字;(2)2007年的数字;股东资金总额包括实缴资本、留存利润、准备金以及股票溢价。

资料来源:*Annual Abstract of Banking Statistics* 1985,1991,1995;bank annual report 2000 and 2007。

在20世纪,不仅总资本的相对数量下降,而且资本的质量也下降了。实缴资本被现代监管者视为最高质量的资本,因为它是股东实际付给银行的钱。1900年平均实缴资本—储蓄比率为11.08%,到1950年,这个比率已经下降到1.70%;到2007年,仅为0.47%。

为什么会出现银行资本下降?

19世纪后期的银行家和银行理论家的观点是,资本—负债比是衡量银行稳定性的最佳指标。[①] 然而,到了20世纪中期,这种观点已

---

① Rae, *The Country Banker*, p.264.

经不是英格兰银行的看法了。20 世纪 40 年代和 50 年代,在商业银行和英格兰银行之间关于增加资本—储蓄比率有几次讨论。事实上,绝大多数重要银行渴望增强资本状况,1943～1958 年间各家清算银行向英格兰银行提出方案,共有 14 个独立的方案。① 英格兰银行和财政部一直不愿意哪怕一家银行增强其资本状况,因为如若如此,其他银行将会效仿,从而将导致从实体产业转移资本*。② 另外,英格兰银行认识到,如果银行募集资本,必将减少政府大规模借款计划的可得资金。③ 因为战后严峻的信用紧张局面结束了,1958 年后半年和 1959 年,银行被允许募集新的资本。④ 正如表 5.13 所示,资本注入后,资本—储蓄比率仅有小数量级的提高。

表 5.13　　1958 年和 1959 年伦敦清算银行公布的资本与储备

	1958 年公布的资本与储备(百万英镑)	(1958 年公布的资本与储备)/储蓄(%)	1959 年公布的资本与储备(百万英镑)	(1959 年公布的资本与储备)/储蓄(%)	1958～1959 年资本增长率(%)
巴克莱银行	43.9	2.9	60.8	3.7	38.5
劳埃德银行	37.4	3.0	58.8	4.5	57.2
马丁银行	11.3	3.4	12.1	3.3	7.1
内陆银行	33.2	2.2	42.3	2.7	27.4

① Bank of England Archives, C40/102, Confidential internal memo, 8 October 1958; Confidential internal memo, 6 February 1958.

* 脱实向虚。——译者注

② Bank of England Archives, C44/304, Discount Office (Banking Supervision) Files, Memo, 7 December 1960.

③ Bank of England Archives, C40/102, Confidential internal memo on bank capital, 30 September 1958.

④ Bank of England Archives, C40/102, Memo on capital increases by clearing banks, 5 November 1959.

续表

	1958年公布的资本与储备(百万英镑)	(1958年公布的资本与储备)/储蓄(%)	1959年公布的资本与储备(百万英镑)	(1959年公布的资本与储备)/储蓄(%)	1958～1959年资本增长率(%)
国民地方银行	24.3	2.9	34.2	4.1	40.7
威斯敏斯特银行	28.7	3.2	37.0	4.0	28.9

资料来源:英格兰银行档案,C40/102,银行资本备忘(1958年9月)。清算银行资本增长备忘录,1959年11月5日。

20世纪40年代和50年代英格兰银行认为,"银行不会因为资本—储蓄比率低而招致声誉损失",长期以来银行资本"既不与其负债有着重要关联,也不与其功能有重要关联"。[①] 事实上,没有指标显示公众关注低资本水平会对银行稳定性产生实质影响,储户更关注银行的流动资产而不是银行资本。[②] 这就提出两个问题:(1)尽管1914～1958年间资本—储蓄比率下降,但是,为什么英国银行业依然保持稳定?(2)为什么时至20世纪中期,资本与储蓄的关系不再那么重要了?

一种可能性是,这个时期银行业具有更大的内在稳定性,这个变化意味着银行所需要的资本明显减少。[③] 主要银行的著名董事包括爱德华·霍尔登(Edward Holden,内陆银行)和F.C.古德诺夫(F.C. Goodenough,巴克莱银行)均认为,由于合并,银行更加强大,银行业

① Bank of England Archives,C40/102,Confidential internal memo on bank capital, 30 September 1958.

② Bank of England Archives,C40/102,Confidential internal memo,10 April 1958; Jones,'The business of banking'.

③ Sayers,*The Bank of England*,vol. I,p.11.

体系的内在稳定性增强了。[①] 作为分支机构覆盖全国的大银行的成长的成果,人们相信银行的资产与负债更加分散化,因此,银行能够更好地应对区域性冲击。[②] 例如,霍尔姆斯(Holmes)和格林(Green)提出,规模与地理上的分散化意味着"曾经威胁郡银行生存的紧急事件,现在可以很快被消化掉,并不会发生恐慌"。[③] 进而言之,拥有全国分支机构网络的银行增长降低了分支机构经理人的相机抉择权力,机制化、更科学的发放贷款方法的兴起保证了向具有充分保障的借款人提供贷款。[④]

然而,至少存在三个方面的证据令人怀疑关于资本下降源于内在稳定性变化的解释。第一,在时间上,资本下降与英国银行业体系结构变化并不具有相关性。例如,1921～1958 年,英国银行业体系的基本结构并未发生显著变化,但是,资本比率却显著下降。第二,从第 2 章给出的理论视角来看,规模增长并不能排除风险转移行为。事实上,规模扩大了,会导致风险转移的更大激励,因为,这样做的潜在利润更大。此外,还有一个看法,无论公正与否,总之,大银行是大而不倒的银行,这会形成道德风险。第三,值得关注的是,虽然 1900～1958 年苏格兰银行业体系的基本结构保持不变,具有控制力的银行规模并未扩大,也没有形成地理上的多样化,可是,银行资本水平下降程度与英格兰的银行相当。这表明,地理上的分散化和银行规模增长不是资本—储蓄比率下降的主要决定因素。类似地,在这个

---

① Sykes, *Amalgamation Movement*, p.162.

② Bank of England Archives, G1/9, Draft of an article in *Bankers' Magazine*, May 1924, 'Bank Amalgamations—the Last Phase'.

③ Holmes and Green, *Midland*, p.119.

④ Sykes, *The Present Position*, p.120; Holmes and Green, *Midland*, p.113.

时代,其他发达国家也经历了资本水平下降的相似过程,但是,并没有发生银行业结构的激烈变化。[①]

另一个可能性(将在第7章中阐述)是对银行资本约束银行风险转移能力的替代机制。尤其是,从20世纪30年代到70年代盛行约束与控制的非正式系统,这个系统中英格兰银行在银行与财政部之间扮演着杰纳斯*一样的中间人,形成了对银行资本作用的替代。

一个全球视角

自1826年以来,股东具有无限责任的大股份制银行主导着英国银行业。无限责任制承担着风险转移的约束作用,使银行能够经受经常发生的政治、经济和货币冲击。无限责任制还在19世纪其他国家银行业体系创建时期支持其稳定性方面起到了重要作用(比如,法国、德国、荷兰、日本和瑞典)。[③] 虽然澳大利亚、加拿大和美国作为那个时期的新兴经济体在其银行业体系历史上较早回避了无限责任,但是,除了在美国几个州的州银行股东具有完全有限责任,股东则面对双重责任。[④]

格拉斯哥市银行倒闭的歇斯底里环境出现后,英国开始远离无限责任制。脱离无限责任制的主张是站不住脚的,但是,有限责任制的赞成者抓住了格拉斯哥市银行倒闭的机会来推进改革,促使银行

① Grossman, *Unsettled Account*, pp.148—9; Berger, Herring and Szegö, 'The role of capital', p.402.

* 古意大利神、门神和战时国家的守护神,具有两张脸,故可同时察看前后两个方向——译者注

③ Hickson and Turner, 'Free banking and the stability', p.912.

④ Hickson and Turner, 'Free banking and the stability', pp.905—6.

抛弃无限责任制。因为储户仍然要保证银行不进行风险转移，故银行采用了储备负债，并拥有未缴资本。这是无限责任制和完全有限责任自之间的折中方式。正如前面讨论的，这些体制存在于澳大利亚、加拿大和美国。

就美国而言，双重责任适用于所有的国家银行，但是，对于州注册银行来说，不同的州实施不同的责任体制，到 20 世纪初巨大多数州实施了双重责任，有些州实施更加严格的制度(比如，加利福尼亚实施按比例的无限责任制)。有几项研究表明，美国的双重责任降低了银行承担风险的程度。① 然而，正如格罗斯曼(Grossman)观察到的，双重责任并没有避免 20 世纪 30 年代初美国发生银行业危机。②为什么没有避免银行业危机呢? 对此，英国的经验富有指导意义。

第一，通过延展责任向储户提供保障会被通货膨胀大幅削弱。在无限责任制条件下，股东负责到底，直至最后一个便士，而储蓄负债和未缴资本体制下的最大责任是确定的货币数量。这样的责任弱化在第一次世界大战期间明显表现了出来，战时通货膨胀明显侵蚀了已缴资本和未缴资本的实际价值。像英国一样，那时美国也经历了高通货膨胀。

第二，与 20 世纪 30 年代的英国不同，由于银行设立分支机构的限制，美国银行都是小规模、单一的银行。这就决定了美国银行是小银行，股权集中，所有者群体并非多样化的。③ 本质上，那时的美国情

---

① Esty, 'The impact of contingent liability'; Grossman, 'Double liability'; Macey and Miller, 'Double liability'; Mitchener and Richardson, 'Does skin in the game reduce risk taking'.

② Grossman, 'Double liability'.

③ Mitchener and Richardson, 'Does skin in the game reduce risk taking'.

况与1826年股份制银行自由化之前的英国情况相似，那时英国也是小而单一的银行。加拿大的情况也有启示意义，加拿大的大商业银行负有双重责任，可是，在大萧条时期加拿大并没有发生银行业危机。

有趣的是，几乎在同时，美国、加拿大和英国终止了银行的延展责任。在美国，1935年《银行法案》允许国民银行取消双重责任，各州随后慢慢实施，到1940年各州完成了实施过程。[①] 可是，到了1953年美国才正式取消了延展责任。1936～1950年加拿大逐步取消了双重责任。[②] 在英国，在英格兰银行的配合运作下，1956～1958年期间消除了未缴资本所预留的问题。

与此同时，双重责任和延展责任不断被取消，在以上三个国家和其他国家，资本—资产比率和资本—储蓄比率也出现下降。[③] 20世纪40年代(资本—资产比率和资本—储蓄比率)低水平的情况在20世纪余下的时间里没有多大改善。事实上，总而言之，自1990年以来，英国和其他国家的银行资本状况进一步恶化。在这样的情况下，(用现代术语来说)，银行股东"一毛不拔"，以至于英国和众多其他发达经济体出现了历史上最严重的银行业倒闭。

---

① Mitchener and Richardson, 'Does skin in the game reduce rick taking'.

② Wagster, 'Wealth and risk effects', p.1653.

③ Berger, Herring and Szegö, 'The role of capital,' p.402; Grossman, *Unsettled Account*, pp.148—9; Saunders and Wilson, 'The impact of consolidation'.

6

避免还是导致银行业危机
——最后贷款人与银行救助

对不稳定银行的任何资助只是延迟清算，并增大了不稳健的情势。①

——穆瑞·罗斯巴德(Murray Rothbard)

在平时，英格兰银行只是众多的贷款人之一，但是，在恐慌时期，英格兰银行是最后贷款人。②

——沃尔特·白芝浩

英格兰银行只对危机融资，而伦敦和各郡的私人银行家对繁荣

---

① Rothbard, *America's Great Depression*, p.167.

② Bagehot, *Lombard Street*.

融资。①

——阿瑟·D. 盖耶(Arthur D. Gayer)、
W.W.罗斯托(W.W. Rostow)和
安娜·雅克布森·施瓦茨(Anna Jacobson Schwartz)

本书写到这里,我们发现了英国银行业体系经历了两次大危机:一次发生于 1825～1826 年,另一次发生于 2007～2008 年。我们还发现了在这两次危机之间的时间里(至少直到 20 世纪 20 年代及其后)银行业体系的稳定性首先是与无限责任制的激励紧密相关的,其次,与储备责任与未缴资本紧密相关。本章的目的是弄明白在过去的两个世纪里,英格兰银行和财政部对英国银行业体系的稳定性做出了怎样的贡献(或者,产生了怎样的负面作用)。尤其是,本章将分析危机期间英格兰银行(和财政部)"救火"作用的演变。本章的观点是,在货币市场间歇出现压力的过程中,对于消除银行业体系的压力,英格兰银行的最后贷款人角色起到了关键作用。可是,在财政部的支持下,这个角色演变成为救助的协调人或促进者,从根本上破坏了银行业体系的稳定性。

白芝浩和桑顿的最后贷款人理论

按照金德尔伯格(Kindleberger)的看法,最后贷款人"时刻准备

① Gayer, Rostow and Schwartz, *Growth and Fluctuation*, p.205.

着投放更多的货币,不让真实的、非流动资产转化为货币的行为终止”。[①] 可是,当我们提出更多的问题时,我们发现对最后贷款人的看法是复杂的,不同经济学家的看法不同,而且随着时间的推移而发生变化。[②] 例如,谁应成为最后贷款人?贷款多少且在什么条件下提供贷款?应该明确为事前可得吗?最后贷款应当提供给市场还是个别机构?如果最后贷款提供给个别机构,只提供给不具有流动性的机构,还是提供给不具有清偿能力的机构?可以将最后贷款结构化从而避免道德风险吗?

按照最后贷款人最初的概念,在18世纪末的严格管控时期弗朗西斯·巴林(Francis Baring)和亨利·桑顿(Henry Thornton)最早提出了最后贷款人这一说法。[③] 托马斯·乔普林进一步发展了这个概念。[④] 在许多方面与最后贷款人理念具有紧密关系的是沃尔特·白芝浩,他通过富有影响力的著作使桑顿和乔普林发展的这个概念得到普及。

在白芝浩看来,最后贷款人的全部理由仅仅源自英格兰银行长期获得的特权垄断——导致了英格兰银行拥有国家货币储备。可是,在桑顿看来,即使银行与货币体系不按照这样的方式演化,最后贷款人的逻辑依据依然存在。[⑤] 白芝浩认为,英国单一储备

---

① Kindleberger, *Manias, Panics and Crashes*, p.146.

② 相关文件综述见 Bordo, 'The lender of last resort'; and Freixas, Giannini, Hoggarth and Soussa, 'Lender of last resort'。

③ Thornton, *An Enquiry into the Nature and Effects of the Paper Credit*; Baring, *Observations on the Establishment of the Bank of England*.

④ O'Brien, 'The lender-of-last-resort-concept concept'.

⑤ Laidler, 'Two views of the lender of last resort', p.13.

体系的演化并非是自然秩序。[①] 然而,白芝浩是实用主义者。[②] 他认为,因为英格兰银行拥有最终的国家银行储备(比如,黄金),且因为英格兰银行的钞票是事实上法定的通货,因此,英格兰银行对公众负有两个主要的义务:(1)通过提高银行利率,吸引黄金内流,避免黄金外流,防止黄金储备被外部提取;(2)在内部提取黄金的任何时候,也无论出现恐慌的原因是什么,无约束地发放贷款。[③]

白芝浩和桑顿认识到,在恐慌发生之时,即使其他银行收缩贷款,当时追求利润的英格兰银行仍负有继续提供贷款的公共责任。[④] 在索顿和白芝浩看来,最后贷款人功能的一个目标是避免普遍流动性的崩溃。根本上,白芝浩关注的是流动性缺失对信用提供和可能发生的银行清算损失的影响。[⑤] 对于桑顿而言,更关注的是在信用紧缩、货币供给不稳定以及货币流通速度变化等情形下流动性缺失对银行负债的影响。[⑥]

当被问及谁应该获得最后贷款时,一些经济学家推断说,白芝浩和桑顿支持公开市场操作的理念(即中央银行在公开市场上买入政府债券,从而向银行业体系注入储备资金),而不是运用贴现窗口(即中央银行的贴现部门对银行证券进行贴现)来应对系统流动性危机。[⑦]

---

① Bagehot, *Lombard Street*, pp.67, 94.
② Ibid., p.69.
③ Ibid., pp.46—8.
④ Humphrey and Keleher, 'The lender of last resort', p.284.
⑤ Bagehot, *Lombard Street*, pp.51—2, 58 and 61.
⑥ Laidler, 'Two views of the lender of last resort', p.13.
⑦ O'Brien, 'The lender-of-last-resort concept', p.4; Humphrey and Keleher, 'The lender of last resort', p.287.

可是,在白芝浩和桑顿所写的内容中,最后贷款人贷款是提供给恐慌中存在流动性问题的特定机构,而并没有明确说最后贷款人贷款是向市场还是系统提供。

作为富有经验的英格兰银行的董事,汤姆森·汉基(Thomson Hankey)对白芝浩关于最后贷款人的观点提出批评,认为这些观点是“货币或银行世界里最恶作剧的信条”①。他相信,这个信条将颠覆银行谨慎经营行为。汉基看到了与提供最后贷款人贷款相关的潜在的道德风险,银行事前行为改变使银行更有可能获得最后贷款。然而,白芝浩和桑顿都意识到了这个问题,正因如此,他们反对向明显不具有清偿能力和不顾后果的机构贷款。② 换句话说,被白芝浩和桑顿发展了的最后贷款概念并不是去贷款给或拯救冒超额风险的银行。另外,最后贷款人发放的贷款引起的道德风险可以通过对不当获取最后贷款人贷款收取惩罚性利率加以消除,最后贷款人贷款是以高质量证券或抵押品为基础提供的,不符合最后贷款人贷款条件的,收取惩罚性利率。③

白芝浩被认为有正式声明,最后贷款人贷款应当附加惩罚性利率。④ 可是,虽然他提出最后贷款人贷款应当是“高利率贷款”,但是,

① Bagehot,*Lombard Street*,p.169。按照克莱普海姆的观点,“在这个冲突中,主要的对手并非势均力敌,白芝浩像英国的任何人一样,脑子灵活,笔锋犀利。而汉克,则是另一回事了”(Clapham,*Bank of England*,vol.Ⅱ,p.283)。

② 例如,桑顿提出,“无论如何,意在表明,解救地方银行的莽撞经营带来的每一次灾难变成了英格兰银行的任务。如此一来,英格兰银行便鼓励了他们的短期盲目行为。”(Thornton,*An Enquiry into the Nature and Effects of the Paper Credit*,p.188.)

③ 参见 Moore,‘Solutions to the moral hazard problem’。

④ Humhrey and Keleher,‘The lender of last resort’,p.287.

他并没有明确所指就是惩罚性利率。[①] 白芝浩只是明确了，为了保护银行储备，最后贷款人贷款利率不应低于通常的市场利率，从而不鼓励那些不需要储备的机构寻求贷款。[②] 在白芝浩看来，(储备)内部流失与(储备)外部流失是相互伴随的，对于后者通常需要高利率加以阻止。[③] 因此，最后贷款人发放的是高利率而不是普通市场利率，也不是惩罚性利率的贷款。

白芝浩宣称，最后贷款应当有“全部优质银行证券”作抵押。[④] 关于优质证券，白芝浩的意思是在通常环境下被认为是高质量证券的那些证券。[⑤] 白芝浩规则并不一定意味着英格兰银行不应当向无清算能力的银行发放贷款。当一家银行寻求最后贷款人贷款时，一般不太可能区分银行无清偿能力还是缺乏流动性。[⑥] 可是，如果银行因风险转移而接近丧失清偿能力，我们会做这样的预期，即银行没有优质票据或证券作为抵押，进而获得最后贷款人贷款。

白芝浩认为，作为最后贷款人，“某种程度上，英格兰银行尽到了其责任”，但是，英格兰银行“并没有明确意识到这是它的责任”。英格兰银行事前承诺的缺失使白芝浩感到困惑。他知道，当恐慌发生时，对于英格兰银行是否承担最后贷款人角色，公众并不确

① 白芝诺和桑顿均没有指惩罚性利率(Goodhart, ‘Myths about the lender of last resort’, p.4)。

② Bagehot, *Lombard Street*, p.197

③ Ibid., pp.56—7.

④ Ibid., p.197.

⑤ Ibid., p.198.

⑥ Goodhart, ‘Myths about the lender of last resort’.

定，结果是恐慌之初的挤兑会被放大。[①] 因此，白芝浩主张，恐慌时最后贷款人贷款的可得性应当成为事前公告的政策。在这一点上，乔普林对白芝浩是有预料的。[②] 可是，尽管白芝浩提出了权威意见，但是，与其他诸多中央银行一样，英格兰银行从来不明确声明其最后贷款人职能。对此，有一个可能的原因是，通过不明确的方式来约束道德风险。[③] 换句话说，最后贷款人贷款的可得性是不确定的，或者说，是有条件的。然而，这样的政策承受时间不一致性问题，从而令人怀疑英格兰银行降低与最后贷款人相关的道德风险的能力。

英国最后贷款人贷款的实践

评论了最后贷款人理论之后，现在我们转而讨论危机期间英格兰银行实际做了些什么。[④] 詹姆士(James)认为，1825 年之前英格兰银行时而承担了最后贷款人角色。[⑤] 同样，按照洛弗尔(Lovell)的看法，在 18 世纪最后 40 年发生不稳定的时期，英格兰银行承担着最后贷款人角色，在不稳定时期英格兰银行扩大了贴现业务操作。[⑥] 1825 年 12 月危机高潮期间，地方银行储户和钞票持有者迅速而剧烈增加

---

① Bagehot, *Lobard Street*, pp.173, 206－7.

② O'Bren, The lender-of-last-resort concept', p.11.

③ Giannini, 'Enemy of none but a common friend of all?', p.14.

④ 英格兰银行对爱尔兰银行也许承担了准最后贷款人角色，参见 Ó Gráda, 'Moral hazard and quasi-central banking' and 'The last major Irish bank failure'; Munn, 'The emergence of central banking in Ireland'。

⑤ James, 'Panics'.

⑥ Lovell, 'The role of the Bank of England as lender of last resort'.

对铸币的需求，“信心要求变得如此普遍，以至于立即需要英格兰银行提供商业贴现和其他铸币加以保障，市场利率立即提高为英格兰银行利率，并且英格兰银行是仅有的(信用)来源”。[①] 但是，起初英格兰银行不愿意无限制发放贷款，甚至对有政府债券担保的贷款也不愿意提供。[②] 结果是，英格兰银行与政府间某种程度上连续发生不和谐，前者要求后者暂停兑换和发行1793年的国库券。然而，政府的立场坚定，英格兰银行不得不退让。1825年12月14日，英格兰银行开始无限制发放贷款，但是，无法提高银行利率，因为高利贷法将利率限制为5%。[③] 按照1794～1827年英格兰银行董事杰瑞米·哈曼(Jeremiah Harman)的看法，情况似乎是财政部迫使英格兰银行通过自由贴现增发钞票。[④] 根据哈曼的观点，如此，英格兰银行无限制贷款。

……运用各种过去我们从未采用过的手段和方式。我们收进作为抵押的股票，我们买入国库券，我们以国库券为质押发放贷款，我们不仅直接贴现，而且以汇票存单为质押发放巨额贷款。短期内各种可能的手段与英格兰银行的安全体系相互一致，没有发生特殊事件，我们一切安好。鉴于公众所面对的糟糕状况，我们凭借权力提供各种支持。[⑤]

---

① *Committee of Secrecy on the Bank of England Charter*, P.P. 1831－32 Ⅵ, Evidence of J. Palmer, p.608.

② *Committee of Secrecy on the Bank of England Charter*, P.P. 1831－32 Ⅵ, Evidence of N.M. Rothschild, p.4895－6.

③ *Committee of Secrecy on the Bank of England Charter*, P.P. 1831－32 Ⅵ, Evidence of Jeremiah Harman, p.2216－25; John Richards, p.5031－35.

④ *Committee of Secrecy on the Bank of England Charter*, P.P. 1831－32 Ⅵ, Evidence of Jeremiah Harman, p.2218－20.

⑤ *Committee of Secrecy on the Bank of England Charter*, P.P. 1831－32 Ⅵ, Evidence of Jeremiah Harman, p.2217.

1826 年 2 月，为了帮助商业团体，英国政府敦促英格兰银行以商品为抵押，发放 3 个月的 300 万英镑贷款，英格兰银行承受更大的压力。英格兰银行会议记录显示，英格兰银行勉强同意了政府的这个"要求"，最终，仅仅出借3 000～4 000英镑。[①] 1826 年 2 月政府对英格兰银行施加了巨大压力，如果议会不支持政府针对英格兰银行的政策，政府甚至将集体辞职。[②] 克莱普海姆指出，"英格兰银行从来没有这样被死死地控制在大臣们的手中，从来没有像 1826 年那样被驱使"[③]。

正如图 6.1 所示，1825 年 12 月到 1826 年 2 月，英格兰银行贴现的票据和钞票的数量达到了极高和非正常的水平。可是，当危机减轻时，英格兰银行贴现数量又回到了危机前正常水平。这表明 1825 年 12 月英格兰银行开始不受约束、大量发放贷款。表 6.1 给出了英格兰银行半年度资产负债表的详细信息，显示出到 1826 年 2 月英格兰银行资产状况发生了惊人变化，但是，危机结束后又回到了正常状态。1825 年 8 月与 1826 年 2 月之间，英格兰银行证券持有量增长了 31%，持有的私人证券增加了 60%。这方面的增长也反映在英格兰银行钞票流通量的增长上，英格兰银行钞票流通量增长了 31%。事实表明，在此期间英格兰银行不受约束地发放贷款。

---

① *Committee of Secrecy on the Bank of England Charter*, P.P. 1831－32 Ⅵ, Evidence of J.Palmer, q.581; Clapham, *Bank of England*, vol. Ⅱ, p.108.

② Fetter, 'A Historical Confusion in Bagehot's Lombard Street.'

③ Clapham, *Bank of England*, vol. Ⅱ; p.107.

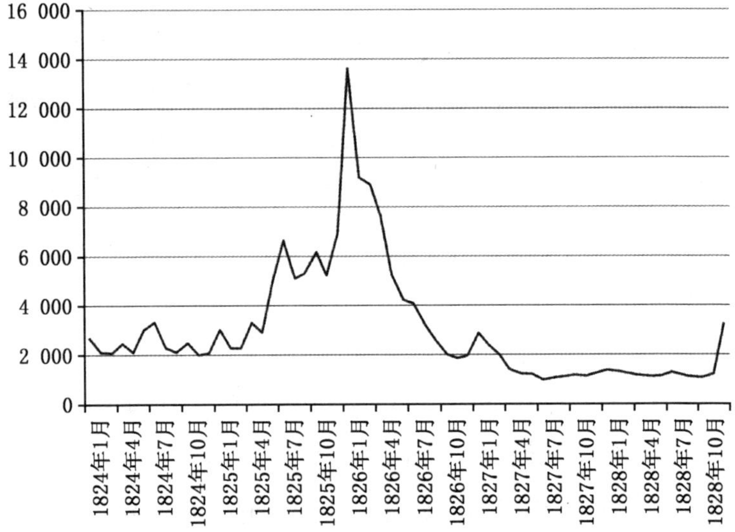

资料来源:英格兰银行特许保密委员会会议记录第 4 辑,第 1831—1832 页,附录 5。

图 6.1　1824～1828 年英格兰银行贴现的票据和钞票数量(单位:千英镑)

表 6.1　　　1824～1828 年英格兰银行半年度资产负债表

	公共证券(百万英镑)	私人证券(百万英镑)	黄金(百万英镑)	储蓄(百万英镑)	流通货币(百万英镑)
1824 年 2 月	14.341	4.530	13.810	10.097	19.736
1824 年 8 月	14.649	6.255	11.787	9.679	20.132
1825 年 2 月	19.447	5.503	8.779	10.168	20.753
1825 年 8 月	17.414	7.691	3.634	6.410	19.398
1826 年 2 月	20.573	12.345	2.459	6.935	25.467
1826 年 8 月	17.713	7.369	6.754	6.754	21.563

续表

	公共证券(百万英镑)	私人证券(百万英镑)	黄金(百万英镑)	储蓄(百万英镑)	流通货币(百万英镑)
1827 年 2 月	18.685	4.844	10.159	8.801	21.890
1827 年 8 月	19.809	3.389	10.463	8.052	22.747
1828 年 2 月	19.818	3.762	10.347	9.198	21.980
1828 年 8 月	20.682	3.222	10.498	10.201	21.357

资料来源:*Committee of Secrecy on the Bank of England Charter*, P.P. 1831—32 Ⅵ, Appendix 5。

1825～1826 年期间,英格兰银行董事们受 N.M.罗斯柴尔德(N.M.Rothschild)的指令采取行动,他们“使出全力,拯救危难,他们像任何群体能够做的那样无约束地贴现,由于他们的作为,他们得到了最高水平的国家授信”。[①] 英格兰银行的慷慨大方并非没有风险。[②] 例如,伦敦城的银行家乔治·格罗特(George Grote)指出,实际上英格兰银行承担了巨大风险……董事们这样的运作逼近了业务停顿,庆幸的是没有出现业务停顿,否则,将是另一种情形。当然,1825 年危机中他们的行为被视为慷慨而且大胆的……他们向商业社会提供了支持,做了大好事。[③] 可是,托马斯·图克对英格兰银行无约束的贷款政策行为有点悲观。[④] 白芝浩称赞 1825～1826 年间英格兰银行

① *Committee of Secrecy on the Bank of England Charter*, P.P. 1831—32 Ⅵ, Evidence of N.M. Rothschild, p.4897.

② *Committee of Secrecy on the Bank of England Charter*, P.P. 1831—32 Ⅵ, Evidence of J.Palmer, p.596.

③ *Committee of Secrecy on the Bank of England Charter*, P.P. 1831—32 Ⅵ, Evidence of George Grote, p.4648.

④ *Committee of Secrecy on the Bank of England Charter*, P.P. 1831—32 Ⅵ, Evidence of Thomas Tooke, p.3864.

无约束的放贷，并对这项政策的实施迟缓以及只是在政府的压力之下实施这项政策提出了批评。[①]

按照白芝浩的看法，1836～1837 年危机没有导致现金需求恐慌，因此，对英格兰银行并没有造成影响。[②] 可是，1836 年年底，两家大银行寻求英格兰银行的帮助，此后，这两家大银行倒闭了。1836 年 11 月中，爱尔兰银行拒绝贴现爱尔兰农商银行的票据，而后，他们寻求英格兰银行的支持，但是，遭到拒绝。[③] 11 月底，英格兰中北部银行寻求英格兰银行的支持，希望立即获得100 000英镑，并在需要时可以获得400 000英镑。[④] 英格兰银行提供了帮助，但是条件很苛刻：英格兰中北部银行关闭其大多数分支机构，并且只能由英格兰银行对其票据进行贴现。然而，1836 年 12 月中，英格兰中北部银行极其糟糕的财务状况得以披露，而且，在寻求帮助时银行管理人员隐瞒了银行业务状况，结果导致了英格兰银行拒绝提供进一步的支持，因而，股东委员会建立，为银行清算提供帮助。[⑤] 显然，英格兰银行并不准备拯救这家大型的、无清偿能力的银行，但是，1836 年银行法庭的官方立场是，英格兰银行已经认识到其最后贷款人的义务。[⑥]

1844 年《银行特许法案》旨在通过限制英格兰银行超越信用上限而超量发行货币，构造类似完全金属货币体系的货币发行行为模式，除非有 100%的黄金支持，否则不得超量发行货币，这就迫使英

---

① Bagehot, *Lombard Street*, pp.202－3.

② Ibid., p.203.

③ Ó Gráda, *Ireland: A New Economic History*, p.143.

④ Select *Committee on Joint Stock Banks*, P.P. 1837 XIV, Evidence of Thomas Evans, p.1171.

⑤ Ibid., Appendix Ⅳ.

⑥ Horsefield, 'The Bank of England as Mentor'.

格兰银行为了发行流通货币而保有黄金储备。[①] 按照最后贷款人的作用,自 1825 年(或更早),《银行特许法案》使事情复杂化了,因为,“这意味着,如果储备下降为 0,英格兰银行完全可以拒绝贷款。这就没有了最后贷款人,同时,贴现市场也就消失了”[②]。事实上,英格兰银行受《银行特许法案》约束,这样的情形本身就是惹麻烦的。[③]

当 1847 年 9 月商人破产比率增加冲击了货币市场时,英格兰银行无法应对恐慌性现金需求。实际上,按照《银行特许法案》相关条款,危机期间英格兰银行的根本目标是保证其储备充足,不像过去危机出现时那样,其结果是英格兰银行无力自由放贷。[④] 事实上,《银行特许法案》的约束导致了其与面临货币市场恐慌时相反的行为:其售出公债(政府发行的债券),并收缩了贴现贷款。[⑤] 到 10 月中旬,货币市场承受紧缩压力,以至于首相和财政大臣给英格兰银行发出了一封要求放松银根的信,建议英格兰银行“放大贴现和证券质押贷款数量”。相应地,英格兰银行寻求打破《银行特许法案》的保护,也就是说,英格兰银行可以超信用发行货币,无需追加黄金储备。[⑥] 这就赋予了英格兰银行无需关注储备规模而进行贴现的自由。

---

① 7 & 8 Vict., c.32, s.2.

② Hawtrey, *A Century of Bank Rate*, p.21.

③ Clapham, *Bank of England*, vol. Ⅱ, p.283; O'Brien, The lender-of-last-resort concept', p.13.

④ *Secret Committee of the House of Lords on Causes of Commercial Distress*, P.P. 1847—8 Ⅰ, Evidence of C. Turner, pp.716—7.

⑤ Dornbusch and Fankel, 'The Gold Standard'.

⑥ *Secret Committee of the House of Lords on Causes of Commercial Distress*, P.P. 1847—8 Ⅰ, Committee Report, p.x.

这封要求放松银根的信足以消除人们对货币市场的关注。[①] 因为这封信平息了恐慌局面，它告诉人们，“肯定的是，无论何地，在不应有的恐慌发生之前，他们都会得到资金融通”，所以，英格兰银行甚至没有必要进行超越《银行特许法案》规定的限制的货币增发。这样释放被银行家和商人储藏的货币，总量估计达到 400 万英镑。[②] 同时，要求放松银根的信发出之后，英格兰银行也表现出自由进行贴现业务。[③]

1847 年从英格兰银行最后贷款人支持中获得巨大收益的三家银行是利物浦市镇银行、诺森伯兰与杜伦区域银行以及苏格兰西部银行。[④] 然而，主要由于“1857 年的商业灾难和失信”，1857 年这三家机构相继倒闭，这样的情况下“不仅对它们所有者，而且对公众都造成了更大的伤害”[⑤]。自 1847 年以来，这三家银行从未完全恢复，它们承担着一年又一年累积的不良债务和令人担忧的债务。作为最后贷款人的英格兰银行已经延迟清算，并帮助这些不稳健的银行苟延残喘，这样的风险转移目的在于帮助其恢复元气。然而，在此后的商业压力之下，英格兰银行对问题银行采取了更加严格的措施。虽然这只是预测，但可能的情况是：在 1847 年要求放松银根的信发布之

---

① Evans, *The Commercial Crisis*, p.83; *Secret Committee of the House of Lords on Causes of Commercial Distress*, P.P. 1847—8 Ⅰ, Evidence of James Morris and H.J.Prescott, p.2671.

② *Secret Committee of the House of Lords on Causes of Commercial Distress*, P.P. 1847—8 Ⅰ, Committee Report, p.x.

③ *Secret Committee of the House of Lords on Causes of Commercial Distress*, P.P. 1847—8 Ⅰ, Evidence of James Morris and H.J.Prescott, p.2671.

④ Bank of England Archives G16/1, Secretary's Index Book, 29 October and 5 November 1847.

⑤ *Select Committee on the Bank Acts*, P. P. 1858, LXXVIII, Committee Report, p.xxi.

前,货币市场的压力是如此之大,以至于一旦这封信发布,英格兰银行就不再进行明显的差别对待了。

在1857年秋季,货币市场的恐慌加剧,银行限制贴现,并通过现金储备囤积流动性资产。按照英格兰银行行长的说法,"除了英格兰银行,伦敦的贴现业务几乎完全停止"①。正如1847年的压力那样,面对这样的压力,1857年11月12日政府发布了要求放松银根的信,如果钞票发行超过了法定限制,英格兰银行依然可以获得保护。然而,这封信的发布没有像1847年一样立即让市场冷静下来。如图6.2所示,英格兰银行继续满足贴现和贷款的大量需求。作为增加贴现和借贷的结果,到了11月底,英格兰银行超过法定限制的钞票发行量达到200万英镑。②

按照英格兰银行行长谢菲尔德·尼夫(Sheffield Neave)的看法,在要求放松银根的信发布之前英格兰银行已经无约束地放贷了,这样做是站在公共利益立场而不是为了获得利润。③ 事实上,按照尼夫的看法,英格兰银行像历次危机中的行为一样慷慨解囊,其慷慨行为并没有受到《银行特许法案》的阻碍。④ 正如图6.2所示,到政府要求放松银根的信发布时,英格兰银行的贴现已经从9月的700万英镑增加到11月的1 300万英镑。在银行法案特别委员会面前,见证人的一致观点是,1857年危机期间英格兰银行无约束地放贷,因此,任何机构提出申请,都能立即得到英格兰银行确

① *Select Committee on the Bank Acts*, P.P. 1858, LXXVIII, Committee Report, p.viii
② *Select Committee on the Bank Acts*, P.P. 1858, LXXVIII, Committee Report, p.x
③ *Select Committee on the Bank Acts*, P.P. 1858, LXXVIII, Evidence of sheffield Neave, pp.456—6, 870—2.
④ *Select Committee on the Bank Acts*, P.P. 1858, LXXVIII, Evidence of sheffield Neave, pp.600—3.

定的帮助。[1] 可是，在委员会面前受到询问的一位银行家认为，作为最后贷款人的英格兰银行造成了道德风险问题，银行超水平地扩张信用，因为它们知道自己总能够从英格兰银行获得流动性支持。[2]

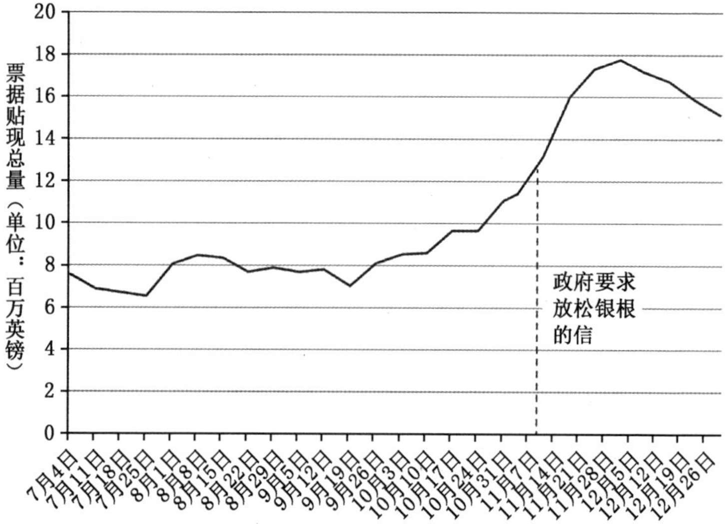

资料来源：*Select Committee on the Bank Acts*, P.P. 1858, LXXVIII, Appendix 6。

图 6.2　1857 年英格兰银行贴现的票据和钞票数量

到了 1866 年发生危机时，似乎英格兰银行和政府都学会了如何

---

① *Select Committee on the Bank Acts*, P.P. 1858, LXXVIII, Committee Report, q. vi-ii; Evidence of J. E. Coleman (pp. 1957－60), George Foster (p. 2133) and John Torr (p. 4980).

② *Select Committee on the Bank Acts*, P.P. 1858, LXXVIII, Evidence of Joshua Dixon, pp. 4266－7.

应对货币市场恐慌。1866年5月11日，也就是奥富伦德和格尔内公司倒闭的前一天，英格兰银行承受着很大的压力。5月11日，以政府债券为质押贷出款项约为400万英镑，并且对于合法的支持申请，来者不拒。[①] 次日，政府发布了要求放松银根的信。然而，正如1857年所做的那样，英格兰银行没有超越法定限额发行钞票。

不像1847年和1857年的危机中那样，在1866年的危机中，危机刚开始时英格兰银行就快速并大量增加贷款，英格兰银行贴现和贷款总量从1866年4月的1 000万英镑增减到5月的近2 400万英镑。[②] 尤其是与前两次恐慌不同，这一次，英格兰银行并没有搞信用配给。换句话说，长期的事实表明，危机期间的英格兰银行变得更加慷慨大方。[③] 另一个解释是，在较早时期的危机历史中，难以做出这样的判断。但是，在1866年，很容易做出这样的判断，某种程度上这是简单明了的。[④]

凯皮认为，1878年格拉斯哥市银行的倒闭并未像前面的危机那样，立即出现挤兑，因此，没有对最后贷款人角色的强烈需要。[⑤] 可是，科林斯发现，与过去的危机一样，商业银行承受着很大的压力。[⑥] 例如，在格拉斯哥市银行倒闭后的半年里，劳埃德银行经历了持续的现金提取，储蓄下降了20%。[⑦] 科林斯提供的证据表明，英格兰银行

---

① Bank of England Archives G4/89, Minutes of Court of Directors, 11 May 1866.
② Collins, 'The Bank of England', p.151.
③ Bignon, Flandreau and Ugolini, 'Bagehot for beginners'.
④ Rockoff, 'Walter Bagehot', p.172.
⑤ Capie, 'Banking in Europe', p.126.
⑥ Collins, 'The Bank of England'.
⑦ Sayers, *Lloyds Bank*, p.211; Ogden, 'An analysis of Bank of England discount and advance behaviour', p.322.

弥补了商业银行所承受的现金提取数量。[①] 他认为,与过去的危机相比,英格兰银行的现金向危机的市场中注入更加有效,所以,市场没有出现严重的压力。值得注意的是,白芝浩建议,由于"伦巴第街不可避免的变化"[②],英格兰银行应一直保有大量的银行储备。

不像19世纪前期发生的危机那样,没有出现货币市场恐慌的另一个原因是,1878～1879年危机没有伴随突发的投机狂热,事前没有出现信用扩张,因此,银行业体系不像过去的危机中那样脆弱。此外,1866年之后,银行在总资产中拥有的现金和准现金流动性资产比例增加了。[③]

1914年7月底,欧洲资本市场崩溃,并且由于战争开始,外国借款人无法汇款,欧洲外汇市场爆发危机,从而导致英国银行遭受严峻的流动性压力,黄金需求量增加。由于预期储户将囤积黄金,商业银行囤积流动性强的资产,这种压力得以放大。[④] 起初,由于保持黄金可兑换性的需要,英格兰银行不可能应对本次危机。可是,在这次危机中,没有采取暂停实施《银行特许法案》,而是将通常的银行假日(8月3日)延长3天以及发行1英镑和10先令在英格兰银行可兑换黄金的财政部小额钞票,以避免流动性危机。[⑤] 当8月7日银行重新开门营业时,尽管英国官方宣布进入战争状态,但并没有出现储户挤兑

---

① 例如,1878年11月,约克夏银行公司收到了10.2万英镑的贴现贷款,克莱德斯戴尔银行收到了31.5万英镑的贴现贷款(Ogden, 'An analysis of Bank of England discount and advance behaviour', p.322)。

② Bagehot, *Lombard Street*, pp.158—9.

③ Collins and Baker, *Commercial Banks and Industrial Finance*, p.88.

④ Seabourne, 'The summer of 1914', pp.90—2.

⑤ Sayers, *Bank of England*, vol. Ⅰ, 1976, pp.74—6。因为存在这样一个问题:英格兰银行的钞票能否作为苏格兰和爱尔兰法定货币被接受,所以,决定发行国库券而非终止《银行特许法案》。

黄金的现象。一场"危机"结束了。在接下来的几周里,在财政部的担保下,英格兰银行在票据市场和伦敦货币市场恢复过程中起到了重要作用。[①]

到1873年,也就是《伦巴第街》(*Lombard Street*)出版的那一年,英格兰银行和政府联合应对货币市场危机:英格兰银行以优质抵押物为抵押,无限制发放贷款;政府立即暂停实施《银行特许法案》。尽管公众对于英格兰银行的义务并不知晓,但是,《伦巴第街》出版后,"每一个学习银行专业的大学生都接受了这个教条,即无论《银行特许法案》如何规定,总之,英格兰银行具有作为最后贷款人角色所无法逃避的责任"[②]。与声明一致的是,在1870～1914年间,当市场整体出现流动性短缺时,英格兰银行时刻准备着无约束放贷。[③]

然而,根本的问题是,在白芝浩的主张发表前后,英格兰银行最后贷款人角色多大程度上保障了银行业稳定?在19世纪的危机中,银行与货币市场的现金需求量增加了。作为整个银行业体系最后储备保障的英格兰银行是能够满足货币需求增长的机构。因为英格兰银行需要保持可兑换性以及后来《银行特许法案》的约束,银行担心流动性会枯竭,所以,增加的现金需求的主要部分来自银行。当政府与英格兰银行干预时,货币市场的恐慌快速减弱。如果英格兰银行不扮演最后贷款人角色,1825年的大危机以及此后的小危机会成为更加严重的危机,这是完全有可能的。[④]

---

① Seabourne, 'The summer of 1914', pp.105－6.

② Sayers, *Bank of England*, vol. Ⅰ, p.3。可是,据称,直到1914年,"对于英格兰银行是否、何时、如何会采取行动控制危机",银行家们依然面对着不确定性(Pressnell, 'Cartels and competition', p.379)。

③ Ogden, 'An analysis of Bank of England discount and advance behaviour'.

④ Collins, 'The Bank of England', p.152.

1878年之后英国银行业体系的稳定性可以归功于英格兰银行愿意担当最后贷款人。[①] 例如，哈特利·威瑟斯(Hartley Withers)在国家货币委员会提供的证据表明，“有一种印象，政府总是在英格兰银行身后的支持者，英格兰银行总是站在其他银行身后的支持者，这样的感受极大提升了英国公众对银行业体系的信心”[②]。但是，白芝浩提出的最后贷款人如何降低道德风险呢？更重要的是，有了最后贷款人，如何限制银行进行风险转移？

关于第一个问题的解释，白芝浩的最后贷款人理论没有提出明确的储蓄保险概念，而是提出了通过恰当的抵押物，向银行提供流动性支持。例如，1878年英格兰银行并未向格拉斯哥市银行提供贷款(或救助)。这样做，与提供最后贷款人贷款相关的道德风险是微不足道的。[③] 诚然，与其说1866年和1878年危机后银行降低了资产负债表中的现金和准现金资产比例，不如说银行显著增加了流动性资产的持有量，完全是因为作为最后一招的，才是英格兰银行提供的最后贷款人贷款。[④]

关于第二个问题的回答，我们可以假设赋予最后贷款人地位的英格兰银行可以使用道义劝告的措施，从而保证银行不去从事风险转移或高风险行为。1914年之前，没有证据表明英格兰银行曾经这样做过。[⑤] 事实上，第一次世界大战之前股份制银行与英格兰银行之

---

① Capie, 'Banking in Europe', p.126. See Wood, 'Bagehot's lender of last resort', for a contrary view.

② Withers and Palgrave, *English Banking System*, p.4.

③ Bignon, Flandreau and Ugolini, 'Bagehot for beginners', who provided evidence that no moral hazard was associated with the Bank's LLR function.

④ Collins and Baker, *Commercial Banks and Industrial Finance*, p.88.

⑤ Ogden, 'An analysis of Bank of England discount and advance behaviour', p.333.

间存在一种对立情绪,几家主要的股份制银行质疑英格兰银行在货币体系中的特权地位,并要求皇家委员会进行调查。

可是,第一次世界大战后,英格兰银行作为最后贷款人的作用赋予了英格兰银行之于其他银行的杠杆作用,因为英格兰银行可以含蓄地威胁那些不顺从的银行不可能得到贴现窗口。[①] 例如,自1920年以来,英格兰银行的政策是,与其他银行合并的大银行"既不能获得英格兰银行的支持,也不认可其票据可以优先贴现或作为优等证券"[②]。在控制银行风险方面,道义劝告的作用将在下一章中深入挖掘。

超越白芝浩:救助与重组

从1890年的巴林银行危机开始,在金融焦虑或危机时期,受到政府支持和鼓励的英格兰银行不只是以优质抵押物为抵押进行无限制贷款,而是做得更多:护理生病的银行,救助这些银行,构造私人部门支持计划以及安排即将倒闭银行的接管事宜。在这一部分中,我们研究这个作用是如何演化的,以及英格兰银行和财政部的干预措施是否避免了危机发生,或是否消除了导致银行业体系恶化的压力影响。可是,根本而言,显然,虽然这样的干预避免了短期稳定性的恶化,但对行为不端的银行的支持或救助长期来看能够形成环境创造效应,极大地降低银行业下降风险,有利于储户,也有利于贷款人。

---

① Bank of England Archives G12/1 Committee on the Working of the Monetary System, memoranda of evidence, June 1957, p.5. See also Hirsch, 'The Bagehot problem', p.243.

② Bank of England G8/56, Committee of Treasury Minutes, 8 April 1925.

在整个19世纪里，巴林兄弟公司是欧洲最具影响力的商业银行之一，其票据被视为英国信誉最高的票据之一。[①] 19世纪80年代，为了收益，巴林银行在阿根廷和乌拉圭这样的新兴经济体中大量投资，向基础设施和铁路项目发放大量贷款。到1890年，巴林银行投资中的75%都投向这两个经济体。[②] 此外，还需持有抵押担保债券(cedulas)——阿根廷的银行以抵押资产保证而发行的债券。[③] 不仅从事高风险投资，与商人银行的同行相比，巴林银行还高杠杆运营。例如，1890年巴林银行的资产—负债比率仅为14%，相比之下，N.M.罗斯柴尔德银行的资产—负债比率为39%。[④]

1889年后期，阿根廷的通货膨胀率达到了94%，从而导致外债成本大幅提高。接着，阿根廷的资产繁荣走到了尽头，1890年的资产价格下跌了50%。这导致了阿根廷银行挤兑现象，7月也发生了可以想到的一场革命。[⑤] 结果是，(通过一场革命)试图重构普拉特河(River Plate)*区域的金融。这样的经济环境使巴林银行的资产价值下跌了近三分之一，导致巴林银行从伦敦银行家手上大量借款。

1890年1月8日，巴林银行认识到自己处于险恶的境地，汉布罗斯银行(Hambros)作为中间人，要求与英格兰银行行长[威廉姆·里德戴尔(William Lidderdale)]于11月10日星期一会面。在会见时，面对威廉姆·里德戴尔，弗朗西斯·巴林和爱德华·巴林(Edward Baring，1879～1891年任英格兰银行董事)拿出了准备好的声明，回

① Batchelor, 'The avoidance of catastrophe', p.51.
② Bank of England Archives C5/183, Baring Brothers and Co. crisis papers.
③ See Ziegler, *The Sixth Great Power*, pp.237—43, for further details.
④ Ferguson, *The House of Rothschild*, p.341.
⑤ Körnert, 'The Barings crises of 1890 and 1995', p.190.
* 流经阿根廷与乌拉圭之间的一条河流。——译者注

应了银行是否能够支付其债务的疑虑。[①] 会见后，威廉姆·里德戴尔立即与财政大臣 G.J.戈辛(G.J.Goschen)面谈，财政大臣表示，“严重关切，并强烈希望如果具有清偿能力，英格兰银行应支持巴林公司。但是，(宣称)如果公司不具有清偿能力，政府不能干预”。[②] 在威廉姆·里德戴尔的要求下，财政大臣支持罗斯柴尔德银行“采取必要的救助措施”进行帮助。[③]

从巴林银行的财务报告中得出的结论是，其资产为2 470万英镑，超过负债的数量大约为 380 万英镑，但是，需要现金借款来偿还 800 万～900 万英镑的到期负债。[④] 在英格兰银行得到报告后的当日，威廉姆·里德戴尔立即与 W.H.史密斯(W. H. Smith，第一财政大臣)和萨尔斯伯里(Salisbury)勋爵(首相)会面。政府同意英格兰银行的请求，提高英格兰银行的贷款数量，提供所需要的支持，但是，不得超过 900 万英镑。政府还同意承担在接下来的 24 小时内英格兰银行接管的巴林银行票据损失的一半。这样做的目的是换取时间，以便英格兰银行从各家银行和商人那里募集担保基金。[⑤] 英格兰银行谢绝了关于放松《银行特许法案》的常规信函。

到 11 月 15 日，英格兰银行设立了担保基金，股份制银行和伦敦城的公司同意“一旦英格兰银行决定对巴林银行所承担的债务进行

---

① Bank of England Archives G4/113, Minutes of Court of Directors 20 November 1890, p.138.

② Ibid., p.138.

③ Ibid., p.138.

④ Ibid., p.140.

⑤ Ibid., pp.140－1.

最后清算,将共同担负英格兰银行出现的损失”[①]。担保基金的提供者按照其承诺的最大限额提供资金。清算的最长期限为 3 年,所以,担保基金的最长期限可以延长至 3 年。到 11 月 15 日,各家机构承诺的担保基金为 650 万英镑,其中,100 万英镑来自英格兰银行,325 万英镑来自伦敦 5 家最大的股份制银行。最终,基金规模达到 1 710.5万英镑(相当于 1890 年 GDP 的 1.2%,或者,相当于英格兰银行总资产的 24.0%),其中,股份制银行贡献了 65%。因为巴林银行处于困境的公告与担保基金的公告同时发布,所以没有出现货币市场恐慌。[②] 按照戈辛的说法,如果巴林银行没有获得支持,就会轻而易举地酿成类似 1866 年的危机。[③]

到了 1890 年 11 月末,巴林兄弟公司进入清算环节,成立了一家新的银行,即巴林兄弟有限责任公司(Barings Brothers and Co.Ltd.)。清算和担保基金不得不延期,超过原定的 1893 年最后期限。直到 1895 年 1 月,巴林银行的清算还没有完成。可是,在清算程序结束时,已经没有了可追加的担保金,巴林银行偿付了全部到期债务。[④]

巴林银行最终成功清算远非显而易见,在某种程度上,英格兰银行和提供担保的成员只是幸运而已,长期的支持之后,巴林银行的资产足以弥补其债务。例如,在 1891 年,担保人已为担保金承担损失

---

① Bank of England Archives G4/113, Minutes of Court of Directors 20 November 1890, p.140.

② 在得到 11 月 12 日巴林银行状况的完整报告之前,预期一旦巴林银行的情势公开,黄金需求将增加,所以,英格兰银行增加了黄金储备。英格兰银行从俄罗斯政府购入 150 万英镑的黄金,并从法国银行借入 300 万英镑的黄金,后者的交易是 N.M.罗斯柴尔德从中协调安排的。

③ Pressnell, ‘Gold reserves’, p.200.

④ Clapham, *Bank of England*, vol. Ⅱ, p.107.

做好了准备，按照 N.M.罗斯柴尔德银行的想法，承担的损失将高达 25%。[①]

为什么政府、英格兰银行和其他银行与金融公司用这样的方式支持巴林兄弟公司呢？标准的解释是，目的是为了避免货币市场恐慌以及继发的英国黄金储备的挤兑。可是，巴林兄弟公司并非商业银行，也没有涉及支付系统。它只是在普拉特河区域的新兴的、不稳定经济体过度投资的商人银行。另一种更可靠的解释是国家的政治和金融精英们要保护参与英国建设的机构。还有一种可能的解释是，英格兰银行和伦敦城要照顾他们中的一分子："紧密团结，以求自救"。[②] 无论什么原因，总之，拯救巴林兄弟公司的成本是巨大的。《经济学人》提出这样的问题：提供担保的银行是否将获得令股东满意的、恰当的风险调整收益。[③] 更根本的，正如当时看到的，对巴林银行的救助创造了危险的先例。[④] 正如前面所讨论的，白芝浩的最后贷款人理论并没有提出重要的道德风险问题。可是，希望价值恢复的保证人及其长期的资产守护创造了各种类型的病态激励，如果不进行控制，则会从根本上削弱银行业体系。

接下来，英格兰银行协调救助事件发生在 1911 年，英格兰银行提供帮助，拯救约克郡便士银行。1910 年 10 月一家主要的贷款公司查林十字银行倒闭了，导致伯克贝克公司遭到挤兑，这是一家名义上的建房互助协会，实际上是一家银行。[⑤] 正如面对 1892 年的挤兑时

① Pressnell, 'Gold reserves', p.217.
② Ziegler, *The Sixth Great Power*, p.266.
③ *The Economist*, 22 November 1890.
④ *The Times*, 25 November 1890.
⑤ Cleary, *The Building Society Movement*, p.156.

所做的，伯克贝克公司寻求英格兰银行的资金支持，借款 150 万英镑用于恢复业务。此后，于 1911 年 6 月，伯克贝克公司被宣布资不抵债。[①] 作为伯克贝克公司关闭造成的后果，约克郡便士银行（一家储蓄银行有限公司，拥有1 850万英镑的储蓄和 70 万个储户）面对清偿能力质疑的谣言。像伯克贝克公司一样，约克郡便士银行资产中大量持有固定利息证券，在前十年或更长时期里，这些固定利息证券的账面价值下跌了接近 100 万英镑。[②] 伦敦城市与内陆银行主席爱德华·霍尔登爵士最早联系了约克郡便士银行董事会。在确认该银行陷入困境之后，他联系了其他主要的股份制银行主席，决定他们是否愿意加入救助约克郡便士银行的计划。接着，霍尔登联系了正在拟定救助约克郡便士银行计划的英格兰银行行长。[③]

这个计划包括两个组成部分。第一，约克郡便士银行被重建为约克郡便士银行有限责任公司（YPB Ltd.），几家领袖级股份制银行向新银行提供资本（表 6.2 列出了股东名单）。第二，筹集了 100 万英镑的担保金（相当于 1911 年英格兰银行总资产的 2.5%），用以弥补 1911 年 7 月之后资产负债表中存在的资产缺口。正如表 6.2 所示，英格兰银行是这个担保金的带头提供者，紧随其后的是几家清算银行和股份制银行。财政大臣获悉这些努力救助措施，如果银行不出手，他愿意帮助设立担保金。[④] 事实上，到 1916 年中期，100 万英镑

---

① Cleary, *The Building Society Movement*, pp.144, 156－7，储户和建房互助协会股东最终获偿的比例是每英镑兑付 16 先令 9 $\frac{1}{2}$ 便士。

② Bank of England Archives C5/111, Yorkshire Penny Bank papers.

③ Bank of England Archives G4/134, Minutes of Court of Directors 7 September 1911, pp.102－8.

④ Bank of England Archives G4/134, Minutes of Court of Directors 7 September 1911, p.106.

担保金尚有374 000英镑的缺口，提供资本的银行和担保人愿意弥补这个缺口。针对担保金不足以及更大的资金缺口，财政部提供了担保，直至战争结束。正如事实表明的，战争结束后就无需财政部的担保了。但是，起初的担保人损失了超过1/3的担保金。

表 6.2　约克郡便士银行有限责任公司的注资申请人与担保人

	申请的资本份额（单位：千英镑）	担保金（英镑）
伦敦城市与内陆银行	500	
伦敦股份银行	250	
巴克莱银行	250	
劳埃德银行	250	
伦敦与史密斯联合银行	250	
贝克特公司	100	
利物浦银行	100	
曼彻斯特与利物浦区域银行公司	100	
威廉姆斯一迪肯斯银行	100	
兰开夏与约克夏银行	50	
曼彻斯特与地方银行	50	
总计	2 000	
英格兰银行		223 214
伦敦地方与威斯敏斯特银行		223 214
巴尔银行		89 286
首都与地方银行		89 286

续表

	申请的资本份额（单位：千英镑）	担保金（英镑）
格林一缪尔斯一科瑞公司		89 286
联合地方银行		89 286
伦敦与西南银行		44 643
大都会银行		44 643
国民银行		44 643
伦敦与大区域银行		44 643
罗伯茨一鲁贝克公司		8 928
马丁银行		8 928
总计		1 000 000

资料来源：Bank of England Archives G4/134，Minutes of Court of Directors 7 September 1911，pp.107－8。

为什么英格兰银行为约克郡便士银行（YPB）创设一揽子救助方案呢？显然，在查林十字银行和伯克贝克银行倒闭后，英格兰银行、财政部和股份制清算银行不想让其他银行的储户陷入恐慌。按照英格兰银行行长的说法，重建和担保计划的目的是避免“银行界无疑会形成的严重困境，以及约克郡便士银行持有的证券清算后注定会出现的更加严重的证券贬值”①。

在规模上，约克郡便士银行的救助不同于巴林银行，但是，两家

① Bank of England Archives G4/134，Minutes of Court of Directors 7 September 1911，pp.107－8.

机构的管理层没有受到必要的谴责,没有因为银行倒闭而受到惩罚,这是相似的。[①] 可是,在某种程度上,约克郡便士银行的救助要比巴林银行的救助创造一个更加危险的先例:显然,不仅英格兰银行实施或协调对大型且重要的机构的救助,而且时刻准备救助哪怕很小的银行,比如约克郡便士银行。

至于最后贷款人作用,从来没有任何官方声明或认可英格兰银行和财政部可以救助倒闭的银行。可是,代表英格兰银行的行长蒙塔古・诺曼在 20 世纪 20 年代早期就认识到,"如果这个国家的任何一家大银行遭遇厄运,财政大臣不得不干预"。[②] 菲利普・斯诺登(Philip Snowden)于 1924 年成为第一位工党财政大臣,他在《金融新闻》(*Financial News*)杂志上撰文评议 1926 年的银行合并,认为"一家引起巨大关注的大银行倒闭的后果是如此不幸,以至于一个国家所有的金融资源都要被调动起来,以避免这样的灾难"[③]。

故而似乎如此:合并的过程创造了这样的银行,它们越来越被视为"大而不能倒闭"的银行。[④] 虽然这不是官方指示,"当伦敦市场中的机构结构需要时,英格兰银行原则上提供支撑义务在 20 世纪上半期没有任何时候出现过犹豫"[⑤]。事实上,在两次战争之间的岁月里,在财政部的支持下,英格兰银行救助了几家银行,并且没有做出消除人们确信财政部支持英格兰银行、英格兰银行支持受救助银行的行

---

① Ogden, *The Development of the Bank of England as a Lender of Last Resort*, p. 178.

② 英格兰银行档案,G1/9,银行合并的行长文件夹,1923 年 2 月 23 日科尔温勋爵与盖斯伯德・法瑞(Gaspard Farrer)(代表诺曼书写)之间的通信。

③ *Financial News*, 29 March 1926, 'Bank Amalgamations: Advantages and Disadvantages'.

④ Sayers, 'Twentieth-century English banking', p.7.

⑤ Sayers, *Bank of England*, vol. Ⅱ, p.528.

为。这些救助行动中的几起是值得评论的。

考克斯公司(Cox and Co.)是一家私人银行,承担着陆军代理人的角色,该公司在1918年陷入困境。在同英格兰银行行长会见的过程中,哈伯特·考克斯(Hubert Cox)得到了“一个有好的暗示,有一些关于他们的银行从事了超越法定许可业务的谣言”①。英格兰银行审核其透支和贷款的详细情节时发现,考克斯公司明显进行了高风险贷款活动。因此,英格兰银行向考克斯公司提出的建议是,应当提高资本比率。② 可是,到1923年,考克斯公司濒于倒闭。通过安排劳埃德银行接管以及提供90万英镑的担保金(相当于1923年英格兰银行资产的0.3%),其中,财政部承诺提供40万英镑,英格兰银行与财政部对考克斯公司实施救助。

1928年年底,在兰开夏拥有最多分支机构的威廉姆斯—迪肯斯银行因陷入困境中的兰开夏棉花产业而出现严重风险,由于不得不提供不良贷款,因此减少储备达100万英镑。由于确信这样的行为不仅损害威廉姆斯—迪肯斯银行自身,而且损害更多的银行,英格兰银行于1928年1月提供了100万英镑的担保金,以应对银行向40家棉花企业贷款的需求。接着,英格兰银行着手寻找一家大银行接管威廉姆斯—迪肯斯银行。苏格兰皇家银行被说服,在公众没有认识到威廉姆斯—迪肯斯银行所处困境的情况下,劝说股东们同意接管是可行的。英格兰银行筹集了150万英镑偿还不良债务,并以低于市场水平的利率向其位于伦敦西区的分支机构和业务网点提供资

① Bank of England Archives, C46/129, Cox and Co. papers.
② Ibid.

金支持。[①] 可是,威廉姆斯—迪肯斯银行借贷状况进一步恶化,需要英格兰银行追加250万英镑的贷款,这笔追加资金得到了财政部授权。[②] 英格兰银行拯救了威廉姆斯—迪肯斯银行,但是,其付出了巨大的资金成本(相当于1928年英格兰银行总资产的1.8%)、时间和精力。[③]

伊塔洛—不列颠尼亚银行(Banco Italo-Britannica)是在意大利运作的英国银行,三家英国大清算银行是该银行的所有者和储户。因此,当1929年该银行出现金融失常状况时,英格兰银行担当了协同救助的核心角色,提供了所需200万英镑资金中的25万英镑。[④] 三家清算银行提供了其余的资金。

英格兰银行接下来的一次重要干预也是对一家英国海外银行的干预,这家银行是盎格鲁—南美银行有限公司(Anglo-South American Bank Ltd.,ASAB),在拉丁美洲拓展业务,尤其是在智利的硝酸盐贸易领域。1931年9月黄金可兑换停止的最后一天,盎格鲁—南美银行有限公司寻求英格兰银行的支持。盎格鲁—南美银行有限公司存在大量的不良债务问题,耗竭了其资本和储备,自1931年6月以来银行储蓄从1 190万英镑下降到690万英镑。[⑤] 有趣的是,盎格鲁—南美银行有限公司尚有未缴资本430万英镑,但是,显然,盎格鲁—南美银行有限公司和英格兰银行都不确定在金融市场困境演进

① Anon.,*Williams Deacon's*,pp.158—9;Sayers,*Bank of England*,vol. Ⅰ,p.255.
② Sayers,*Bank of England*,vol. Ⅰ,p.258.
③ Bank of England Archives,G1/10.
④ Sayers,*Bank of England*,vol. Ⅰ,p.258.
⑤ Bank of England Archives,C48/68,Anglo-South American Bank papers.

过程中能否拿到这笔资金。[①] 为了支持盎格鲁—南美银行有限公司，英格兰银行拿出来 150 万英镑的支持资金，巴克莱银行和内陆银行分别拿出了 75 万英镑，国民地方银行和威斯敏斯特银行分别拿出了 65 万英镑。[②] 其他较小的清算银行提供了其余的 90 万英镑。[③] 总资金包等于 1931 年英格兰银行总资产的 0.8%。可是，1931 年 11 月，盎格鲁—南美银行有限公司的状况恶化，英格兰银行不得不提供额外的资金，这笔资金得到了财政部的正式担保。1936 年伦敦和南美洲银行(Bank of London and South America)接管盎格鲁—南美银行有限公司时，英格兰银行承担的财务损失总额为2 351 000英镑，各家清算银行损失了2 216 000英镑。[④]

当财政委员会(Committee of Treasury)被提醒警惕盎格鲁—南美银行有限公司存在的问题时，财政委员会却决定，“清算银行必须认识到，加入英格兰银行独家无法完成的必要的支持计划，是其自身利益和公共利益的迫切需要”[⑤]。财政部渴望不惜一切代价救助盎格鲁—南美银行有限公司。[⑥] 关于盎格鲁—南美银行有限公司的救助，清算银行也形成了意思一致，即不能允许盎格鲁—南美银行有限公司倒闭。[⑦] 为什么在领先清算银行的支持下，英格兰银行要救助一家显然承担了巨大风险且超越了业务领域、涉足硝酸盐商务领域的银

---

① Bank of England Archives, C48/68, Anglo-South American Bank papers.

② Ibid.

③ 提供救助基金的小型清算银行有格林银行(Glyn)、马丁银行、地区银行、苏格兰皇家银行、苏格兰联合银行、苏格兰商业银行和国民银行。

④ Jones, *British Multinational Banking*, p.242.

⑤ Bank of England Archives, G8/58, Committee of Treasury Minutes, 24 September 1931.

⑥ Ibid.

⑦ Ibid.

行？财政委员会持有的观点是，除非盎格鲁—南美银行有限公司受到救助，否则，贴现市场上的许多公司将会倒闭。[①] 同样，英格兰银行的观点是，如果允许盎格鲁—南美银行有限公司倒闭，必将动摇社会对英国银行机构的信心，很可能导致小银行的挤兑，进而导致大清算银行的挤兑。[②]

20 世纪 30 年代其他银行也得到了支持。[③] 例如，1931 年 7 月布鲁塞尔办事处出现了 600 万英镑的损失之后，拉扎兹银行(Lazards)从英格兰银行获得了 7 年的大额贷款，这笔贷款最终全额偿还。英国海外银行有限公司(The British Overseas Bank Ltd.)是第一次世界大战后成立的、支持英国在欧洲进行贸易的银行，英国的银行和金融机构是这家银行的主要股东，20 世纪 30 年代后期该银行出现了经营困难，获得了英格兰银行 100 万英镑的储蓄资金注入。[④]

20 世纪 30 年代以来，其他银行单方面获得英格兰银行的支持是完全有可能的，但是，这样的帮助是秘而不宣的(即所谓“默默行善”的政策)。按照英格兰银行上百年奉行的同其他银行业务交往披露规则，这是不公开的。事实上，放在国有化产业遴选委员会(Select Committee on Nationalized Industries)面前的证据表明，英格兰银行披露：20 世纪 60 年代英格兰银行支持了 12 家机构，然而，英格兰银

---

① Bank of England Archives, G8/58, Committee of Treasury Minutes, 24 September 1931.

② Bank of England Archives, G48/68, Anglo-South American Bank papers, memo of 10 October 1931.

③ Billings and Capie, 'Financial crisis', pp.200—1.

④ Bank of England Archives, C48/129, British Overseas Bank papers, memo November 1938.

行的损失仅有几十万英镑。①

1974年对次级银行业的救助与过去的救助相似，英格兰银行联合重要的清算银行用救助基金的方式提供帮助。可是，众所周知，作为救助计划的“救生艇运作”比过去的救助规模更大，并且覆盖了更多的机构。“救生艇运作”背后的主要动机是为次级银行的复苏赢得时间，以便其不会承受像遭遇火灾那样的损失。②

“救生艇运作”得到了清算银行的资金支持，这些清算银行包括苏格兰清算银行，英格兰银行提供必要资金的10%。③ 最初，“救生艇运作”提供的总贷款量较少，但是，由于1974年夏季不动产市场的崩溃，以及赫斯塔特银行(Herstatt，一家主要的德国私人银行)倒闭的溢出效应，救生艇运作的贷款规模急剧扩张。总支持贷款规模从1974年6月的4.33亿英镑增加到1974年9月的9.94亿英镑。接着，1974年10月，联合多米诺信托(United Dominions Trust)——一家全国最大的金融公司，要求从“救生艇运作”计划获得5亿英镑的贷款。值得注意的是，通过“救生艇运作”获得帮助的那些机构的身份是保密的。④

1975年3月“救生艇运作”贷款总额飙升至12.85亿英镑，相当于GDP的1.2%，或者，相当于英格兰银行总资产的16.3%。正如第4章中的表4.4所示，除一家主要的次级银行外的所有次级银行都要求得到“救生艇运作”的支持。同时，斯莱特·沃克证券公司(Slater

---

① House of Commons, *First Report from the Select Committee on Nationalized Industries: Bank of England*, p. xxxi.

② *The Banker*, February 1974, p.87.

③ Reid, *Secondary Banking* p.16.

④ *The Banker*, February 1974, p.1181.

Walker Securities)是仅有的一家不需要获得“救生艇运作”支持的机构，但是，其获得了英格兰银行单方面提供的5 480万英镑的支持。总的来说，26家次级银行获得了“救生艇运作”的支持，其中，8家机构最终进入破产管理程序。[①] 另外5家机构除了“救生艇运作”支持外，还得到了英格兰银行单方面的支持，英格兰银行提供的贷款大约为3亿英镑(相当于1975年英格兰银行总资产的3.8%)。[②]

1975年末，仅有8家机构得到了“救生艇运作”的支持。到1978年，这个数字下降到4家。20世纪80年代早期，“救生艇运作”的贷款几乎全部得以偿还，该计划中的8 000万～9 000万英镑的损失由英格兰银行承担，大约5 000万英镑的损失由清算银行承担。[③] 英格兰银行注销了1994年次级银行危机5 470万英镑的贷款损失。[④] 根本上而言，“救生艇运作”的真实成本难以评估，因为贷款的偿还是按照当时的货币计算的，并且，1974～1980年间的年通货膨胀率为16%。[⑤]

英格兰银行提供的下一个值得关注的支持计划是1984年对约翰逊—马赛银行家公司这家约翰逊—马赛化工与贵金属公司所属的从事银行业务、黄金和商品贸易的子公司的支持。在公司发展的绝大多数时期里，约翰逊—马赛银行家公司是传统的黄金自营商，但是，其业务也扩展到非黄金贷款领域，贷款规模从1981年的5 000万英镑扩大到1984年的5亿英镑。[⑥] 可是，其大部分贷款是高风险的，

① Reid, *Secondary Banking Crisis*, p.150.
② Capie, *The Bank of England*, pp.572, 581.
③ Capie, *The Bank of England*, p.581; Reid, *Secondary Banking Crisis*, pp.190－1.
④ Capie, *The Bank of England*, pp.582－3.
⑤ Ackrill and Hannah, *Barclays*, p.208.
⑥ *The Economist*, 10 October 1984, p.86.

并且是高度集中的，到了1984年已经存在诸多问题。[①] 结果是，1984年10月1日，英格兰银行用1英镑买下了约翰逊—马赛银行家公司。英格兰银行还在约翰逊—马赛银行家公司存储了1亿英镑，后来，这笔资金被资本化了。另外，英格兰银行、商业银行集团和伦敦黄金市场会员对约翰逊—马赛银行家公司的损失提供了1.5亿英镑的担保金(相当于1984年英格兰银行总资产的1%)，英格兰银行提供了一半的担保金。私人部门的承诺是很勉强的，英格兰银行不得不强迫其参与约翰逊—马赛银行家公司的救助计划。[②] 约翰逊—马赛银行家公司2.48亿英镑的不良贷款通过其自己的资本(1.3亿英镑)和母公司——约翰逊—马赛化工与贵金属公司——的资金注入来抵补，其余的损失则用担保金来抵补。[③]

为什么英格兰银行救助被《经济学人》杂志称为“不谨慎至疯狂”的银行？伦敦经营黄金的主要银行之一——约翰逊—马赛银行家公司——的破产给出了原因，即对黄金市场的未来造成严重的后果，并且约翰逊一马赛银行家公司的破产将威胁伦敦作为金融中心的地位。[④] 可是，与救助这个不计后果的银行相关的道德风险问题也是巨大的。另一项成本是，英格兰银行强制商业银行为救助基金做贡献引起了商业银行的不满。这是最后一次英国私人部门被号召起来对救助提供帮助。

1990年，国际商业信贷银行是世界上最大的私人银行，在73个

---

① *The Economist*, 3 August 1985, p.75.

② *The Economist*, 27 July 1985, p.69.

③ Harsard, *House of Lords Debate* 1985, vol.465, cc.384－93.

④ House of Commons, *Inquiry into the Supervision of the Bank of Credit and Commerce International*, p.13.

国家拥有共417个分支机构。[①] 两家主要的控股公司设立于卢森堡和开曼群岛，其主要的股东是南亚和中东的富人。可是，该公司的运营总部在伦敦。由于显而易见的欺诈行为，1991年7月银行监管者关闭了国际商业信贷银行。[②] 英国没有提供救助的原因有三个：(1)国际商业信贷银行在英国仅有6 500个储户；(2)这是一家全球银行(并非英国的银行)，并非在英国设立的；(3)虽然其倒闭会引起英格兰银行监管体制方面的问题，但是，并不影响英国银行业安全。

然而，国际商业信贷银行倒闭后，几家小规模银行(最著名的是国民抵押银行)出现了困境，并要求获得英格兰银行的支持。[③] 鉴于1993年贷款达到了1.15亿的巨大规模(相当于1993年英格兰银行资产总量的0.4%)，故英格兰银行提供了帮助。国民抵押银行是需要英格兰银行支持量最大的银行，英格兰银行在1994年用1英镑控制了国民银行资产。英格兰银行干预的理由是向大银行的传染风险足够高，以至于干预是正确的。[④]

在巴林银行新加坡业务代表处的衍生品交易员尼克·李森因日经225指数的期货合约而造成大约8.27亿英镑的损失——超过了巴林银行的资本——之后，1995年2月，巴林兄弟公司(再次)倒闭。[⑤] 倒闭前的那个周末，最杰出的清算与投资银行的领导人汇聚英格兰

---

① *The Economist*, 27 January 1990, p.96.

② See House of Commons, *Inquiry into the Supervision of the Bank of Credit and Commerce International*.

③ Logan, 'The early 1990s small banks crisis'.

④ Hoggarth and Soussa, 'Crisis management', p.183.

⑤ For the details, see Bank of England, *Report of the Board of Banking Supervision into the Circumstances of the Collapse of Barings*.

银行,开会决定是否能够拼凑一个救助包。[①] 各家银行只愿意拿出 6 亿英镑,但是,要弥补巴林银行潜在损失,还需追加 4.5 亿英镑。英格兰银行表示不愿意承担这些损失,不愿意用纳税人的钱承担风险。

为什么英格兰银行和英国政府打破了拯救破产银行的长期惯例呢？第一,就规模而言,巴林银行是一家小机构,且非储蓄银行。[②] 第二,巴林银行与英国银行业体系中的其他机构不存在紧密的相互关系,不存在双向风险暴露,其倒闭对金融系统不会造成系统性威胁。[③] 第三,巴林银行的倒闭是在良好的宏观经济环境下发生的,并且是异常的倒闭(也就是说,因欺骗而倒闭)。第四,英格兰银行想“打破任何著名的银行皆可依靠公众的钱为自己错误埋单的观念”[④]。

应对银行业的“世界末日”

由于 2007 年 8 月在货币市场上筹集资金出现困难,英国银行要求英格兰银行提供特别流动性支持。就北岩银行而言,从 8 月初开始每天保持与英格兰银行和英国金融服务管理局的联系。[⑤] 当 9 月 14 日英格兰银行向北岩银行提供流行性支持的消息发布时,出现了储户对银行的挤兑,当财政大臣宣布政府对北岩银行的储蓄和大规模债务提供担保时,挤兑停止了。[⑥]

---

① *The Economist*, 4 March 1995, pp.19—21.
② *The Economist*, 22July 1995, pp.14.
③ Hoggarth and Soussa, 'Crisis management', p.184.
④ *The Economist*, 4 March 1995, p.12.
⑤ House of Commons Treasury Committee, *The Run on the Rock*, pp.35—9.
⑥ House of Commons Treasury Committee, *Banking Crisis*, p.45.

北岩银行于2008年初出现险情,2月按照2008年的《银行(特别条款)法案》[Banking(Special Provisions)Act],北岩银行被暂时国有化。这个法案赋予了财政部将储蓄机构国有化或将有关业务转移给私人机构的权力。作为这次国有化的一个构成部分,财政部偿付了英格兰银行的紧急支持资金,并向北岩银行注入了新的资金,因此,在北岩银行国有化的时候,北岩银行从政府那里得到了超过250亿英镑的紧急支持性贷款(相当于2008年GDP的1.7%)。① 当2010年1月财政部决定将北岩银行拆分为北岩银行上市公司和北岩银行(资产管理)上市公司时,又需要追加资金。追加资金被用于解决不良资产问题,置换了该银行540亿英镑低质抵押资产组合,也清偿了230亿纳税人贷款。

依照2008年的《银行(特别条款)法案》,2008年9月27日财政部还运用其权力处理了布拉德福德—宾利银行的破产案。该银行的零售储蓄业务转移给了阿比银行,其余的资产与负债进行了国有化,从而,该银行的运作宣告终结。英国金融服务补偿计划(the Financial Services Compensation Scheme,FSCS)付给阿比银行140亿英镑用来抵补布拉德福德—宾利银行的储蓄,财政部给付了另外40亿英镑,用以抵补英国金融服务补偿计划提供的不足以抵补储蓄的部分,这个总资金包相当于2008年GDP的1.2%。英国金融服务补偿计划的140亿英镑是通过短期英格兰银行贷款获得的,此后,由财政部贷款替代。② 财政部还设立了临时担保安排,以保障布拉德福德—

① National Audit Office, *The Creation and Sale of the Northern Rock plc*, p.6.

② House of Commons Treasury Committee, *Banking Crisis*, p.50.

宾利银行的批发借款和储蓄安全。[①]

随着金融系统状况的快速恶化,2008 年 10 月 8 日政府宣布了多项措施应对金融危机。第一,扩大特别流动性计划(Special Liquidity Scheme,SLS),特别流动性计划的资金规模为2 000亿英镑。特别流动性计划最早于 2008 年 4 月设立,旨在由财政部担保,英格兰银行将银行非流动性资产(主要是证券)调换为最高三年期的国库券。[②]第二,设立银行再资本化基金(Bank Recapitalization Fund),通过政府而不是私人部门保证银行增强资本实力。第三,信用保障计划(Credit Guarantee Scheme),对那些需要提高资本水平的银行开放,政府担保银行间借贷,保证银行到期债务再融资。

这个资金包公开发布之后,劳埃德银行集团(即劳埃德 TSB 和苏格兰哈里法克斯银行合并的产物)宣布 170 亿英镑资本募集计划。可是,由于这些股票没有售完,政府获得了该银行 43%的股权。同样,苏格兰皇家银行仅有 0.24%的股票被公众购买,因此,政府获得了该银行 57.9%的股权。

2009 年 1 月政府宣布了资产保护计划(Asset Protection Scheme,APS),目的在于向参加的银行提供应对资产组合的未来信用损失的保险(收取费用)。劳埃德银行集团和苏格兰皇家银行开始同意参加这项计划,但是,市场条件改善及资产保护计划提供明确的帮助提振了信心,2009 年年底劳埃德银行退出了该计划。

表 6.3 和表 6.4 显示了财政部向英国银行业体系提供的支持水

① House of Commons Treasury Committee, *Banking Crisis*, p.50.
② Bank of England Statement on Special Liquidity Scheme, 21 April 2008.

平，这是危机造成的后果。表 6.3 显示，2007～2011 年1 328.5亿英镑的现金被直接注入英国银行业体系。按照各种计划发起的银行业体系紧急救助，表 6.4 显示，在高峰时期，财政部的临时负债总量超过 1 万亿英镑。在高峰时期，财政部支持银行业体系的总金额是 GDP 的 82.4%。

表 6.3　　2007～2011 年财政部对英国银行的现金支持

	2007～2011 年总资本注入与提供的贷款(单位:10 亿英镑)
苏格兰皇家银行的股票	45.80
劳埃德银行集团的股票	20.54
北岩银行上市公司的股票	1.40
北岩银行(资产管理)的贷款	27.44
布拉德福德—宾利银行的营运资本安排	8.55
支持储蓄业务的其他贷款	29.12
现金总支出	132.85

资料来源：*HM Treasury Annual Report and Accounts*，2010—11，p.93。

表 6.4　　2007～2011 年金融危机诱发的财政部或有负债

	支持峰值(单位:10 亿英镑)	至 2011 年 3 月 31 日未偿付的担保承诺(单位:10 亿英镑)
覆盖整个行业的计划		
信用担保计划	250.00	115.00
特别流动性计划	200.00	71.00
资产抵押债券计划	50.00	—

续表

	支持峰值(单位:10 亿英镑)	至 2011 年 3 月 31 日未偿付的担保承诺(单位:10 亿英镑)
再资本化基金	13.00	—
支持储蓄的贷款安排	0.31	0.56
苏格兰皇家银行与劳埃德银行集团		
资产保护计划	456.57	110.00
苏格兰皇家银行的应急资本	8.00	8.00
北岩银行		
负债担保	24.00	15.40
应急资本	3.40	1.60
未被使用的营运资本安排	3.80	2.50
布拉德福德—宾利银行		
负债担保	17.00	5.39
未被使用的营运资本安排	2.95	2.95
总担保额	1,029.03	332.40

资料来源:*HM Treasury Annual Report and Accounts*,2010－11,p.91。

表 6.5 显示了这些金融干预的公共部门净负债效应。如果排除金融干预,公共部门净负债占 GDP 的比例从 2006～2007 年的 35.8%上升到 2011～2012 年的 66.2%。可是,当我们考虑金融干预(也就是银行国有化和其他措施)时,公共部门净负债占 GDP 的比例从 2006～2007 年的 35.8%上升到 2011～2012 年的 139.9%。

表 6.5 **金融干预的公共部门净负债效应**

	不考虑金融干预的公共部门净负债效应(单位:10亿英镑)	不考虑金融干预的公共部门净负债效应(占GDP的百分比)	考虑金融干预的公共部门净负债效应(单位:10亿英镑)	考虑金融干预的公共部门净负债效应(占GDP的百分比)
2004～2005年	422.1	33.9	422.1	33.9
2005～2006年	461.7	35.1	461.7	35.1
2006～2007年	497.8	35.8	497.8	35.8
2007～2008年	527.2	36.4	621.9	43.0
2008～2009年	624.0	44.5	2 108.3	150.4
2009～2010年	770.0	53.1	2 226.0	153.5
2010～2011年	909.8	60.4	2 247.8	149.1
2011～2012年	1 025.4	66.2	2 168.8	139.9

资料来源:国家统计局:《公共部门财政》(*Public Sector Finance*),2012年10月。

英格兰银行对银行业体系的救助计划的呼应也是前所未有的。在2009年3月初银行利率降低到0.5%,达到了历史最低水平。同时,英格兰银行发起中央银行储备提供融资的资产买入计划。该计划涵盖了私人部门和公共部门资产,但是,大部分买入资产是英国政府债券。2009年3月至10月间,英格兰银行货币政策委员会(Monetary Policy Committee,MPC)批准买入价值2 000万英镑资产。接着,英格兰银行货币政策委员会于2011年10月授权追加买入750亿英镑资产,于2012年2月授权买入500亿英镑资产,于2012年7月再次授权买入500亿英镑资产。

正如图6.3所示，回顾222年的历史，为了应对危机，英格兰银行资产负债表扩张已经成为明显的现象。2011年末，相对于名义GDP，英格兰银行资产负债规模之大超过了此前的222年，且超过了第二次世界大战期间的最高水平。值得注意的是，与2007年后的情况相比，在过去的金融危机期间英格兰银行资产负债扩张是小规模的。和平时期仅有的另一次英格兰银行资产负债快速扩张发生在20世纪30年代初的大萧条期间，那时英格兰银行的资产增加了1倍，相较而言，2007～2008年危机中英格兰银行资产增加了4倍。

2007～2008年危机期间英国政府和英格兰银行采取的激进政策措施也不同程度地运用到受2007～2008年危机影响的其他经济领域。值得注意的是，甚至加拿大也采用了激进的政策措施，许多观察家宣称加拿大躲过了2007～2008年危机。[①] 每一个经历危机的经济体都有广泛的流动性支持，并且，几乎所有经历危机的经济体都为银行负债提供了大量的担保。[②] 其中，13个经济体在2007～2008年间经受了严重的危机，与英国的做法类似，都有大规模的国有化或政府的资本注入。[③] 然而，大规模的资产买入(比如，超过GDP的5%)仅仅发生在美国和英国，这两大经济体在危机中承受了最严峻的考验。[④]

---

① 在危机高峰时期，加拿大总“支持包”估计达到了加拿大2009年GDP的7%(Macdonald, ‘The big banks’ big secret)。这个“支持包”包括来自美联储和加拿大银行的扩大流动性支持，也包括政府拥有的加拿大抵押与住房公司大量购进抵押物。

② Claessens et al., ‘Crisis management and resolution’; Laeven and Valencia, ‘Resolution of banking crises’.

③ Laeven and Valencia, ‘Resolution of banking crises’, p.9.

④ Ibid., pp.7—9.

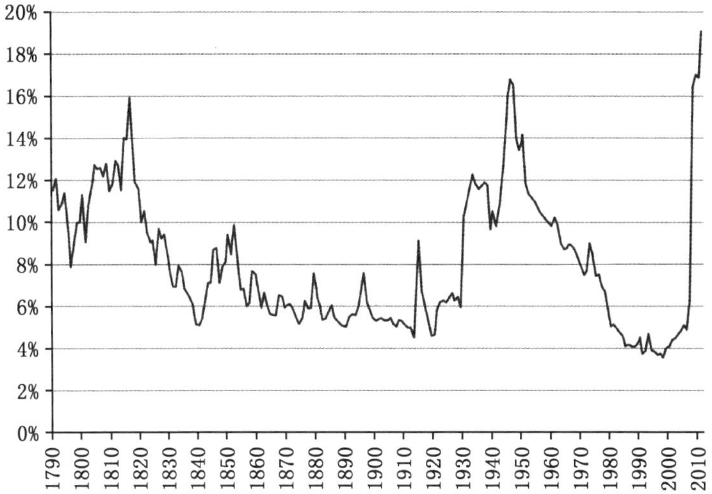

注:1790～1844 年英格兰银行的资产数据取英格兰银行每年 2 月和 8 月资产负债表中的均值。1844～1971 年英格兰银行的资产数据取每周均值,所以,也使用每年 12 月末的英格兰银行资产负债表的数据。

资料来源:名义 GDP 的数据来自 Broadberry and van Leeuwen,'British economic growth';Mitchell,*British Historical Statistics*,pp.836－7;Solomou and Weale,'Balanced estimates';*Office for National Statistics*,*available at* http://www.ons.gov.uk/ons/datasets-and-tables/data-selector.html? cdid=YBHH&dataset=md&table-id=1.1。1790—1980 年英格兰银行的资产数据来自 Mitche,*British Historical Statistics*,pp.656－61;1980～2011 年英格兰银行的资产数据来自英格兰银行,网址:http://www.bankofengland.co.uk/boeapps/iadb/newintermed.asp。

图 6.3　1790～2011 年英格兰银行资产占名义 GDP 的百分比

总 结

在19世纪里英格兰银行承担了有效的最后贷款人角色吗？1825年危机期间，英格兰银行犹豫不决，没有暂停货币可兑换性，但是，在财政部强大的压力之下，承担了最后贷款人角色。一旦开始了无约束贷款，危机便开始减弱了。英格兰银行接受了其作为最后贷款人的角色，但是，《银行特许法案》并不允许在货币市场出现紧张的时期出现货币扩张。继1847年危机之后，在货币市场出现压力时，财政部的做法是发布松绑信函，这样的做法得到认可，有助于英格兰银行应对现金需求的突发性增大。

随着时间的推移，以巴林兄弟公司的救助为发端，英格兰银行(在财政部的支持和担保下)不太愿意让银行倒闭了。到20世纪20年代，显然，英格兰银行和财政部都不会赞同清算银行的破产。这是一种理念，虽然英格兰银行或财政部没有广而告之，但是，也可能成为银行和储户拥有的理念。事实上，随着一次又一次的拯救计划的实施，清算银行不会被允许倒闭的理念得到了强化。[①] 存在这样的事实：1914年后银行和储户不再关心资本—储蓄比率的下降，与上述信念直接相关。值得注意的是，在1978年呈现在威尔逊委员会(Wilson Committee)面前的证据表明，英格兰银行承认，英格兰银行在危机中的干预历史造成了这样的结果，即英格兰银行自己和整个世界都将"采取及时而决定性的行动避免丧失信心视为中央银行一

---

① Alessandri and Haldane, 'Banking on the state', p.8.

项重要的作用”[①]。同样，在威尔逊委员会面前，当时的著名银行学术研究专家杰克·瑞沃尔(Jack Revell)指出，因为“每个人都知道没有一家中央银行放任他们倒闭”，所以，大型清算银行是安全的。[②]

银行损失的社会承保具有两个方面的影响。第一，银行储户和其他债权人极少关心限制风险转移以及对银行家不进行风险转移的激励问题。第二，因为现在风险转移成本被纳税人承担，所以，他们关心的是风险转移的约束条件。如果纳税人不限制风险转移，那么，道德风险会如此之大，以至于银行会冒巨大风险，最终造成纳税人承担巨大成本。事实上，或明或暗的银行担保助长了银行借款的运用，相应地，造成杠杆提高和风险承担。[③] 第7章将研究当社会担保银行损失成为既定原则时，风险转移是如何被约束的，以及直到2007～2008年危机出现前的几十年里这些约束体制是如何被削弱的。

① *Bank of England Quarterly Bulletin*, 18(1978), p.231.
② Revell, ‘Competition and regulation of banks’.
③ Admati and Hellwig, *The Bankers' New Clothes*, pp.129—30.

7

银行业稳定性与银行监管

与其他一些发达国家相比较，我们英国的传统是不太正式的监管体系。我的长期经验已经弱化了我对这个传统的信仰。[①]

——奥布莱因(O'Brien)勋爵

苏格兰哈里法克斯银行(HBOS)具有谨慎而适当的公司信用准备。这是已经形成定论的。[②]

——金融服务管理局的评估报告，2007年10月

① *Bank of England Quarterly Bulletin* 11(1971), p.227.

② Parliamentary Commission on Banking Standards, '*An Accident Waiting to Happen*': *The Failure of HBOS*, p.23.

引 言

在第 5 章和第 6 章中,我们有以下发现:(1)第一次世界大战期间股东资本开始下降,到 20 世纪 50 年代股东资本达到了出乎意料的低水平;(2)到 20 世纪初,英格兰银行和财政部不愿意看到银行倒闭。因此,英格兰银行和纳税人保障银行体系(尤其是主要的清算银行)的政策出现了。作为这两个方面变化的结果,风险转移的潜在风险更加严重,因为如果银行倒闭,股东(以及储户)几乎不承担损失,纳税人最终承担了负面风险的绝大部分。但是,本章描述的是,40 年来或者说 1939 年之后银行监管如何起到控制银行风险转移作用的。

在本章中,我们将银行监管看成约束银行风险转移的规则,尽管规则显示出来的(或真实的)理由与如何约束银行风险行为没有关系。[①] 在本章中,我们认为,银行监管采取了三种形式。第一,英格兰银行实施的非正式的、非法定的银行监管,英格兰银行通过"点头与眉来眼去"而非监管法令的方式传达其意愿。[②] 第二,经济监管。银行受非法定控制的约束,这些约束是政府货币、信用和财政政策的有机组成部分。第三,法定监管。本质上是为了保证银行业谨慎经营,也就是说,该类监管的理由是避免银行冒超额风险。

本章讨论 20 世纪 70 年代之前在保持银行业体系稳定方面非法

① 当然,银行监管并非总是有利于银行稳定。例如,正如第 5 章所描述的,限制银行采取合伙制形式的监管导致了 1825~1826 年英格兰银行业危机。另外,正如第 6 章中所述,在货币市场出现压力的时期里,《银行特许法案》的监管是没有帮助的。

② Jones, 'Competition and competitiveness in British banking', p.126.

定、非正式监管和经济监管是如何起到重要作用的。令人惊讶的是，支持金融系统稳定性的监管并不像其内在逻辑那样让银行业稳定。20世纪70年代之后，法定的、正式的监管出现了，按照其内在逻辑，就是要保证银行以及银行业体系的稳定性。具有讽刺意味的是，在这样的体制下英国银行业体系出现了历史上最大的危机。

1914～1939年：非正式控制的形成时期

在英格兰银行迅速控制了巴林兄弟公司危机后，尽管其他银行认识到了英格兰银行的领导地位①，但是，合并过程也导致了几家规模相当的大型股份制银行的发展。② 作为股份制银行规模增大的结果，第一次世界大战前几家股份制银行开始要求皇家委员会审查英格兰银行的授权和垄断地位。可是，当战争结束时，银行"似乎耗竭了1913～1914年间的果敢精神，被动接受了英格兰银行作为唯一权威的地位"③。他们之所以这样做，是因为他们不再将英格兰银行视为追求利润最大化的竞争者，而是提供公共产品的中央银行。④ 古德哈特(Goodhart)认为，1914年以来英格兰银行非竞争的性质是其在银行体系中有效领导和指导地位的关键变化。⑤

---

① Sayers, *Bank England*, vol. Ⅰ, p.60.

② 塞克斯的《兼并运动》第169页中描述道，1863年英格兰银行拥有的强大资产，可以收购英国所有股份制银行，这表明英格兰银行和股份制银行相对规模的变化。

③ Sayers, *Bank of England*, vol. Ⅱ, p.553.英格兰银行这样的领袖地位成为清算银行和英格兰银行自身的公知[英格兰银行档案，G13/1，蒙塔古·诺曼在迈耶(Mayor)勋爵晚宴上的讲话，1935年10月1日；英格兰银行档案，G1/10，沃尔特·里夫(Walter Leaf)演讲摘编，1927年3月]。

④ Cairncross, 'The Bank of England', p.45.

⑤ Goodhart, *Evolution*, p.44, 55.

银行业体系的几个特征有助于英格兰银行确立对于其他银行的领导地位和指导地位。第一,少数银行的交流、合作和强制相对容易。[①] 第二,正如被广泛认识到的,众多领袖级银行的紧密社会关系有助于英格兰银行对其他银行的控制。[②]

在英格兰银行的明确推动下,有助于英格兰银行确立领袖地位的是银行业的寡头垄断结构。事实上,英格兰银行通过不鼓励新的进入者进入银行业市场,强化了银行的市场势力。[③] 这也支持并鼓励了银行形成自己的决定利息的卡特尔——出现在第一次世界大战期间。这也可以被看成商业银行认可英格兰银行成为领导者的交换条件。然而,在两次世界大战期间及之后,通过限制银行之间的竞争,卡特尔对银行业的稳定做出了贡献。银行业卡特尔也受到了英格兰银行的鼓励,因为,它降低了政府举债的融资成本。[④]

英格兰银行对于其他银行的领导地位因国有化威胁而得以强化,而国有化的威胁是从两次世界大战期间直到 20 世纪 70 年代银行业体系面临的问题。当英格兰银行对其他银行提出建议和指导时,就会有这样的威胁,银行时刻准备迎合英格兰银行的建议,若反其道而行之,则招致国有化的命运。

在两次世界大战期间的岁月里,英格兰银行开始在清算银行的业务和行为中获得更大的利益,使其成为非正式监管体系中具有中

① Morgan, *The Theory and Practice of Central Banking*, p.210; Hirsch, 'Bagehot problem', p.248.

② 参见凯塞斯(Cassis),《伦敦城银行家》(*City Bankers*),这本书是针对控制国家著名金融机构的个人之间关系的卓越社会学研究。传统上,金融系统中角色之间的社会关系被视为稳定之源(Hirsch, 'Bagehot problem', p.244)。

③ Capie, 'Structure and performance in British banking', p.7; Hirsch, 'Bagehot problem', p.244.

④ Griffiths, 'The development of restrictive practices'.

心和决定性的机构。[①] 1920～1944年英格兰银行行长蒙塔古·诺曼对国家施加的银行监管有敌意,因为他相信非正式监管体系,在这样的体系中处于中心的英格兰银行卓然而立。[②] 他还相信,不受监管需要银行业体系"承担起受社区利益和国家利益"[③]。

对银行干预的正式方式通常是借助伦敦清算银行家委员会(Committee of London Clearing Bankers)管道。自1919年以来,伦敦清算银行家委员会时常在英格兰银行聚会,与英格兰银行行长共进午餐。[④] 而英格兰银行也会"经常与所有重要银行的代表进行正式交流"[⑤]。例如,1934年记录在案的蒙塔古·诺曼同主要银行的主席、副行长或总经理的会晤至少有36次。[⑥] 在诺曼时代,银行每月提供资产负债的统计分析。可是,显而易见的是,对某家银行的深入调查发生在每年诺曼在自己的会客厅举行的同各大银行的总经理或董事的见面会上以及清算银行主席提交的"例行报告"。[⑦] 按照1966～1970年英格兰银行经济学家兼出纳总管约翰·福德(John Fforde)的看法,"通常表现出监管功能,但是,本质上,监管是在英格兰银行

---

① Capie,'The evolving regulatory framework',p.131。他正确地提出,将"自律"描述为非正式监管体系是夸大其词。

② 英格兰银行档案,G13/1,蒙塔古·诺曼在《经济学家》百年庆典午宴上的演讲,1943年9月2日;英格兰银行档案,G13/1,蒙塔古·诺曼在迈耶勋爵晚宴上的讲话,1935年10月1日。

③ 英格兰银行档案,G13/1,蒙塔古·诺曼在迈耶勋爵晚宴上的讲话,1935年10月1日。事实上,到20世纪20年代,有些人将银行视为公共机构。例如,1927年被问到关于工党提出的银行国有化建议时,凯恩斯用他独有的方式嘲讽道,它们已经是了(Ackrill and Hannah,*Barclays*,p.100)。

④ Sayers,*Bank of England*,p.554.

⑤ Sayers,*Bank of England*,vol.Ⅱ,p.553.

⑥ Bank of England Archives,ADM34/23,Montagu Norman's Diary 1934

⑦ Clay,*Lord Norman*,p.276－8.

作为中央银行的权力演进中实施的,并非法定的特别授权”。[①]

从这个事实来看,显然,在诺曼时代英格兰银行具有了非正式的、最初的监管作用。然而,依然存在这样的疑问:英格兰银行是否有权力将自己的愿望强加给其他银行,因为英格兰银行没有对其他银行正式的或绝对的控制力。正如福德的直白,英格兰银行可以“劝说或劝诱,但是,在给出指令时,不得不小心翼翼”。[②] 在某些情况下,诺曼建议采取特别行动,而他的建议往往被忽视了。例如,20 世纪 30 年后期诺曼要求银行家们考虑降低半年的分红,但是,仅有劳埃德银行采纳了这个建议。[③] 归根结底,不明确的退出威胁总是存在的,所以,英格兰银行作为最后贷款人的角色赋予了英格兰银行对于其他银行的某种平衡作用。[④]

除了最初的监管功能,在两次世界大战期间英格兰银行还影响了银行业结构。[⑤] 负责银行合并的科尔温委员会(1918 年)的担心是,大银行会使英格兰银行实施对银行系统的控制更加困难。因此,为了不遭受正式的或法定的兼并阻碍,主要银行同意接受英格兰银行和财政部对未来兼并的非正式控制。诺曼坚决反对五大银行合并成一个利益集团或者他们与其他银行的合并。他甚至发对五大银行中的任何一家与北部银行的合并。[⑥] 显然,他主要关注的是,进一步

---

① Fforde, *The Bank of England*, p.695.

② Ibid.

③ Bank of England Archives, G8/59, Committee of Treasury Minutes, 7 January 1931.

④ Hirsch, 'Bagehot Problem', p.243.

⑤ Sayers, Bank of England, vol. Ⅰ, p.236.

⑥ Bank of England Archives, G1/10, Bank Amalgamations—Letter from Norman to J. B. Pease, 22 November 1926.

的合并“不是务实的政治”[1]，而是导致事态无法控制和无法处理，因为这将“促使采用国家银行政策”。[2]换句话说，诺曼关心的是，进一步的合并会增加对银行国有化的要求。当1925年12月财政大臣声明大银行的进一步合并不可容忍时，诺曼的政策得到了官方认可。

诺曼对于这个政策如此坚守，以至于他在1927年反对国民地方银行接管危难中的哈里法克斯银行。用不容置疑的语句，他指出，“我将被迫在我的权力范围内使用各种措施阻止‘五大银行’任何一家的合并，因此，可以视为对国民地方银行及其董事会最不友好和敌视的态度”。[3]作为回应，国民地方银行立即终止了兼并协议。

同时，他避免了五家最大的清算银行通过收购成为更大的银行，但是，诺曼鼓励小规模的股份制银行之间的合并，因为这将增加银行体系的稳定。[4] 特别是通过鼓励兰开夏银行的兼并以及同“五大银行”的竞争，他要创造出“六大银行”。[5] 尽管多年来付出了最大努力，诺曼最终没有能够达成这个结果。但是，也有几个成功案例，在诺曼的直接干预下，困境中的银行与强大的对手成功合并。例如，他负责

① Bank of England Archives, G1/9, Bank Amalgamations-Norman memo on meeting with Sir Christopher Needham(District Bank), 3 November 1926.

② Bank of England Archives, G1/9, Bank Amalgamations-Norman memo, 10 August 1925.

③ Bank of England Archives, G1/10, Bank Amalgamations-Norman memo, 13 April 1927.

④ Bank of England Archives, G1/11, Bank Amalgamations-Notes on interview at the Bank of England on 20 June 1934.

⑤ Bank of England Archives, ADM20/15, Montagu Norman's Diary, 3 November 1926.

的公平银行(Equitable Bank)与利物浦银行和马丁银行的合并案。[①]他还促成了苏格兰皇家银行接管困境中的威廉姆斯—迪肯斯银行。[②]

诺曼极力影响银行业结构的另一个途径是在广泛的海外业务领域。正如他的祖父乔治·W.诺曼那样,他对银行参与海外业务存在极大的不信任。[③] 他相信银行海外业务拓展仅仅是银行贪婪和变态的权力欲望的体现,[④]因此,将不必要的风险强加给了银行业体系。[⑤]值得注意的是,内陆银行宣称其抑制海外业务参与是害怕将风险强加于储户。[⑥] 诺曼害怕的是,海外危机会导致清算银行的信用风险,并且,拓展海外业务的风险将由作为银行业体系保障者角色的英格兰银行和政府承担。[⑦]

鉴于巴克莱银行和劳埃德银行拓展海外业务的结果,诺曼的政策是,清算银行所属的海外银行应当根据其承兑情况有差别地关闭其账户。[⑧] 诚然,据说这项政策抑制了其他银行拓展海外业务。在诺曼治下,在这个问题上没有银行敢于违背英格兰银行。[⑨] 虽然在反对海外业务拓展方面,诺曼没有获得政府的明确支持[⑩],但是,财政委

---

① Bank of England Archives, G1/10, Bank Amalgamations-Norman memo, 12 May 1927; and Letter from Manager of Equitable Bank, 4 May 1927.

② Bank of England Archives, G1/10, Letter from Norman to Duke of Buccleuch, 21 August 1930.

③ Clay, *Lord Norman*, p.6.

④ Bank of England Archives, G1/9, Bank Amalgamations-Letter from Farrer (Economic Advisor) to Lord Colwyn, copied to Norman, 15 February 1923.

⑤ Ackrill and Hannah, *Barclays*, p.83; Clay, *Lord Norman*, p.280.

⑥ Sykes, *Present Position*, p.28.

⑦ Bank of England Archives, G1/9, Bank Amalgamations—Norman memo, 10 August 1925.

⑧ Bank of England Archives, G8/56, Committee of Treasury Minutes, 19 August 1925, 30 September 1925, and 27 May 1925.

⑨ Ackrill and Hannah, *Barclays*, p.84.

⑩ Cottrell, 'The Financial system of the United Kingdom', p.47.

员会认可他针对这些银行的差别对待政策。[①]

根据可得的档案证据，显然，对银行业安全与稳定的关注激发了诺曼对银行业结构的关注。“五大银行”是大型的、稳定的机构，他不想让它们参与海外银行业务，以免破坏了这些银行的稳定性。进而言之，他安排国内银行间的合并出于对银行业体系稳定性的关注。

1939 年之前，英格兰银行和财政部都没有对银行现金比率和流动性比率进行监管的正式想法。正如图 7.1 所示，流动性比率慢慢提高，从 1880 年略高于 20%提高到第一次世界大战期间略高于 30%。然后稳步下降，第二次世界大战期间接近 20%。

然而，图 7.1 最显著的特征是第一次世界大战期间银行持有长期政府证券的逐步变化。虽然 20 世纪 20 年代后期政府证券—储蓄比率下降，但是，在大萧条期间，再一次出现了逐渐变化，到第二次世界大战前夕，政府证券—储蓄比率达到了 30%。如果形成银行流动性比率的绝大多数资产为国库券、短期贷款（流入贴现公司并投资于国库券）和现金储备（一部分被英格兰银行投资于政府证券）[②]，那么，1939 年几乎 50%的总储蓄被直接或间接地向政府提供了融资。

购买政府债券并没有对银行形成明显的压力。可是，无疑，运用道义劝告力量的英格兰银行让银行相信，帮助政府实现战争融资并为政府摆脱两次战争期间的经济困难是为了其自己的利益和国家利益。如果银行在政府的债务融资中具有重要作用，那么，从务实的视角来看，银行被允许以及被鼓励保持卡特尔也许就不那么令人吃惊

---

① Bank of England Archives, G8/56, Committee of Treasury Minutes, 3 June 1925.
② Johnson, 'Clearing bank holdings of public debt'.

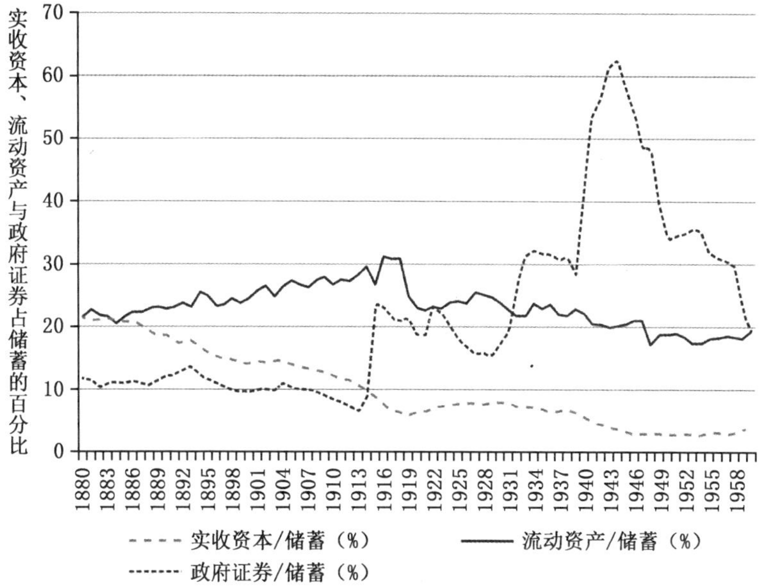

资料来源：Sheppard, *Growth and Role of UK Financial Institutions*, pp. 126—7。

图 7.1　1880～1960 年英国银行持有的实收资本、流动资产与政府证券总额

了。事实上，银行卡特尔会导致较低的名义利率，有助于政府获得较低成本的债务融资，反之则反是。政府债务持有量的提高意味着银行资产负债表呈现出大量的流动性和安全性资产，进而意味着银行风险转移的空间较小。值得注意的是，银行对政府债务持有量的提高与银行资本—储蓄比率的下降是一致的，这就揭示了为什么保持储蓄稳定的银行增加了杠杆。

就信用政策而言，1939 年之前关于银行贷款、政府和英格兰银行几乎没有任何明确的指导。但是，在 20 世纪 30 年代大萧条期间，当公司面临困难的时候，英格兰银行向清算银行施加了降低贷款利率的压力。[①] 在1931年和可预见的未来政策的报告中，麦克米伦委员会(Macmillan Committee)*提出，与清算银行的关系应当更加紧密，应当有更多的双向对话，从而他们能够清楚地了解英格兰银行是否将扩张或紧缩信用。[②]

经济规管：金融抑制与指导

正如前面讨论的，在两次世界大战期间，英国银行业体系的变化凸显出两个特征。第一，英格兰银行成就了一个非正式监管系统。第二，与过去相比，在银行的资产负债表中持有更多的政府债。随着第二次世界大战的爆发，这两个发展变化达到了一个全新的水平。

第二次世界大战的直接后果是，英国公共债务达到了GDP的237.7%。为了降低债务水平，政府采取了政治合意的金融抑制政策。换句话说，政府试图通过金融系统管制形成低名义利率和负的实际利率，从而降低政府的债务偿付成本和债务的实际价值。莱茵哈特(Reinhart)和施布朗西亚(Sbrancia)提出的估计数据表明，英国政府的金融抑制降低了公共债务与GDP的比率，公共债务与GDP比率从1947年237.7%的高水平降低到1955年的138.2%，这完全是金融抑制的结果。[③] 如果没有金融抑制，他们估计1955年的公共

① Ackrill and Hannah, Barclays, p.106.

* 1929年股市大崩溃后成立的金融与产业委员会，负责调查英国经济萧条和高失业的原因。该委员会的主席是胡戈·麦克米伦，该委员会由著名经济学家、金融家、政治家和政府官员构成。凯恩斯在该委员会中具有决定性地位，负责金融报告。——译者注

② House of Commons, *Report of Committee on Finance and Industry*, pp.160—1.

③ Reinhart and Sbrancia, 'The liquidation of government debt'.

债务—GDP比率会处于246.9%的水平。到1967年,金融抑制政策帮助政府将债务负担降低到GDP的100%的水平。

从第二次世界大战到20世纪70年代早期货币政策的一个关键目标是维持对政府长期债务和短期债务的需求,通过避免利率波动,该目标得以实现。①1939年之前发展起来的银行卡特尔有助于实现政府货币政策,因此,政府政策支持并认可了卡特尔。②卡特尔在两个方面对政府货币政策提供了帮助。第一,银行对政府债有强劲的需求,所以,英格兰银行对"如何满足政府一周内的融资需要并不焦虑"。③第二,卡特尔确定利率,从而确保了名义利率低而稳定。④

正如图7.1所示,从历史视角来看,从1939年到20世纪50年代末银行持有大量的政府债。银行大部分流动资产直接或间接投资政府债(如前所述),1944年几乎83%的银行储蓄都投向了政府证券,甚至直到1958年,几乎一半的银行储蓄帮助政府融资。正如哈利·约翰逊在1951年指出的,"可以肯定地做出总结,过去十年大部分银行业务是为了满足政府债需求的储蓄创造"。⑤ 1939年,伦敦清算银行持有的政府发行的国库券占到47.7%,1956年为71.5%,根据长期政府债务存量核算,分别为15.3%和30.4%。⑥

金融抑制的主要工具之一是英格兰银行不断要求银行保有一定

① Rowan, 'The monetary system'; Fletcher, 'Cash base control of bank deposits'.
② Pressnell, 'Cartels and competition', p.397.
③ Nobay, 'The Bank of England', p.47.
④ Fletcher, 'Cash base control', p.9.
⑤ Johnson, 'Clearing-bank holdings of public debt', p.107.
⑥ Bank of England Archives, EID1/15, Statistics prepared for Radcliffe Committee.

比例的储蓄作为英格兰银行的储备(即现金比率)以及一定比例的流动资产(即流动性比率)。流动资产是由现金、贴现公司的短期贷款、汇票和英国政府债券构成的。换句话说,银行绝大部分流动资产要么是政府短期证券,要么根本上是以这种形式持有的资产(比如,贴现公司的短期贷款)。这些比率的根本目的不是为了谨慎需要或控制储蓄,而只是为了确保短期政府债券有保障的市场。[①] 与此相关,银行家们通常认为英格兰银行要求的流动性比率过高,远远高于银行谨慎经营的必要水平。[②]

1946～1971年,按照英格兰银行的要求以及英格兰银行与伦敦清算银行委员会的明确协议,银行每日现金比率要保持8%。因为现金比率是每日的要求,所以,就没有掩饰的余地。也就是说,在每月的清算日,不可能人为地提高现金比率。[③]

1951年,英格兰银行表示希望银行流动性比率处于28%～32%,如果流动性比率低于25%,则完全不可接受。[④] 在操作中,如果流动性比率低于30%,英格兰银行将谴责有问题的银行。[⑤] 从1955年开始,最低水平的流动性比率被确定为30%;1963～1971年,最低水平的流动性比率被确定为28%。显然,最低水平的流动性比率确实被英格兰银行和"五大银行"视为最低限度的流动性比率,

---

① Nobay, 'The Bank of England', pp.48－9; Fletcher, 'Cash base control', 10.

② House of Commons, *First Report from the Select Committee on Nationalized Industries: Bank of England*, p.xxiii; Nevin and Davis, *The London Clearing Banks*, p.154.

③ Bank of England Achives, C48/350, Memo by H.Clarke(Chief Cashier), 24 July 1957.

④ Weber, 'Reserves and reserve ratios', p.33.

⑤ House of Commons, *Report of Committee on Working of the Monetary System*, p.119.

1950～1970 年清算银行的这一比率大约在 40％波动。[①]

1958 年、1960～1962 年以及 1965～1971 年英格兰银行还要求银行的“特别储蓄”。特别储蓄是对现金比率的一种补充，银行被要求将一定比例的储蓄无确定期限地存放于英格兰银行。对于特别储蓄，则按照接近当期国库券收益率的利率给付利息，但是，不再作为流动资产。特别储蓄的公开目的是“限制银行系统的流动性以及银行信用扩张的能力”。[②]

除了要维持高水平的现金比率和流动性比率，银行贷款业务还要面对政府指导，政府指导是通过英格兰银行与银行的交流推动加以实施的。[③] 一般而言，在性质上，这些指导并非监督，通常也无关银行业体系的安全。[④] 但是，它们关乎政府通过信用和货币政策来影响经济。借款指导缘起于第二次世界大战开始时所采取的政策。1939 年 9 月，约翰 · 西蒙(John Simon)(时任财政大臣)写信给蒙塔古 · 诺曼，要求除了对战略部门，银行要立即限制贷款，这些战略部门包括政府承包商、军事装备公司、出口贸易商以及农业部门。[⑤] 这项政策持续到战后，其核心目的是为达成政府目标而保护国民储蓄。这

---

① Ross, ‘Domestic monetary’, p.312.

② Bank of England Archives, C48/350, Discount Office(Banking Supervision) Files—Letter from C. F. Cobbold to Chancellor, 3 July 1958.

③ 自 1939 年以来，财政部试图控制资本和大额贷款。这些监管措施体现为部分或全部的政府金融抑制政策，因为他们潜在限制了储蓄竞争，他们希望垄断储蓄。1939 年《国防法规与法定规则》[Defense Regulations and Statutory Rules(1939)]要求正常商业渠道不可向银行贷款超过10 000英镑，如超过借款人需获得财政部许可。这些法规被《借款(控制与担保)法案(1946)》取代，在该法案中，借款——除了无需担保的或通常商业渠道的借款之外——每年限额为50 000英镑。该法案有效阻止了绝大多数借款人的借款行为，按照 1961 年财政部的条例，外国人和地方政府例外。参见 Jones, ‘Business of banking’, p.11。

④ Fford, *Bank of England* , p.21.

⑤ Bank of England Archives, G14/149, Letter from John Simon to Montagu Norman, 26 September 1939.

种战时控制体制在战后经济生活中也得到了实施，甚至在银行领域得到了更加严格的运用。[①]

关于贷款指导既有数量上的指导也有质量上的指导。数量指导并非经常发生，涉及银行降低贷款数量或限制贷款增长。[②] 例如，1955 年 7 月，银行被要求大量减少贷款；1965 年 5 月，银行得到指示，向私人部门的贷款年增长不得超过 5%。质量指导引导银行向特定产业贷款，鼓励银行贷款给国防部承包商、出口商和农业部门，而为了个人支出、不动产开发、分期付款购买、投机于股票、房地产以及商品购买的借款则被高度限制，甚至对最后一种情况进行禁止。[③] 在高失业的区域和北爱尔兰的贷款也受到鼓励。[④] 既定的借款人（比如，出口商）免于数量指导与质量指导的约束，或者在信用紧缩或冻结时期会受到优待。[⑤]

正如在 1939 年之前的历史时期银行兼并者寻求英格兰银行的指导乃至认可。例如，1961 年威斯敏斯特银行主席询问该银行与马丁银行合并的可能性，但是，遭到英格兰银行反对。[⑥] 可是，英格兰银行并不反对 20 世纪 50 年代两起发生在苏格兰的合并案，也不反对

---

① Wadsworth, 'The commercial banks', p.17.

② Nevin and Davis, *The London Clearing Banks*, p.274; Wadsworth, *The Banks and the Monetary System*, p.106.

③ Bank of England Archives, C48/350, Discount Office (Banking Supervision) Files—Letter frm C. F. Cobbold to the Chairman of Committee of London Clearing Bankers, 3July 1958; Wadsworth, *The Banks and the Monetary System*,. 106; Grady and Weale, *British Banking*, p.48.

④ Bank of England Archives, C48/350, Discount Office (Banking Supervision) Files—Letter from D. Heathcoat Amory, 1 July 1958.

⑤ House of Commons, *First Report from the Select Committee on Nationalized, Industries: Bank of England*, p.xxv.

⑥ Bank of England Archives, G1/13, Governor's note, 9 May 1961.

1962 年国民地方银行与地区银行的合并。继媒体报道上述银行合并之后,劳埃德银行副主席杰瑞米·瑞斯曼(Jeremy Raisman)爵士拜访英格兰银行行长,问道凭借什么权力阻止劳埃德银行兼并马丁银行。[①] 英格兰银行行长想了想,英格兰银行不可能使用 1946 年法案赋予的指导权力,因其到当时为止还没有实施,但是,他明确表示英格兰银行可以关闭劳埃德银行的账户,或者政府运用监管权力阻止合并案。

在金融抑制的时代,银行获得的指导主要是关于资产负债表中资产项目的指导。但是,这些指导并不是法定的且无法律强制力,只是英格兰银行非正式的行为。按照《国有化产业审查委员会的第一份报告》(First Report from the Select Committee on Nationalized Industries)的结论,没有银行拒绝接受英格兰银行的要求。[②]为什么那时的银行服从英格兰银行紧急情况下的要求和指导呢?

有一种可能性是,1946 年《英格兰银行国有化法案》含有以下条款:"如果他们认为出于公共利益是必要的,英格兰银行可以要求银行提供信息以及向银行提出建议,如果获得财政部授权,出于确保要求或建议的效果,英格兰银行可以对任何一家银行发出指令。"[③]可是,英格兰银行从来不需要求助于这个法案去强迫银行服从,银行家的行动证明了英格兰银行道义劝告的力量。[④] 然而,这也许证明了从

---

① Bank of England Archives, G1/13, Governor's memo, 15 August 1962.

② House of Commons, *First Report from the Select Committee n Nationalized Industries*: *Bank of England*, p.xxvi.

③ Bank of England Act, 1946(9 & 10 Geo. c.27).

④ House of Commons, *Report of Committee on Working of the Monetary System*, p.118.

未被使用的法案的效力。[①] 至少有一次，财政大臣试图说服银行削减其贷款规模，提出使用反对英格兰银行建议的威胁，但是，银行可以通过减少贷款来安抚财政大臣。[②]

第二种可能性是，如果要求或指导不被遵从，英格兰银行可以运用处罚手段。普遍相信英格兰银行具有三个处罚手段：(1)对态度暧昧的银行，关闭贴现窗口；(2)撤销其在英格兰银行开启的权利；(3)按照 1947 年《交易控制法案》[Exchange Control Act(1947)]，撤销其授权。[③]

第三种可能性是，因有利可图，银行遵从英格兰银行的要求。值得注意的是，在全国物价与收入委员会看来，20 世纪 50 年代与 20 世纪 60 年代的银行利润为超额利润。[④] 在金融抑制时期，银行获得了垄断利润，并且他们愿意遵从指导，以此为交换条件，允许他们的卡特尔运作而不受阻碍。[⑤]

最后一种可能性是，银行遵从指导和要求，因为他们认识到，如果不这样做，他们就会被要求国有化。工党将英格兰银行的国有化作为其他所有银行国有化的合法先例，因为在经济计划中，信用控制是至关

---

① Wadsworth, *The Bank and the Monetary System*, p.106.

② Bank of England Archives, G14/149, Extracts from the minutes of the Committee of Treasury, 12 September 1957.

③ Bank of England Archives, G12/1, Committee on the Working of the Monetary System, Memoranda of Evidence, Bank of England, p.5, June 1957; House of Commons, *First Report from the Select Committee on Nationalized Industries*: *Bank of England*, p. xxviii.

④ National Board for Prices and Incomes, *Bank Charges* (London: HMSO, 1967), para.43. Capie and Billings, 'Profitability in English banking'.

⑤ Griffiths, 'The development of restrictive practices', p.15.

重要的。[1] 然而,清算银行的国有化被视为不必要的,因为被国有化并赋予权力的英格兰银行,作为信用系统的控制者,能够驱动其沿着政府希望的方向去行动。尽管如此,如果银行不遵从英格兰银行的指导,它们将依然面临着国有化的真正威胁。在 1962 年写下的便签上,英格兰银行行长承认,国有化的威胁总是悬在银行头上的一把剑。[2]

在金融抑制时代,高水平流动性比率和大量持有政府债导致向贷款人提供的贷款与储蓄比率水平较低。根本而言,这将严重制约银行的风险转移能力。另外,银行拥有作为缓冲的大量流动资产以应对恐慌或贷款组合质量的恶化状况。尤其是,因为前述的信用约束条件,银行借贷极其保守和安全(比如,不鼓励向不动产开发商贷款)。由此造成的结果是,从 1945 年直到 1970 年代早期,银行业几乎没有信用风险。[3] 换句话说,对银行非法定的、非正式的经济监管使银行仍没有任何风险转移的余地。这就解释了尽管资本率低,银行业体系依然稳定,以及那时的英格兰银行并不关心资本—储蓄比率的原因。

金融抑制的终结与谨慎管制的兴起

英国的金融抑制于 20 世纪 70 年代早期开始缓和,并于 20 世纪

---

① Cairncross,'The Bank of England',p.48。凯恩斯有先见之明地打比喻评价英格兰银行行长卡托(Catto)勋爵,当工党政府掌握权力时,"英格兰银行行长的脑袋将被砍掉,然后,再移植到他的肩膀上,从而转向左侧"[英格兰银行档案,G13/1,卡托勋爵在迈耶勋爵晚宴上的讲话,1946 年]。

② Bank of England Archives,G1/13,Governor's memo,17 September 1962.

③ Goodhart,'The Bank of England',p.342.

80年代早期终结了。两个原因导致金融抑制的“寿终正寝”。第一，到1967年，GDP中的公共债务占比已经下降到政治上合意的100%的水平，意味着不再需要继续实施金融抑制政策。第二，来自外国银行的竞争以及不受管制的机构破坏了支撑金融抑制的监管体制。

金融抑制体制具有几个令人不满意的后果，最终将破坏银行与政府之间的对等交换关系。这里，前者（银行）得到后者（政府）允许运作卡特尔，作为交换条件，银行遵从官方要求。当银行体系被五大清算银行控制时，这样的体系很好地运行。可是，自20世纪50年代中期以来，争夺储蓄和贷款业务的竞争加剧，竞争来自以下竞争者：(1)建房互助协会与信托储蓄银行；(2)消费信用机构，比如分期付款购买公司；以及(3)外国银行。就储蓄而言，正如表7.1所示，1962年伦敦清算银行仅拥有不到50%的英国市场份额。到1970年，他们拥有的市场份额仅略高于1/3，在整个20世纪60年代建房互助协会不断增大市场份额。[①] 就贷款而言，在新近扩大的货币市场中外国银行和次级银行抢占了清算银行的部分贷款市场份额。

表7.1　　1962年与1970年英国居民在英国金融机构的分布情况

	1962年		1970年	
	百万英镑	份额(%)	百万英镑	份额(%)
伦敦清算银行	7 168	46.9	10 297	36.2
其他类型的英国银行	1 317	8.6	3 688	13.0
建房互助协会	3 510	23.0	10 142	35.6

① Wadsworth, 'Big and little banks', pp.5, 13; Jones, 'Competition and competiveness', p.124.

续表

	1962 年		1970 年	
	百万英镑	份额(%)	百万英镑	份额(%)
国民储蓄银行	1 760	11.5	1 752	6.2
信托储蓄银行	1 529	10.0	2 542	9.0
合计	15 284	100.0	28 421	100.0

资料来源：House of Commons, *Committee to Review the Functioning of Financial Institutions*, *Evidence on the Financing of Industry and Trade*, vol. 5, pp.111—3。

清算银行系统之外的银行业务活动的增长颠覆了英格兰银行与政府运用指导手段控制银行系统的能力。[①] 第一，储蓄市场的新进入者不遵从英格兰银行的指导，这就"暴露了传统权威无力应对银行群体外围出现的重大变化"[②]。虽然英格兰银行在金融公司协会(Finance Houses Association)的协助下，将"要求"制度延伸到消费金融公司，但是，对于20世纪60年代来到伦敦的许多外国银行以及同时出现的次级银行，则无能为力。事实上，在国有化产业审查委员会面前，英格兰银行宣称，如果说非银行金融机构受到英格兰银行要求的"充分影响"，显然是不正确的。[③]

第二，因为卡特尔运作以及遵从英格兰银行要求的成本负担，清算银行越来越处于不利的竞争地位。尤其是美国的分行和其他的外

① House of Commons, *Report of the Committee to Review the Functioning of Financial Institutions*, pp.69—70.

② Fforde, *The Bank of England*, p.699.

③ House of Commons, *First Report from the Select Committee on Nationalized Industries: Bank of England*, p.xxii.

国银行不受监管，与受到抑制的清算银行相比，它们具有巨大的竞争优势。[①] 因此，清算银行寻求获得更大的自由，与新贵开展竞争。[②] 甚至早在1958年，英格兰银行就认识到，银行贷款的数量限制将清算银行置于同其他金融机构竞争中的不利地位。[③] 在1962年英格兰银行内部备忘录中，英格兰银行行长[即克罗默(Cromer)伯爵]指出，五大银行的规模和重要地位使其成为官方要求的持续性目标，这样只能导致助推其他金融机构的成长。[④]

新型储蓄机构的兴起及其脱离英格兰银行影响圈的地位意味着一些机构风险转移的能力不受任何约束。此外，英格兰银行道义劝告的力量对新型金融机构没有任何影响。按照福德的说法，超出银行边界的这些机构的兴起决定了英格兰银行从事1957年《银行法案》出台的院外活动，但是，财政部"过于关注信用紧张中的信用缺口弥补，太不关心储户保护"。[⑤] 福德认为，如果1957年通过了银行法案，15年后的次级银行危机将得以避免。[⑥]

金融抑制导致清算银行失去市场份额，出现了清算银行要求摆脱控制的压力，以及日益增强的针对银行卡特尔的政治敌对情绪(比如，1967年全国物价与收入委员会宣布废除卡特尔)，所以，采用一种旨在控制银行业体系同时增加竞争的新方式也就不足为奇了。1971年9月导入的新方式是竞争与信用控制(Competition and

---

① Goldberg and Saunders, 'The causes of U.S. bank expansion overseas', p.639.

② Ross, 'Domestic monetary policy', p.320.

③ Bank of England Archives, C48/350, Discount Office (Banking Supervision) Files-Aide Memoire, June 1958.

④ Bank of England Archives, G1/13, Governor's memo, 17 September 1962.

⑤ Fford, *The Bank of England*, p.777.

⑥ Fford, *The Bank of England*, p.777.

Credit Control,CCC)。这种新政策的目标有两个方面:第一,在银行(包括外国银行)信用控制和储备要求方面,当局一视同仁,对所有机构同等对待。[①] 第二,清算银行放弃其卡特尔,与竞争与信用控制政策保持一致。[②] 为了与英格兰银行和财政部非正式的、非法定的控制方式保持一致,竞争与信用控制也是一个没有法律基础的君子协定。

作为竞争与信用控制的一部分,贷款数量限制被废除了,取而代之的是要求清算银行保持8%的现金比率和28%的流动性比率。在实际操作中,所有银行都要满足储备资产对总债权的最小比率为12.5%。储备资产的构成是:存储在英格兰银行的资产、国库券、1年内到期的金边证券*、高质量的地方当局债券以及商业票据。以清算银行为例,总债权的1.5%必须以存款的形式存放于英格兰银行。所有银行还被要求在英格兰银行存放特别储蓄。与流动性比率一样,储备资产比率是支撑政府债出售的一种手段,而不是因货币政策需要而实施的,也不是为了谨慎动机。[③] 换句话说,虽然金融抑制很大程度上削减了,但是,在实施竞争与信用控制之后,金融抑制依然存在。

竞争与信用控制使银行贷款有了自由,这是战后第一次对银行贷款的松绑,在信贷需求增加时,银行便可以自由贷款。结果,有些银行发现,从英镑货币市场借入资金,扩大储备资产规模,便可以获得利润。这样导致了借贷繁荣。英格兰银行对控制货币总量M3的

---

① House of Commons, *Report of the Committee to Review the Functioning of Financial Institutions*, p.70.

② 'Competition and credit control', *Bank of England Quarterly Bulletin* 11 (1971), p.189.

* 英国政府发行的固定利率债券。——译者注

③ Batini and Nelson, 'The U.K.'s rocky road to stability', p.63.

目的感到沮丧。[①] 1973 年 12 月，为了对银行贷款实施更严格的控制，英格兰银行推出了特别储蓄补充计划(Supplementary Special Deposit Scheme)。因为该计划旨在控制银行体系中一部分货币总量被控制而另一部分货币总量"涌出"的情势，所以，该计划有个别称："紧身内衣"。按照这个计划，如果银行超出了生息债务的固定增长率，必须将生息储蓄的一部分存储在英格兰银行，利息为 0。这种货币控制体制一直延续到 1980 年，1980 年特别储蓄、补充特别储蓄以及储备资产比率被废止。取而代之的是，要求银行将不超过 0.5% 的负债以英格兰银行零息存款账户的方式存储。[②] 后来，这个比率降低到 0.45%，然后降低到 0.35%，到 2000 年该比率为 0。

英格兰银行相信(或者说希望)竞争与信用控制重新赋予清算银行在英国银行业中的主导地位，并最终清除日益增长的、不受控制和影响的次级银行部门。[③] 然而，短期内由于新货币体制导致批发货币市场的迅速扩张，竞争与信用控制存在助推次级银行部门扩张的实际效果。

按照英格兰银行的看法，次级银行危机表明需要英格兰银行加强和扩大对银行系统的监管。[④] 银行监管转变的压力还来自欧盟成员方以及旨在实现成员国银行业监管趋同的欧盟银行业指令。[⑤]

---

① Capie, *The Bank of England*, p.521.

② 'Monetary control: Next steps', *Bank of England Quarterly Bulletin* 21(1971), p.38.

③ Grady and Weale, *British Banking*, p.147.

④ House of Commons, *Committee to Review the Functioning of Financial Institutions, Second Stage Evidence*, vol.4, p.97; Gardner, 'Supervision in the United Kingdom', p.74; Goodhart, 'The Bank of England', p.345.

⑤ 'The supervision of the UK banking system', *Bank of England Quarterly Bulletin* 15(1975), p.190; Capie, *The Bank of England*, p.604.

1974 年夏,英格兰银行和银行业体系几乎立即对创建新的监管体制的需要做出回应。可是,这样的快速反应是英格兰银行试图避开对其非正式的、非官方的、非法定的方式进行银行监管的破坏(最终没有成功)。

1974 年英格兰银行面对的银行监管问题是规模和范围问题。银行数量的增长(比如,1973 年 323 家银行)意味着英格兰银行运用传统方式控制银行业体系无法应对如此规模的监管挑战,因为 1973 年英格兰银行的贴现部仅为 12 人组成的工作团队。① 另外,还有 133 家符合"123 节"要求的银行业务公司,这些公司在次级银行危机中经历了最严重的困难,它们不受监管,也不向英格兰银行和其他任何机构提交统计报表。② 1974 年取消了贴现部,创立了一个新的部门即银行与货币市场监管部,该部门有 37 为员工,到 1979 年该部门员工增加到 77 人,这样,规模问题解决了。③ 范围问题是通过明确在英国持有大量储蓄资金的公司并要求其服从英格兰银行监管加以解决的,到 1975 年绝大多数此类公司同意接受英格兰银行监管。④

所有非清算银行须向英格兰银行提交季度统计报表是新监管体制的一个有机组成部分。对于处在困境中的银行,英格兰银行要求每月或每 6 周提交统计报表。⑤ 统计报表提交后,英格兰银行监管者与银行高管会有一次见面会。1977 年,在获得每家银行 10 份审慎的统计报表之后,英格兰银行开始按照风险程度对银行进行分类,并减

① Reid,'Lessons for bank supervision',p.102.
② Grady and Weale,*British Banking*,pp.38—9.
③ Capie,*The Bank of England*,p.611.
④ Robb,'The genesis of regulation',p.30.
⑤ 'The supervision of the UK banking system',*Bank of England Quarterly Bulletin* 15(1975),p.190.

少同被视为安全的银行的会面频次。[1] 清算银行不向英格兰银行提交季度统计报表,但取而代之的是审查和会面。之所以有这项豁免,是因为英格兰银行与清算银行存在长期的、紧密的关系,所以,英格兰银行拥有更多的信息。[2]

正如英格兰银行新的监管部部长乔治·布兰登(George Blunden)所阐明的,英格兰银行的监管哲学有四个重要的特征:弹性、人性化、渐进和参与性。[3] 正如英格兰银行所操作的那样,监管是具有弹性的,英格兰银行并不喜欢采用银行必须满足的刚性标准和刚性比率。虽然英格兰银行关注资本充足率、流动性比率、海外风险暴露等,但是,英格兰银行仅视其"为标准,并非绝对命令"。[4] 英格兰银行的监管方式是人性化的,英格兰银行发展同银行职员的个人关系,从而形成对银行管理层素质的判断。英格兰银行的监管是渐进的,银行的正式识别程度越高,其所受到监管程度越强。英格兰银行的监管方式也是参与性的,因为监管是银行自愿接受的,并且在监管过程中重视银行界的看法。所以,英格兰银行并不赞同像其他类型的管辖权行使方式那样的审问式调查或检查。[5]

虽然银行自愿接受英格兰银行的业务审核,但是,当英格兰银行要求银行更加谨慎经营时,英格兰银行指导权问题就出现了。表面上看,英格兰银行没有指导权。[6] 可是,不明确的威胁总是存在的,英

---

① Capie, *The Bank of England*, pp.613—4.
② 'The supervision of the UK banking system', *Bank of England Quarterly Bulletin* 15(1975), p.192
③ Ibid., pp.188—94.
④ Ibid., p.189.
⑤ Ibid., p.191.
⑥ Moran, *The Politics of Banking*, p.117.

格兰银行可以取消银行机构的正式识别身份，使得银行服从英格兰银行的“要求”。[①]

法定的审慎监管

尽管次级银行危机后监管体系得以加强，但是，财政部依然担心一旦危机成为遥远的记忆，英格兰银行对外围银行机构的控制力会减弱。[②] 由于还要关注欧洲经济共同体关于银行监管的趋同要求，财政部决定在法定基础上进行银行监管。站在自己的立场上，英格兰银行反对成文的规管和监管的想法，英格兰银行相信举重若轻且非正式的方式是优越的。[③] 英格兰银行充分意识到应对次级银行机构问题的必要性，但是，仅仅提议强化旨在限制银行机构揽储的1963年《储户保护法案》(Protection of Depositors Act)。

1979年《银行法案》主要有三个方面。[④] 第一，对于所有储蓄机构，采用双重授权程序。如果一家机构要在英国从事储蓄业务，在从事储蓄业务之前必须先获得英格兰银行授权。按照授权程序，英格兰银行可以授予机构两种水平的地位，即获准银行和特许储蓄机构，并且，英格兰银行还有撤销授权的权力。获准银行是一定时期赢得良好声誉的机构，并且，提供全部银行服务，而特许储蓄机构具备上述任何一项条件。因此，后者不被允许使用银行标识。这种双重授权程序使英格兰银行能够对造成次级银行危机的机构类型区别对

---

① Revell, 'Solvency and regulation of banks,' p.46.
② Capie, *The Bank of England*, p.617
③ Ibid., p.588.
④ Banking Act 1979, c.37.

待。这样,与较少受到监管和激进的竞争对手相比,“规矩的银行”不再处于不利的竞争地位。[①]

1979年法案的第二个方面是储蓄保护计划(Deposit Protection Scheme,DPS)。自1982年2月开始,按照银行法案,任何获得授权的机构从非银行客户那里获得的第一笔10 000英镑储蓄的75%作为保证金。为了保证金有效实施,所有获得授权的机构需要支付与其储蓄规模绑定的保险费。储蓄保护计划损害了授权程序所要达成的目标,并且打破了竞争平衡,有利于小型储蓄机构。结果,大银行进行强烈的院外活动,反对储蓄保护计划(DPS)的活动最终没有获得成功。[②] 大银行的反对基于以下事实:他们在储蓄保护基金中的贡献最大,并且不可能收回,而这些资金则支持了冒不审慎风险的小型储蓄机构,这些小型机构作为竞争者最终抢走了他们的业务。

银行法案的第三个方面是,一旦一家机构获得授权,一定要接受英格兰银行的监督审查。可是,法案并没有破坏次级银行危机后英格兰银行的监管方式。如果说发生了什么变化,就是法案通过强制所有获得授权的储蓄机构接受监管,从而强化了英格兰银行的监管方式。[③] 英格兰银行在保证法案与其监管哲学一致性方面取得了成功,英格兰银行劝说财政部,不需要像其他管辖权那样的介入和查找的权力。[④]

在银行法案出台后,英格兰银行监管主要强调的是审慎经营报

---

① Moran, *The Politics of Banking*, p.123.

② Ibid., p.127.

③ Gardner, 'Supervision in the United Kingdom', p.77; Cooke, 'Self-regulation and statute', p.74; Goodhart, 'The Bank if England', p.345.

④ Capie, *The Bank of England*, p.630.

表的统计分析和后续的管理问题会谈。对于所有清算银行和海外银行在英国的分支机构,会谈每 6 个月或 9 个月举行一次;按照法案,其他获得授权的机构每季度同英格兰银行会面一次。[1] 另外,在法案出台后以及为了保持同以往英格兰银行监管方式的一致性,获得较低层次授权的银行,也就是特许储蓄机构,与认可的银行相比,必须接受更加严格的监督审查。

英格兰银行继续避免使用绝对的资产负债表比率作为其监管方式的一部分。例如,继 1980 年将 12.5%的储备－资产比率取消后,不再有“比率观念”的英格兰银行表示,监管的目标是确保银行采取审慎流动性政策以及保证这些政策执行的充分的管理控制系统。[2]

在同银行的监管会谈中,资本充足是英格兰银行强调的几个重要问题之一。英格兰银行采用风险—资产比率,用来衡量银行资产负债表中被认为承担风险的资产权重。[3] 采用的权重指标如下:商业贷款＝1,关联贷款＝1.5,不动产贷款＝2,英国政府债券＝0.5。英格兰银行并没有设定最低风险－资产比率,并将其作为总体监督检查程序的一部分,这个比率被用于个别银行的个案监督检查。

1984 年约翰逊—马赛银行家公司(JMB)倒闭(参见第 6 章)显现了监管的缺陷。按照 1979 年法案的授权方案,约翰逊—马赛银行家公司是一家获准银行,英格兰银行马上沿着几个方向加紧监督审查。[4] 第一,对大型且业务复杂的银行实行的“蜻蜓点水”式的监管被

---

① Hall, *Handbook of Banking Regulation and Supervision*, p.15.

② ‘Monetary control: Nextsteps’, *Bank of England Quarterly Bulletin* 21(1981), p.38; ‘The liquidity of banks’, Bank of England Quarterly Bulletin 21(1981), p.40.

③ Blackhurst, ‘What lurks behind UK bank supervision?’, p.8.

④ Hall, *Handbook of Banking Regulation*, pp.18－19.

取消了，它们必须接受更加频繁的访谈；第二，通过非正式的访谈，加强常规审慎监督检查。第三，在监督访谈中，话题范围除了审慎统计报表之外，还包括银行经营计划、预测与战略。作为监督访谈的结果，英格兰银行监督部门的员工数量从1979年的77人增加到1989年的200人。[①]

约翰逊—马赛银行家公司的倒闭还导致了1987年《银行法案》的出台，该法案导致监管系统出现了几个变化。[②] 第一，双重授权程序被取消，代之以单一程序，变成获得授权的银行，需要满足的最低标准更高了。第二，根据法案，获得授权的所有机构必须指定一家独立审计机构，由这家机构向英格兰银行提交关于银行内部管理和会计控制系统的报告，并且，若英格兰银行有要求，需提交银行编制的审慎经营统计报表。第三，一旦全部风险资产超过银行资本的10%，必须向英格兰银行报告，全部风险资产大于银行资本的25%，必须事前公示。第四，提交错误的或误导监管的信息，则视为犯罪。第五，英格兰银行被赋予获得银行任何一方面业务信息的新权力。第六，英格兰银行被赋予控制银行公司治理的权力，可以决定非执行董事的数量以及银行是否需要一个审计委员会。第七，储蓄保险范围翻番，20 000英镑就要投保。

1980年，在审慎监管成文法案出台前的同货币控制相关的紧急监管措施终止。因为失去了货币控制，银行现在拥有更大的自由度进行风险转移，所以，问题出现了：用什么手段约束风险转移。因为相对于资产或储蓄，股东资本仍然较少，所以，避免风险转移的负担

---

① Capie, *The Bank of England*, p.611.

② Banking Act 1987, c.22.

落在了作为监管者的英格兰银行身上。按照银行法案,英格兰银行被赋予了获得银行私人信息的权力,英格兰银行还获得了将其观点强加给银行的权力,同时,可以撤销或威胁撤销银行获得的授权。可是,我们必须问一问,对于大银行来说,撤销授权的威胁是否可置信;仅仅使用审慎统计报表以及管理层访谈的方式,监管者是否可以查明大型且业务复杂银行的风险转移。

资本充足率与审慎监管的全球趋同

1973～1974 年经济不稳定出现之后,10 国集团(G-10)的政治家们鼓励其中央银行行长成立常务委员会,即著名的巴塞尔银行监管委员会(Basel Committee on Banking Supervision,BCBS,简称巴塞尔委员会)。[①] 在整个 20 世纪 80 年代,巴塞尔委员会形成了广泛的一致认同,即资本比率的降低趋势需要采取同一行动加以逆转,从而保证全球银行在同一水平的竞争环境中开展竞争。[②] 尤其是巴塞尔委员会的一些成员担心,资本化不足且国家托底的日本银行快速成长使日本银行具有超越西方同行的竞争优势。[③] 20 世纪 80 年代日本银行的成长是一个重要的现象,1981 年世界 10 大银行(按照总资产规模)中仅有 1 家是日本的银行;到 1988 年,排名前 10 位的银行中 9 家是日本的银行。[④]

---

① G-10 原始成员有比利时、加拿大、法国、德国、意大利、日本、荷兰、瑞典、英国和美国。瑞士 1964 年加入,但名称仍为 G-10。参见 Goodhart, *The Basel Committee on Banking Supervision*, for an excellent history of the BCBS。

② Goodhart, *The Basel Committee*, p.195.

③ Dewatripont, Rochet and Tirole, *Balancing the Banks*, p.78.

④ Tarullo, *Banking on Basel*, *p*.47.

最关注并且最受来自日本银行竞争威胁以及最不满意于巴塞尔委员会试图统一资本充足率标准的两个经济体是美国和英国。因此,1987 年美国联邦监督当局与英格兰银行发表了一份关于的资本充足率标准化规则建议书。[①] 这个建议给出了风险权重法,但是,提出只可用于监管决策制定,并且,实际资本充足率应设定为比最低比率更高的水平。当 10 国集团中其他国家的中央银行行长在 1988 年《巴塞尔协议》中同意统一资本充足率标准时,这个双边协议就显得多余了。[②]

到 1992 年年底,《巴塞尔协议》完全付诸实施。《巴塞尔协议》要求银行总资本的最低水平等于风险加权资产(risk-weighted assets)的 8%。风险加权(比如,0%,20%,50%和 100%)用来反映银行资产(包括银行表外资产)的信用风险。例如,现金、中央银行准备金以及政府债券权重为 0,而银行其他债权权重为 20%。不动产抵押担保的贷款权重为 50%,商业贷款权重为 100%。因此,银行没有零风险加权资产;对于每 100 英镑资产,资本为 1.60 英镑,则风险权重为 20%;对于每 100 英镑资产,资本为 4 英镑,则风险权重为 50%;对于每 100 英镑资产,资本为 8 英镑,则风险权重为 100%。

资本被划分为高质量(第 1 等级)和二级(第 2 等级),以及至少有 50%的资本必须由一级资本构成。前者包括已缴付资本,优先股以及公开储备,而后者包括秘密准备金、重估储备、混合工具以及次级债务。

---

① Bank of England, *Agreed Proposal of the United States Federal Banking Supervisory Authorities and the Bank of England on Primary Capital and Capital Adequacy Assesment*, 1987.

② Goodhart, *The Basel Committee*, p.195.

人们普遍认为，1988年《巴塞尔协议》实现了既定目标。① 第一，在协议签署之后，多数10国集团成员提高了资本充足率。例如，在英国，增加资本而不是降低风险加权资产导致资本充足率的提高。②第二，协议被确信提高了跨国竞争的公平性③，但是，这与经验事实并不相符，并且，日本银行协议前的定价优势并没有消失。④

《巴塞尔协议Ⅰ》的风险加权法是特别的、生硬的并且是出于政治考量的。⑤ 然而，更重要的是，它为资本套利创造了各种类型的机会。例如，为了增加股权收益，银行将贷款组合转换为风险更高的信用，从而出现"随意选择"。尽管银行承担了更大风险，但是，受到监管的资本比率并未发生变化。银行运用证券化这种更加复杂的途径，将受到监管的资本用于套利。实际上，证券化是"随意选择"的另一种形式，因为当资本低于《巴塞尔协议》的要求时，银行就会将高质量贷款证券化。⑥

《巴塞尔协议Ⅰ》的另一个弱点是被巴塞尔委员会自己认识到的弱点，即《巴塞尔协议Ⅰ》重点关注的是信用风险，却忽视了市场风险与利率风险。为了明确这个风险，1996年巴塞尔委员会发布了1988年《巴塞尔协议》市场风险补充条款。银行被允许使用自己的内部风险模型评估其市场风险和利率风险。被使用的模型是风险价值模

---

① Secretariat of Basel Committee on Banking Supervision, *The New Basel Capital Accord: An Explanatory Note*.

② Jackson, 'Capital requirements'.

③ Goodhart, *The Basel Committee*. p.195; Dewatripont, Rochet and Tirole, *Balancing the Banks*, p.79.

④ Jackson, 'Capital requirements', pp.41－2; Wagster, 'Impact of the 1998 Basel Accord'.

⑤ Goodhart, *The Basel Committee*, p.196.

⑥ Jackson, 'Capital requirements', p.24.

型,运用风险价值测度旨在提供涵盖金融资产组合总体风险的单一值。金融资产组合的风险价值是在接下来的 N 天里、在 X%确定性的条件下不会超过的最大损失。[①] 1988 年《巴塞尔协议》市场风险补充条款实施如下:第一,当 $N=10,X=99$ 时,计算银行金融资产组合的风险价值;第二,要求银行持有应对市场风险的资本是大于 3 的风险价值乘数,并且,可以由监管者根据个案情况而定。

英格兰银行以及英国金融服务管理局把《巴塞尔协议》的资本充足监管方法作为监管体制的里程碑。[②] 英格兰银行和英国金融服务管理局要求银行风险—资产比率大于个体风险触发比率,按照《巴塞尔协议》,建议设定的触发比率为高于 8%的最低百分比。银行在任何时候都必须满足其触发比率,但是,监管当局在该比率与为银行设定的实际目标比率之间植入了一个缓冲器。基于银行业务的波动率,目标比率设定为高于触发比率 0.5%～1.0%。银行还被要求说明他们拥有充分有效的机制来管理资本充足率,并且,必须向监管当局报告任何违反触发比率或目标比率的情况。

20 世纪 90 年代后期,国际银行业出现了批评《巴塞尔协议》和巴塞尔委员会的极其强烈的声音。因此,1999 年 6 月巴塞尔委员会启动了征询意见程序,向着新协议迈出第一步。2004 年最终发布了新协议,欧洲是通过 2007 年初《资本标准指令》(Capital Requirements Directive)的贯彻,实施新协议的。《巴塞尔协议Ⅱ》的核心理念是,银行可以使用自己的测度信用和市场风险的风险价值模型,决定其

---

① Hull, *Risk Management and Financial Institutions*, p.196.

② Richardson and Stephenson, 'Some aspects of regulatory capital'; and Singh, *Banking Regulation of UK and US Financial Markets*, chaps.1—2.

所需要持有的资本。监管者的作用仅仅是评估这些模型的适当性并保证这些模型得到正确运用。为了鼓励这些内部评级方法(IRB)的运用,《巴塞尔协议Ⅱ》允许采用这些方法的银行持有减少的受监管资本。

《巴塞尔协议Ⅱ》实施几个月后,大崩溃爆发了。监管体制的变化不太可能受到谴责,因为在《巴塞尔协议Ⅱ》出台前,大量的风险转移就已经发生了。可是,《巴塞尔协议Ⅱ》的出台加剧了已经严重的形势。北岩银行倒闭案就是明证。2007 年 6 月,英国金融服务管理局批准了北岩银行内部评级模型。这项批准的后果是,北岩银行风险加权资产从《巴塞尔协议Ⅰ》下的 340 亿英镑下降到《巴塞尔协议Ⅱ》下的 190 亿英镑,因此,该银行的最低资本量从 27.2 亿英镑下降到 15.2 亿英镑。① 还有一种观点是,2004 年以来执行《巴塞尔协议Ⅱ》的愿望使英国金融服务管理局面对巨大的机会成本,为此,监管当局努力推动《巴塞尔协议Ⅱ》付诸实施,而不是检视审慎风险。②

如果说银行监管的合理性在于避免银行风险转移以及避免银行业体系崩溃,那么,巴塞尔协议的资本监管出现了惊人的失败。失败的一个原因是前述的监管套利,资本监管激励银行成为更严重的风险嗜好者。事实上,向居民不动产市场的大量银行贷款一定程度上是因监管套利引起的,因为在巴塞尔风险加权资产计算模型下,相比商业贷款 100%的风险权重,这类贷款仅有 50%的风险权重。

《巴塞尔协议》资本监管失败的第二个原因是,非常错误地相信

① Dewatripont, Rochet and Tirole, *Balancing the Banks*, p.88.

② Parliamentary Commission on Banking Standards, '*An Accident Waiting to Happen*': *The Failure of HBOS*, p.23; *The Failure of the Royal Bank of Scotland*, p.269.

运用类似风险价值模型的风险管理技术，风险能够被捕获和测度。风险价值模型存在三个主要问题。(1)这里存在一个大胆的假定，即历史波动率可以预测资产当前和未来的波动率。[①] 2007～2008年危机暴露出这个弱点，当时，实际风险提高，而风险权重下降。[②] (2)决定银行资产组合风险的协方差和相关系数长期是不稳定的。在危机期间，资产相关系数变动剧烈。(3)模型假设金融风险(即资产收益的统计分布)是外生的，不是那些金融中介活动参与者的行为引起的。[③] 换句话说，风险测度模型的假设远离了风险转移。这仅仅将银行与资本监管问题转变为工程问题，而忽视了人的行为。

这种错误的信心造成监管当局依赖风险指标，而不使用银行总体状况的风险判断。英格兰银行运用的是弹性的、判断为基础的监管系统，即运用启发性的风险—资产比率。20世纪90年代初，该系统被过度依赖银行风险自我评价的基于规则的系统取代了。

通过苏格兰哈里法克斯银行案例，风险管理与控制体系可以得到近距离的观察。苏格兰哈里法克斯银行是英国最嗜好风险的银行，于2008年倒闭。2002年后期，英国金融服务管理局关于苏格兰哈里法克斯银行的审查明确了其自身控制系统和风险管理程序的弱点。苏格兰哈里法克斯银行的问题没有得到英国金融服务管理局的充分关注，因此，2003年年底英国金融服务管理局只是提高了苏格兰哈里法克斯银行的资本比率要求，该比率由0.5%提高到9.5%，并

---

① Bhide, *A Call for judgment*, pp.122－4.
② Independent Commission on Banking, *Final Report*, p.8.
③ Dewatripont, Rochet and Tirole, *Balancing the Banks*, pp.82－4.

相信苏格兰哈里法克斯银行“将会发生事故”。[①] 然而,两家著名的会计师事务所毕马威(KPMG)和普华永道(PwC)提交的报告显示,苏格兰哈里法克斯银行的风险管理与控制系统运行得很好,所以,2004年12月英国金融服务管理局取消了该银行提高资本比率的决定。到2007年10月,英国金融服务管理局总结道,苏格兰哈里法克斯银行引起对风险管理和控制系统以及已经解决的问题的全面关注。[②]

《巴塞尔协议》资本监管失败的另一个原因是,对股东没有任何要求,且没有给出不从事风险转移的任何激励。表7.2显示,2001年管理性资本与总资产的平均比率(正如前面讨论的,这是广义的定义)是很低的,到2006年进一步下降。可是,无论是按照一级资本还是按照总资本比率(即一级资本加上二级资本),受监管的银行资本都高于《巴塞尔协议》规定的4%和8%的最低标准。尤其是,2001～2006年间这些比率没有明显变化。其中,部分原因是在此期间,银行可以降低资产负债表中风险加权资产的比例(见表7.2)。因此,在大崩溃的前夕,英国银行杠杆率很高,但是,权益资本远高于最低监管标准。

表7.2　　2001年和2006年英国银行受监管资本状况

	受监管资本/总资本(%)		风险加权资产/总资产(%)		一级资本比率(%)		总资本比率(%)	
	2001	2006	2001	2006	2001	2006	2001	2006
阿比国民银行	4.6	4.1	39.4	32.8	8.4	8.0	11.6	12.6

---

① Parliamentary Commission on Banking Standards, '*An Accident Waiting to Happen*': *The Failure of HBOS*, p.23.

② Ibid., pp.24－5, 27.

续表

	受监管资本/总资本(%)		风险加权资产/总资产(%)		一级资本比率(%)		总资本比率(%)	
	2001	2006	2001	2006	2001	2006	2001	2006
联合莱斯特银行	5.8	4.8	49.1	46.9	8.8	7.9	11.9	10.2
巴克莱银行	5.6	3.2	44.6	29.9	7.8	7.7	12.5	11.7
布拉德福德—宾利银行	6.8	6.0	49.2	45.0	9.7	7.6	13.9	13.2
苏格兰哈里法克斯银行	5.4	5.6	50.5	46.7	7.9	8.1	10.6	12.0
汇丰银行	6.0	4.8	56.2	43.3	6.8	7.5	10.7	11.2
劳埃德TSB银行	4.0	4.8	45.8	45.4	7.7	8.2	8.8	10.7
北岩银行	7.4	3.6	56.3	30.5	8.4	8.5	13.2	11.6
苏格兰皇家银行	6.6	5.4	57.1	45.9	7.1	7.5	11.5	11.7
均值	5.8	4.7	49.8	40.7	8.1	7.9	11.6	11.7

注:受监管资本包括一级资本(即已缴资本,优先股以及公开储备)和二级资本(即秘密准备金、重估储备、混合工具以及次级债务)。

资料来源:*Annual Abstract of Banking Statistics* 2007。

《巴塞尔协议》资本监管方式的下一个问题是,因为采用自己的内部评级模型,大银行和那些与大银行业务存在高度关联的银行面对较低水平的资本比率要求。[①] 可是,正是这些机构具有最强烈的转移风险的动机,并且,它们的倒闭造成巨大的负外部性。

《巴塞尔协议》监管方式还有一个弱点是将次级债务视为资本。可是,次级债务持有人并不是剩余索取权人,与股东相比,他们没有激励和能力确保银行管理层不去从事风险转移业务。虽然与储户相

① Dewatripont, Rochet and Tirole, *Balancing the Banks*, p.86.

比,次级债务持有人更是风险规避者,但是,他们同样面对道德风险问题,这表明,巴塞尔监管方式中存在一个概念问题,一旦资产组合受到外部冲击,资本被作为缓冲器,而不是去激励管理者和股东谨慎经营。

从这个出发点来看,《巴塞尔协议》的资本监管方式是有缺陷的。正如这里所提出的,这个监管体系随着时间的推移,更多的缺点将呈现出来。关于这些缺陷的一种解释是,银行业俘获了巴塞尔委员会和国家监管者,以至于资本监管不再成为银行的繁重负担。古德哈特认为,到 20 世纪 90 年代末,当监管者开始采用被监管者的内部风险测度模型时,监管俘获成为问题。[①] 随着 2001 年 1 月新巴塞尔协议的第二份咨询报告的发布,"更加有利于监管俘获"[②]。

银行监管与稳定的全球视角

1913 年之前,英国的银行监管是微不足道的。除了货币发行的限制以增强英格兰银行垄断货币发行地位之外,当局很少想到控制银行,这种情况延续到第二次世界大战。尽管如此,与其他国家不同,大萧条期间英国银行业体系是稳定的。[③] 为什么英国银行业体系能够稳定呢? 正如第 5 章所描述的,与英国银行规模较大相关,英国银行的业务扩展能力使其比其他经济体的银行更加稳健,尤其是比美国的银行更加稳健。值得注意的是,拥有相似银行业结构和银行

① Goodhart, *The Basel Committee*, pp.416, 564.
② Dewatripont, Rochet and Tirole, *Balancing the Banks*, p.81.
③ Grossman, 'The shoe that didn't drop'.

体系的加拿大也安然度过了大萧条。①

英格兰银行建立的原创监管体制还对两次世界大战期间银行业稳定做出了不小的贡献。这个体制是非法定的体制,与那个时期先进经济体完全不同,这个体制下对银行实施非法定的监督,银行必须接受定期检查。大萧条时期,对英国银行业体系稳定做出贡献的另一个因素是银行持有大量的政府债券。可是,问题是银行是否愿意投资政府债券或者道义劝告是否被银行接受。

从 1939 年到 20 世纪 70 年代早期,英格兰银行服从于金融抑制政策,帮助向政府第二次世界大战期间为了保家卫国积累起来的大规模债务提供融资。英国所经历的金融抑制无论如何都不是独树一帜的,因为那时其他发达经济体和几个新兴经济体都存在相似的金融环境。② 虽然世界上的金融抑制政策是有差异的,但是,都有相同的目的,即保持名义利率低水平和负的实际利率,以帮助政府经济重建和债务融资。③ 绝大多数经济体通过准备金要求,刺激银行对政府债券投资的需求;许多经济体实施储蓄和贷款利率控制政策(比如,美国的 Q 条例);还有一些经济体实施信用指导,将信用引导向特定部门。与英国的经历相似,在采用金融抑制政策的发达经济体和新兴经济体中,金融抑制政策对于降低政府债务水平起到了重要作用。④

金融抑制意味着全球银行几乎没有了风险转移空间,因此,金融

---

① Bordo, Redish and Rockoff, ‘Why didn’t Canada have a banking crisis’.
② Reinhart and Sbrancia, ‘The liquidation of government debt’.
③ Ibid.
④ Ibid.

系统得以稳定。值得注意的是，按照莱茵哈特和罗格夫的数据，根据全球银行业危机情况，在过去的两个世纪里，1945 年后的四分之一世纪是最稳定的时期，银行业危机极少。[①] 可是，金融抑制诱发了金融体系无效率，为了银行业稳定付出的成本太高。[②]

发达世界的金融抑制政策面临压力，受抑制的银行面对外国银行和国内储蓄机构的强烈竞争，而外国银行和国内储蓄机构都不受监管约束。面对这样的竞争以及政府债务水平下降的情况导致慢慢废除金融抑制。1974 年次级银行危机发生后，英国的金融抑制政策“寿终正寝”。英国的经历与其他国家并没有太大的差异，20 世纪 70 年代金融自由化之后，诸多经济体经历了银行业的不稳定。[③] 自由化后，英国银行业体系面临两个问题，第一个问题是特有的，第二个问题是许多发达经济体共有的。第一，缺少了严密的监管和银行监督体系。第二，相对于储蓄和资产，银行的资本水平特别低。这样的低水平资本刺激银行从事风险转移，并且，缺乏严密的监管和银行监督体系，银行可以冒更大程度的风险。结果，1979 年英国银行业监管第一次被置于法定的基础之上。

20 世纪 70 年代全球银行兴起以来，为全球银行创造平等竞争环境的政治愿望导致了《巴塞尔协议》的出现，《巴塞尔协议》试图在 10 国集团统一采用资本充足率监管标准。这个协议要求监管者施加给银行最低为 8%的风险加权资本比率。正如前一部分所讨论的，由于多方面的原因，巴塞尔委员会的监管方式是有深层缺陷的。根本而

---

① Reinhart and Rogoff, *This Time Is Different*, p.156.

② McKinnon, *Money and Capital*; Shaw, Financial Deepening.

③ Kaminsky and Reinhart, ‘The twin crises’; Diaz-Alejandro, ‘Good-bye financial repression’; Demirgüç-Kunt and Detragiache, ‘The determinants of banking crises’.

言,正如2007～2008年许多经济体经历的银行业危机所证明的那样,巴塞尔委员会的监管方式是彻底失败的。事实上,采用巴塞尔方式的经济体的经历说明了2007～2008年的危机是全球的危机,此次危机同时影响了绝大多数发达经济体。因为每一个发达国家都采纳了巴塞尔监管体系,绝大多数新兴经济体(比如巴西、中国和印度)只是采纳了其中的基本元素,代之以更加严格的经济监管和约束。

8

银行业稳定性的重建:政策与政治经济学

银行与政府总是具有共生关系。①

——阿内特·阿德麦提(Anat Admati)

与马丁·海尔维奇(Martin Hellwig)

矮胖墩,坐墙头,

矮胖墩,摔了个大跟头,

国王的马和卫士们,

左拼右拼也把他拼不起。

① Admati and Hellwig, *The Bankers' New Clothes*, p.201.

历史与大崩溃

从本书提出的长期历史视角来看，比较容易理解为什么会发生2007～2008年的危机。虽然普遍的观点是谴责银行家的鲁莽行为及其获得的高额奖金，但是，这只是更深层问题的表征。本书认为，银行家仅仅是因应了盛行的激励结构——贪婪的文化，而超额补偿则内生于这种制度背景。

在银行业中，风险转移是流行概念，并且，自早期银行业兴起的时代以来，银行家、储户和政府始终必须解决风险转移问题。直到两次世界大战期间，风险转移得到了遏制，股东投资大量的资本于银行，他们超越了通过无限责任、准备金责任或未缴付资本所负的法律责任。在两次世界大战期间以及20世纪40年代，这些应急资本以及实付资本对储蓄或银行资产的比率有了显著下降。可是，20世纪50年代，资本和应急资本的低水平并没有引起英格兰银行、财政部和储户的关注。为什么没有引起关注呢？答案很简单。自1939年以来，实施旨在降低第二次世界大战引起的巨额债务的金融抑制政策，导致银行业体系被禁锢了。这意味着银行被诱导资产负债中持有大量的具有安全性的政府债券，并且限制银行向高风险行业贷款，比如向房地产开发商的贷款。结果，银行无法转移风险。但是，1980年金融抑制政策终结时，用什么来避免资本不足的银行转移风险呢？

储户和其他银行债权持有者是潜在必要规则的提供者，但是，规则提供的激励被一个多世纪来存在的且被一直证实的信仰大幅消除了,这个信仰就是,财政部和英格兰银行会拯救困境中的银行。正如2007～2008年危机所表明的,储户和银行债权人所相信的是正确的,因为英格兰银行和财政部都愿意采取极端措施,以避免银行倒闭。

另一种对于银行的潜在约束是审慎规则。可是,正如第7章所提出的,这种约束在限制风险转移和避免银行业危机方面,是无效的。结果,银行家多年面临的制度环境导致2007～2008年的大崩溃。在这样的制度环境下,银行既不受股东资本约束,也不受政府监管约束。总之,这个问题就是相信大银行"大而不倒"——只能造成银行家去冒更大的风险。

历史提供了一个视角,有助于我们审视大崩溃发生的原因。可是,关于如何保持银行业稳定,历史还提供了答案或建议。本书结论性的一章中接下来的部分将揭示保持银行业稳定的可行路径。归根结底,历史提出了两个不同路径。要么,我们严格控制银行业体系,如金融抑制时代那样;要么,我们要求银行拥有更多的资本从而让股东更多地"共担风险",以及要求股东负担一些扩展责任。这些教训不仅来自英国银行业稳定的历史,而且也来自全球视角。正如本书所强调的,英国经历的股东扩展责任以及第二次世界大战后对银行的约束并非独一无二。但是,关于两种不同的政策选择支撑银行业稳定,英国银行业稳定的历史提供了一个清晰的范例。

历史上的政策教训:扩展责任的复活

以风险—资本比率为核心的审慎监管没有阻止全球银行业体系

风险。因此,大崩溃之后,全世界的政策制定者们有机会采取激进的措施重构银行业体系。但是,危机后监管方式的变化并非激进的,并且趋向于保持现状。① 改革的重点放在了宏观审慎监管和绝缘防范(圈起篱笆)。②

巴塞尔委员会提出了改革措施,这就是众所周知的《巴塞尔协议Ⅲ》,本质上是广泛的宏观审慎监管措施。宏观审慎监管的主要目标是,在危机发生之前,逆转银行持有过少的缓冲资本的趋势;一旦危机发生,扭转资产严重缩水。③ 这种宏观审慎监管措施有五个主要的构成部分。第一,更加关注普通股权益资本(common equity capital)数量较大的银行(比如,在《巴塞尔协议Ⅲ》中规定,风险加权资产的底线是7.0%),并且从全球视角来看,对具有系统重要性的银行要求更高。第二,反周期资本缓冲器。按照《巴塞尔协议Ⅲ》的改革方案,将范围设定为0～2.5%,当监管当局认为信用增长达到了不可接受的水平时,可以在这个范围内进行选择。第三,当银行无能为力或资本比率低于一定水平时,旨在转换资本工具为普通股以充实资本需得到监管当局的认可。第四,设定了无风险杠杆限制。第五,对银行实施流动性比率限制,以保证银行具有充分的流动性资产。

虽然这些改革措施极大加强了危机前的监管,但是,没有解决第7章中阐述的资本监管重要的内在问题,对于能否消除银行风险转移行为也是存疑的。事实上,第7章中表7.2显示了2006年英国银

① Admati and Hellwig, *The Banker's New Clothes*, chap.13.

② 例如,《特纳评论》(*The Turner Review*)建议采用宏观谨慎方法。还有议会银行业标准委员会关于银行家报酬与冒险行为的惩罚的相关建议,在本书写作时,该建议还没有付诸实施(议会银行业标准委员会,《永久改变银行业》)。

③ Hanson, Kashyap and Stein, 'A macroprudential approach to regulation', p.7.

行一级资本比率很高,平均为7.9%,超出了《巴塞尔协议Ⅲ》所建议的水平。尤其是更强的规则并没有解决监管套利、银行能力以及监管者核算风险权重的核心问题。与过去的版本相比,《巴塞尔协议Ⅲ》更加强调了资本作为缓冲器的作用,而不是激励经理人和股东谨慎行为。

在英国,银行业监管独立委员会建议,英国银行金融零售业务由独立的分支机构从事,这样,"法律上、经济上和运作上与其所属的银行集团其他部门相分离"。① 绝缘防范(圈起篱笆)背后的理念是,更容易、更低成本地救助出现困境的银行,并且将零售银行业与外部金融冲击割离开来。可是,这个建议误诊了大崩溃的病因,因为零售银行(比如,北岩银行和苏格兰哈里法克斯银行)向零售行业和商业不动产行业的贷款是这场危机主要的始作俑者。这种绝缘防范(圈起篱笆)的建议意在更易化解未来的危机。② 但是,存疑的是,目的是否能够达到,因为银行创新会跨越圈起的篱笆。更重要的是,绝缘防范(圈起篱笆)没有解决银行的风险转移倾向。例如,大崩溃之前,苏格兰哈里法克斯银行几乎所有的高风险业务活动都降到了"绝缘防范(圈起篱笆)"范围之内,因为苏格兰哈里法克斯银行没有投资银行作为附属机构,也没有被投资银行业的文化所侵染。③

我们关于长期内英国银行业稳定的研究得出的政策选择是,在两种不同的情境下,银行业的稳定是可能的。第一,正如在金融抑制时代那样,银行被严格监管,并诱导银行持有大量的政府债券。第

① Independent Commission on Banking, *Final Report*, p.9.
② Ibid., pp.9—10
③ Parliamentary Commission on Banking Standards, '*An Accident Waiting to Happen*': *The Failure of HBOS*, p.44.

二,银行股东面对某种形式的扩展责任,以及不救助行为不轨的银行成为政府的可置信承诺。

与金融抑制相关的严格监管已经带来了稳定,但是,成本几何?金融抑制的监管措施是高度无效率的,在这样的监管体制下,资本错配。这些措施还受到公开的指责,政府运用这些政策以利于其选民或政治同盟者。当且仅当一国进入战争状态并积累了巨额债务时,金融抑制政策才是适当的。还有一个问题,对于全球运作的银行来说,严格监管措施能否够以实施。为了吸引银行业务,国家之间会存在监管竞争。

因此,英国银行业体系的历史以及其他经济体银行业体系的历史告诉我们,只要银行家被赋予充分的激励,使他们不进行风险转移,稳定是可以达到的。当股东和经理人面对某种形式的扩展责任时,这意味着极大压制了他们去冒风险,英国银行业是相对稳定的。美国的经验为这种看法提供了有一个支持。例如,梅塞伊(Macey)和米勒(Miller)认为,美国国家银行业体系的双重责任推动了银行业审慎经营,对储户的保护是有成效的。[①]

大崩溃之前,有些学者提出,扩展责任应当被重新导入银行业体系。[②] 2008年危机后,坎迪一布朗(Conti-Brown)指出,系统性重要的金融机构应当按比例承担无限责任。[③] 虽然这些政策建议被视为金融历史上的花絮,并且某种程度上脱离实际,但是,这将是回到稳定的银行业体系的唯一路径。

---

① Macey and Miller, 'Double liability'.
② Macey and Miller, 'Double liability'; Grossman, 'Double liability'.
③ Conti-Brown, 'Unlimited shareholder liability'.

扩展股东责任取得了一些成果,那些狭义银行业鼓吹者的观点(比如,限制银行运作其他机构承担的贷款活动的支付系统)得以实施,且不存在实施严格监管成本。特别是,面对与房地产贷款相关的风险,负有扩展责任的银行注定会极大降低在这个具有波动性行业的风险暴露,结果是其他机构会涌现出来,填补空白。① 历史上存在这样的情况,当股东具有扩展责任时,英国银行极少向房地产行业提供信用。

反对扩展责任的经济观点大多是围绕银行资本的成本问题提出的。由于需要有足够大规模的管理结构保证银行股票不被出售给穷人,银行资本成本过高,所以,扩展责任会降低银行股票的可售性。可是,这些成本不会非常大。例如,在19世纪里,伦敦和区域证券交易所的银行股交易相对比较自由,甚至绝大多数银行具有无限责任的时候,银行股交易也是比较自由的,并且,1878年后无限责任制淡化也几乎没有对银行股票的流动性产生影响。② 但是,在现代背景下,事实是拥有成千上万股东的银行使得管理成本高昂。③ 尽管如此,信息技术和个人信用评价体系的出现意味着评估一个人是否有充分的财富承担股份责任从来没有这样容易。也就是说,如果扩展责任重新导入银行业体系,股东数量必然缩减。这可能对银行规模产生影响。

扩展责任重新导入银行业体系还可能影响投资者的构成。养老金、共同基金和其他机构投资者持有现代银行股票。如果无限责任

① Offer, 'Narrow banking'.

② Acheson and Turner, 'The secondary market'; Acheson, Hickson and Turner, 'Does limited liability matter?', pp.263－4.

③ Acheson, Hickson and Turner, 'Does limited liability matter?', p.270.

制重新导入银行业体系，机构投资者不会拥有银行股票，因为若这样，整个基金将面临潜在的风险。可是，如果责任明确(比如，双倍责任或三倍责任)，则没有理由不相信机构投资者撤离银行股票。

扩展责任重新导入银行业体系的另一个潜在困难是，在危机过程中催缴资本会恶化危机，因为股东必须卖出资产以满足资本催缴，这将导致资产价格螺旋下降。可是，扩展责任的整体目标是阻止首次发生的危机。因为扩展责任激励银行不从事风险转移，所以，不会出现崩溃之前的银行信用推动的资产价格膨胀。考虑扩展责任的一种路径是事前承诺，绝大多数情况下不在事后催缴。然而，尽管在19世纪的小危机中，存在对少数倒闭银行股东的大量追偿，但没有证据显示这些资本追缴行为恶化了形势。事实上，证据则相反，当储户看到富裕的股东满足了资本催缴时，他们对银行的信心增强了。

实施股东无限责任制超越任何其他方式的困难主要在于通货膨胀消解了与扩展责任相关的激励，因为通货膨胀侵蚀了未缴资本(以及实缴资本)的真实价值。诚然，正如第5章所描述的，通货膨胀削弱了英国、美国和加拿大的扩展责任制。对于这个问题的一个解决方案是指数关联的扩展责任，这样，虽然在一次通货膨胀之后，实缴资本不会扩大，但是，可催缴的资本会扩大。实现这个结果的另一个解决方案是，一旦破产，按照储蓄而不是实缴资本的固定比例核算追缴资本的数量。另一个解决方案是，要求政府做出可信承诺，采用商品标准或固定汇率体系，长期内维持通货膨胀率接近于0。接下来，更加详细地讨论这种可能性。

扩展责任重新导入银行业体系的另一个潜在问题是，银行在贷款方面会变得更加保守。在2010年众议院财政委员会会议上,英格兰银行的安德鲁·哈尔登(Andrew Haldane)用事实表达了他的担心。[①] 可是,银行责任与银行信用可得性之间的平衡被打破。正如大崩溃之后表现出来的,信用可得性高度依赖稳定的银行业体系。

有趣的是,不少文献提出,在维多利亚和爱德华时代,扩展责任制处于鼎盛时期,由于过度保守,银行毁掉了英国的产业。[②] 然而,大量的事实表明,英国银行对英国产业并不保守。[③] 银行缺乏对产业长期融资的参与显然主要是缺乏银行贷款需求以及从活跃的债券和证券市场可以得到资金造成的,而不是供给问题。[④] 无论如何,扩展责任体制没有因这种保守主义而直接受到谴责,因为,有一种断言,无限责任制消亡后,银行变得尤其保守了。

关于扩展责任重新导入银行业体系的另一个反对理由是,现代银行过于复杂。换句话说,反对的理由是,当银行业较为简单时,扩展责任制运行很好,但是,今天(银行业是复杂的),(扩展责任制)就不起作用了。可是,因为巴塞尔监管体制和银行试图规避监管,现代银行业更具有复杂性。无论如何,现代银行业的复杂性将更有利于扩展责任重新导入银行业体系。过去,银行董事们需要收集股东申请人的信息。可是,随着信息处理、数据分析和信用评估方式的出现,在被统一成为股东之前,期望成为股东者的财富可以轻易被审

---

① House of Commons Treasury Committee, *Too Important to Fail-Too* Important to Ignore, p.57.

② Kennedy, 'Institutional response' and *Industrial Structure*; Best and Humphries, 'The City and industrial decline'.

③ Capie and Collins, 'Industrial lending'; Collins, 'English bank development'; Collins and Baker, *Commercial Banks and Industrial Finance*; Fohlin, 'The balancing act'.

④ Michie, *The London and New York Stock Exchange*; Coyle and Turner, 'Law, politics and finance'.

查。另外，可以轻易发现此后财富的减少和信用状况的恶化。可以想象的是，基于个体股东的信用和财富状况，甚至信用评级机构可以对银行评级。

呼唤回归扩展责任并非呼唤实施银行业自由的建议，银行业自由的建议主张取消货币和银行业中所有的政府干预。[①]（回归扩展责任）并非呼唤消除中央银行所起到的最后贷款人作用。经典的最后贷款人只是阻止高能货币需求的巨大增加量变成一场彻底的流动性危机。[②] 这就是最后贷款人的重要作用。然而，到19世纪末，英格兰银行和财政部开始救助或协调救助无清算能力的银行。这就造成了严重的道德风险，并从根本上颠覆了银行业体系的稳定性，因为大银行知道，如果它们变得没有清偿能力，纳税人会来拯救。因为银行业体系的社会担保帮助银行业体系稳定，同时，弱化了对股东和银行家的激励，纳税人提供的担保基金和政府安排的储蓄保险也需要终止。由于明确的和不明确的储蓄保险可以视为扩展责任或应急资本的替代，因此，如果扩展责任重新导入银行业体系，将不再需要储蓄保险。

银行业政治经济学

可是，扩展责任重新导入银行业体系、取消储蓄保险以及不救助银行的可信承诺的建议是不现实的，因为这个建议没有考虑到银行

---

① Dowd, *The State and the Monetary System*; Selgin and White, 'How would the invisible hand handle money?'; White, *Free Banking in Britan*.

② Capie, 'The evolving regulatory framework'; Schwartz, 'Real and pseudo-financial crises'.

业政治经济学。因此,本节简要探讨隐含稳定的政治学。结论是,政治是银行业稳定的根本决定因素。

这里提出银行业与政治之间的关系不一定是新奇的,不断增加的文献强调政治经济学对美国银行业和银行监管的塑形。[①] 例如,约翰逊(Johnson)和卡瓦克(Kwak)认为,无论好坏,政治塑造了历史上的美国银行业体系。[②] 哈勃(Haber)展示了政治家制度是如何塑造美国和墨西哥的银行业体系早期发展的。[③] 政治经济学还成为银行业体系稳定的一个决定因素。例如,瑞杰恩认为,20 世纪早期美国放松监管和银行业扩张是对民粹运动的回应,从而导致农业信用的极度扩展,这是大萧条的根本决定因素。[④]

第 7 章讨论了政府政策对银行控制和监管要么是间接式的,即政府对银行的政策是因应所要实现的货币政策目标,或财政政策目标,或政治目标;要么是直接的,即政策目标直接指向银行业体系。无关其外显型(或隐含性),本章提出的基本观点是,政府对银行的政策反映了政治精英和经济精英的利益,这些精英不是固定不变的,而

---

① Rajan and Zingales, 'The great reversals'; Claessens and Perotti, 'Finance and inequality'; Mian, Sufi and Trebbi, 'The political economy'; Perotti, 'The political economy of finance'.

② Johnson and Kwak, 13 *Bankers*.在《金融监管的政治经济学》中,本美尔奇(Benmelech)和莫斯科维茨(Moskowitz)发现,19 世纪美国高利贷法有利于富有的、具有政治地位的人,随着各州选举权范围的扩大,高利贷法弱化了。瑞杰恩和拉姆查伦(Ramchran)的《土地与信用》(Land and Trust)中发现,大农业和依靠土地的精英们作为一个利益集团的出现,反向影响了美国 20 世纪早期银行业的发展。克罗茨纳(Kroszner)和斯特拉罕(Strahan)在《什么驱动着放松监管州?》(What drives deregulation)中发现,私人利益理论驱动着 20 世纪 70 年代和 80 年代美国取消跨州设立分支机构的管制,受大银行和小企业(即放松管制的赢家)占主导地位的各州比小银行和保险公司(放松管制的输家)占主导地位的各州更早地取消跨州设立分支机构管制。

③ Haber, 'Political institutions and financial development'.

④ Raan, *Fault Lines*, p.9.

是因技术变化或制度变化(比如扩大选举权),长期内是可以发生变化的。[①] 有时,如果银行家是经济和政治精英的一部分,政府对银行的政策会反映银行院外活动的力量。它还将反映其他产业或企业的政治势力。进而言之,通过民选代表发声,银行政策将反映出国民需求(或一部分国民需求)。另外,有时,政府的银行政策还反映国防需求。

这种监管的观点不同于关于监管的经济理论。经济学理论观点认为,有组织的利益集团(主要是产业和专业人士)通过对政府和政治家施加政治影响,进而影响监管的性质。[②] 按照经济理论,监管之所以存在,主要因为它可以保护现有产业免于竞争,使现有产业获得租金。可是,从这个视角,难以解释金融监管放松以及银行监管的时序变化。

基于1825～1826年危机,第5章解释了危机的一个大致原因是存在小规模、资本不足的银行。这些银行存在的原因是英格兰银行的特许权特权,使所有其他银行仅限于建立合伙关系以及钞票发行银行仅限于六家合伙银行。在英国,以向政府提供融资作为交换条件,英格兰银行被赋予股份制银行的垄断地位。

按照汤普森(Thompson)和希克森(Hickson)的说法,威廉三世与英格兰银行的发起人被告知,1672年法荷战争之初,阿姆斯特丹银行(Bank of Amsterdam)扩张货币发行向战争紧急融资失败了,他们彻底意识到独立议会不愿意提供战时紧急融资是有历史依据的。[③]

---

① Allen, 'A theory of pre-modern British aristocracy'; Acemoglu and Robinson, 'Why did the West extend the franchise?'

② Stigler, 'The theory of economic regulation'; Peltzman, 'Toward a more general theory'; Becker, 'A theory of competition'.

③ Thompson and Hickson, *Ideology and the Evolution of Vital Economic Institutions*, p.190.

所以，他们创造了国家纸币，由一家国家银行垄断发行，这个国家银行可以在军事紧急状态时富有灵活性地扩大货币发行。他们不会造成等比例的价格水平提高，因为一旦军事紧急状态消失了，独立普通法法官可以强制国家银行按照战前的比率，恢复黄金支付。[①] 换句话说，英格兰银行及其接近垄断的货币发行权是一个关键制度安排，有助于国家生存和新生的民主政治。

在贵族和乡村贵族提议的1832年《大变革法案》(Great Reform Act)出台之前，英国的政治精英就有一种激励，去支持英格兰银行的垄断，因为这可以使小规模银行得以保持，并限制向小农户提供信用。这样，大土地所有者获得帮助，从而保持对小农户及其租户的控制力。[②] 例如，基于向小农户及其租户提供信贷，大农场主把银行视为竞争者。在农业生产的困难时期，只要农户能够获得银行支持，就能度过苦难，大土地所有者就不太可能对小农户和租户保持优势。另外，大土地所有者需要大量的非熟练工人，而银行信贷使小农户和租户及其子女更容易获得受教育的机会。[③]

1825～1826年危机之后，银行被允许组建成股份公司，但是，不被允许承担有限责任或不被允许在伦敦为中心的65公里的半径内设立。可是，1833年英格兰银行的授权被修改时，由于不发行货币的银行被允许设立在伦敦，英格兰银行在伦敦银行业的垄断地位被大大削弱了。[④] 值得注意的是，1825～1826年危机之后的变革是与

① Thompson and Hickson, *Ideology and the Evolution of Vital Economic Institutions*, p.191.

② Rajan and Ramcharan, 'Land and credit', 1896.

③ Galor, Moav and Vollrath, 'Inequality in land ownership'.

④ Bank England Privileges Act(1833)—3 & 4 Will.4, c.98.

政治经济学的解释一致的。1825 年之后的变革弱化了英格兰银行之于银行业的垄断地位。但是,政府可以对其进行制度化管理,这里有几个原因。第一,到 19 世纪初期,议会对军事紧急状态时期的长期国债发行的支持已经普遍化,这意味着政府很少依赖英格兰银行提供战时紧急融资。[①] 第二,债券和养老金市场的发展意味着政府拥有可以选择的资金来源,在正常时期政府不太依赖英格兰银行提供贷款。[②] 第三,贵族和地主利益集团在议会的势力消失。1826 年议会会议是地主阶级影响力和势力灭亡的分水岭。[③] 结果,针对 1825 年后银行改革的议会反对力量几乎不存在了。

1826 年,英格兰银行有效阻止了允许股份银行拥有有限责任的变革,并且,在接下来的 40 年里,英格兰银行坚持反对有限责任制。[④] 按照当时议员威廉姆·克莱的说法,英格兰银行只是为了寻求保持其垄断地位。[⑤] 可是,尽管英格兰银行的反对是基于狭隘的自身利益,但是,1825 年后几十年里,无限责任制决定了英国银行业体系的稳定性。令人感兴趣的是,1858 年最终银行被允许采取有限责任制,而英格兰银行的建议被无视,这个建议是,仅应在银行具有巨大的扩展责任下,才可以采取有限责任制。[⑥] 无论如何,在实践中,这是无限责任制被抛弃后银行所采取的责任制。

在英国银行业体系中,如果无限责任制起到了如此重要的增强

---

① Thompson and Hickson, *Ideology and the Evolution of Vital Economic Institutions*, p.191.

② Broz and Grossman, 'Paying for privilege', p.69.

③ Gash, *Aristocracy and People*, pp.121—3.

④ Headlam, *A Speech on Limited Liability*, p.13. See Hunt, *Development of Business Corporation*, p.50.

⑤ Clay, *Speech of William Clay*, pp.14, 43.

⑥ Turnern'Last acre and sixpence', p.122.

稳定的作用,那么,为什么1878年格拉斯哥市银行倒闭后无限责任制消失了呢? 普遍接受的看法是,无限责任制银行业体系的缺点被揭穿了。① 可是,关于无限责任制的消亡,还有政治经济学的分析。第一,维多利亚时代,中产阶级投资者不喜欢无限责任制,特别是1866年危机后和格拉斯哥市银行倒闭后。② 随着他们政治影响力的增强,他们对政治家施压,通过了1879年《公司法案》,从而银行转变为有限责任制。第二,政治精英希望大银行与英国建设的敌手竞争,他们愿意消除银行集中式成长的障碍。③

战时和战后经济政策对20世纪英国银行业体系的稳定起到了重要的影响,可以说是间接的影响。第一,金融抑制政策在第二次世界大战期间被采用,维持了接近30年,限制了银行转嫁风险。第二,主要由于战时高通货膨胀率,1913年后的资本—储蓄比率下降。当政府控制措施于20世纪70年代取消时,这一比率的下降使银行几乎没有激励去控制风险转嫁。

瑞杰恩和加尔布雷斯(Galbraith)认为,对于大崩溃,有一个政治经济学的解释。④ 加尔布雷斯认为,"不公平是金融危机的核心原因"。⑤ 他提出,由于少数人(包括金融家和公司首席执行官在内)通过金融市场变富,故20世纪70年代以来的不公平水平提高。⑥ 新兴

---

① Acheson and Turner, 'The death blow to unlimited liability'.

② Jefferys, *Business Organisation*, pp.121, 178.

③ Alhadeff, *Competition and Controls in Banking*, pp.237－8; House of Commons Treasury Committee, *Too Important to Fail-Too Important to Ignore*, p.56.

④ Rajan, *Fault Lines*; Rajan, 'The true lessons of the recession'; Galbraith, *Inequality and Instability*.

⑤ Galbraith, *Inequality and Instability*, p.4.

⑥ Galbraith, *Inequality and Instability*, p.149. 相关证据参见, Bivens and Mishel, 'The Pay of corporate executives'。

的资本市场精英将钱贷给没有多少身家的人，后者从来不想还钱。在加尔布雷斯看来，这样的信用扩张类似于庞氏骗局，只能导致泡沫经济和不稳定。

瑞杰恩的基本观点是，政府用来治标不治本的宽松信用政策不能直接接解决中产阶级的深层关注。[①] 特别是在大崩溃之前的多年里，政府政策使信用更容易获得，用以缓解对于中产阶级的不公平以及被经济增长和技术进步抛弃的阶级。换句话说，“对于不公平的一个重要的政治回应是大众信用扩张，从而使人民有消费的可能性，然而，收入的停滞是无法支持消费的”。[②] 这样的信用扩张创造了房地产泡沫，最终房地产市场坍塌，对那些扩大信用消费的人们造成灾难性后果。可是，可得的经验证据不支持瑞杰恩的不公平——信用—危机关联性，先有金融危机，才有不公平，而不是先有不公平，后有金融危机的。[③] 瑞杰恩的解释可能与美国的情况吻合，对于美国政府主导的企业（比如，房地美和房利美）来说，抵押信贷得到了《联邦政府住房管理委员会再投资法案》(Federal Housing Administration Community Reinvestment Act)以及更高水平的居者有其屋法案的保障。可是，这恰恰不适合英国，英国政府没有这样的激励或机构推进低收入者实现“居者有其屋”。

在民主体制下，政府针对银行业的政策很容易被私人利益集团俘获，在这个方面，加尔布雷斯和瑞杰恩的观点可能是一致的。最有

---

① Rajan, *Fault Lines*, p.9.

② Ibid., p.42.

③ Bordo and Meissner, ‘Does inequality lead to financial crisis?’; Atkinson and Morelli, ‘Economic crises and inequality’; Claessens and Perotti, ‘Finance and inequality’, p. 749.

可能的是,当政府面临日益提高的不公平水平的压力之下时,会提高边缘借款人信用的可得性。①监管俘获和民粹主义政策的结合注定导致放松标准和监管,进而导致超额信用创造乃至随后的危机。值得注意的是,事实表明这样的"结合"在美国确实存在并起作用。米恩(Mian)、苏菲(Sufi)和特瑞比(Trebbi)发现,2001～2002年开始,抵押行业对选举产生的影响显著上升,对政治家的选票贡献的明显增加来自次级抵押贷款借款人比例大的地区。②可是,他们的解释过于细微而不足以断言政治家被收买。他们发现,一个地区部分次级贷借款人是政治家获得选票的重要因素,因为这些政治家赞成次级贷相关的法规。换句话说,美国政治家呼应个人(或特殊)利益以及选民利益,造成了大崩溃。

就英国的情况而言,在过去30年收入不平等水平提高了。例如,1987年英国1%的富人收入占比为7.78%,到2007年为15.44%。③然而,不断提高的不平等与大崩溃期间达到高峰的危险的信用扩张没有因果关系。这仅仅表明政治团体对中产阶级关注度的降低,这种情况自冷战以来也许更早时期一直存在。④这种降低的关注度主要表现在并非人人平等的税收政策上,这样的税收政策是对中产阶级的惩罚。⑤但是,这也表明放松监管有利于金融领域和其他领域的精英们,他们更有可能制造资产泡沫。资产价格泡沫具有

① Perotti, 'The political economy of finance', p.32.

② Mian, Sufi and Trebbi, 'The political economy'.

③ *The World Top Incomes Database*, available at http:// topincomes.g-mond.

④ 参见 Thompson and Hickson, *Ideology and the Evolution of Vital Economic Institutions*, pp.86-7。他们分析了不断减弱关注的可能原因以及整个历史中帝国权力集中的方式最终耗尽了中产阶级的锐气。

⑤ Piketty and Saez, 'How progressive is the U.S. federal tax system?', p.21, on the reduced egalitarianism of the UK tax system since 1970.

决定性后果。例如，由于损失了资本，房地产泡沫导致众多中产阶级家庭(特别是年轻家庭)的财富更少。根本而言，考虑传统税收、通货膨胀和人为抑制利率，中产阶级承担了银行业体系救助的成本。

不平等使得监管俘获更加容易。[①] 例如，金融行业的高收入者运用其“院外活动”的影响力，游说放松监管，最终导致危机。[②] 根据众议院银行标准委员会的说法，英国的政治家屈从于银行的“院外活动”。[③] 可是，这就提出了一个问题：具有强大的政治和法律制度的宪政民主下，这种情况是如何发生的。一个主要的解释是，在大崩溃前伦敦城及其银行的巨额收入使金融体系对政治家具有了过分的势力和影响。[④] 第一，伦敦城及其银行为英国经济生活带来了巨大的、可见的收益。第二，危机前10年相对于其他经济部门，金融部门增长显著。1997～2007年，英国金融业的年产出增长率为6%，相比之下，平均GDP增长率仅为3%。1997年金融服务业在名义GDP的占比略低于6%，到2007年，金融服务业的贡献几乎达到9%。[⑤] 由于这样的增长速度，银行资产从1997年为GDP的300%增加到2007年大约为GDP的500%。[⑥] 众议院银行标准委员会指出，历届

---

① Claessens and Perotti, 'Finance and inequality', p.749.

② 关于英国金融行业收入水平的提高，参见 The High Pay Commission, *Cheques With Balances*, *p*.34。参见 *Igan*, *Mishra and Tressel*, '*A fistful of dollars*', 他们分析了在跑步进入2008年危机的过程中，美国贷款人的游说活动。他们认为，这些游说活动导致了金融危机。

③ Parliamentary Commission on Banking Standards, *Changing Banking for Good*, p. 62.

④ Dow and Dow, in 'Economic history', made a similar point.

⑤ Burgess, 'Measuring financial-sector output', p.234.

⑥ 'Evolution of the UK banking system', *Bank of England Quarterly Bulletin* (2010), pp.325, 329.

政府“被银行业承诺的经济增长和税收搞得目眩”[①]。第三,危机前的10年英国银行业盈利能力非常高。2007年银行贡献了整体经济利润的15%以上,1997年大约为整体经济利润的6%。[②]

伦敦城的成就对于工党政府的经济政策以及政府健康卫生、教育和社会福利支出增长至关重要,因为这有利于在公共部门的工人和福利获得者中加强工党政府的势力基础。因此为了获得势力和影响力,金融部门不需要通过为选战出资或向退出政坛的政治家提供顾问或独立董事职位来“收买”政治家。当然,并非意味着这种情况不会发生。

银行和政府之间的共生关系决定了英国金融服务管理局要做到无干扰和少受打扰是有压力的。[③] 首相戈登·布朗(Gordon Brown)及其政府长挂嘴边的政策是,通过有限的严格监管和独立监管,提高英国银行业的国际竞争力。[④] 用布朗的话说,“不只是少受打扰,而是要限制打扰”[⑤]。因此,特纳勋爵指出,如果在2004年银行信用扩张过程中英国金融服务管理局实施控制措施,那么,政治家们就会说,他们“不应该抑制向普通民众的抵押贷款信用的扩张”,这样会“阻碍住房所有权民主化”[⑥]。类似地,英国金融服务管理局指出,如果在危

① Parliamentary Commission on Banking Standards, *Changing Banking for Good*, p. 12.

② Haldnane, ‘The contribution of the financial sector’, 4.

③ *The Fail of the Royal Bank of Scotland*, p. 261; House of Commons Treasury Committee, *Banking Crisis: Regulation and Supervision*, p. 1; Parliamentary Commission on Banking Standards, *Changing Banking for Good*, p. 62.

④ *The Failure of the Royal Bank of Scotland*, p. 261－2

⑤ *The Failure of the Royal Bank of Scotland*, p. 262.

⑥ House of Commons Treasury Committee, *Banking Crisis: Regulation and Supervision*, p. 11.

机出现苗头时，英国金融服务管理局建议加强监管，那么，“他们的建议会面临广泛的声讨，被认为英国金融服务管理局要实施手段强硬的镀金法(gold-plating approach)，将损害伦敦金融城的竞争力”[①]。

银行不仅能够俘获政府对其监管政策，而且能够俘获英格兰银行的货币政策决定。本书研究所涵盖的两个世纪绝大多数时间里，英国货币价值通过金本位制、金汇兑本位制和布雷顿森林体系直接或间接与黄金绑定。重要的是，这意味着英格兰银行免受政府和银行要求降低利率的压力。可是，布雷顿森林体系崩溃后，英格兰银行容易被政治精英和(或)银行所控制。1997年英格兰银行被赋予了更大的操作独立性，从而不太容易被政治利用，但是，其更加公开地被银行业体系所控制。[②] 一种可能性是，为了信用扩张，银行家们力争低利率。力争低利率的能力与放松监管的结合最终造成了房地产泡沫。这意味着银行改革也同时要求货币改革，可置信承诺——比如与商品或商品集合绑定的货币——避免中央银行将利率定得太低。[③] 另一种可能性是，采取取消中央银行的自由银行政策，并允许银行发行自己可兑换商品或商品集合的货币。这个政策的吸引力从根本上提出了这样的命题：英格兰银行是否继续作为政府紧急融资的来源。

英国大崩溃的政治经济学解释对于陷入2007～2008年危机的其他经济体具有普遍意义。受危机影响的经济体全部是拥有大规模公共部门的西方自由民主经济体。所有进行政治劝告的政治家们面

---

① *The Failure of the Royal Bank of Scotland*, p.262.

② Dow and Dow, ‘Economic history’, p.11.

③ White, *Free Banking*; White, *The Theory of Monetary Institutions*; and Selgin and White, ‘How would the invisible hand handle money?’

对银行业的“炼金术”均被搞得眼花缭乱,这些政治家乐于在银行业体系中运用“轻触式”监管方式。在这些民主国家中,不断增加的不公平也是一个问题,面对银行的监管俘获,这些国家处于脆弱地位。① 值得注意的是,在经历危机的所有经济体中,处在危机中心的两个经济体最不公平,因此,其遭受的损失也最大,它们分别是英国和美国。

恢复和保持银行业稳定是政治问题而不是经济问题。艾德美迪(Adznati)和海尔维奇(Hellwig)指出,由于政治家缺乏政治意愿,银行业体系彻底改革还没有发生。② 可是,遗憾的是,英国和其他国家的普通民主腐败无助于银行改革或银行业稳定。③ 受颇具影响力的金融院外活动的左右,政治精英消除保护银行业体系的安全网,不愿意对未来银行风险转嫁行为进行必要的限制,以免损害银行的竞争力。西方民主国家的多数人表决机制维持着这种状态,福利支付体系以及稳定的、收入高的公共部门的工作岗位使人们乐于维持这种状态。可是,中产阶级承担了与银行诱发的房地产泡沫相关的巨额资本损失,他们最终负担了银行救助成本,因此,银行业的激进改革以及银行股东承担责任是符合中产阶级利益的。只有当政治算术出现重大变化时,才能带来这样的变革。如果这种变革失败,我们能够预期的是,银行业不稳定和危机将成为新常态。

---

① 参见博尼卡(Bonica)、麦克卡特(McCarty)、普乐(Poole)和罗森塔尔(Rosenthal),《为什么没有了民主?》(*Why Hasn't Democracy*),讨论了民主没有减缓不公平加剧的原因。

② Admati and Hellwig, *The Bankers' New Clothes*, p.228.

③ 关于英国大众民主腐败和政治与经济寡头兴起的更多信息,参见 Mount, *The New Few*。

参考文献

议会文件/官方报告

Committee of Secrecy on the Bank of England Charter(P.P. 1831—32, VI)

Select Committee on Joint Stock Banks(P.P. 1836, IX)

Select Committee on Joint Stock Banks(P.P. 1837, XIV)

Select Committee on Joint Stock Banks(P.P. 1838, VII)

Select Committee on Banks of Issue(P.P. 1840, IV)

Secret Committee of the House of Lords on Causes of Commercial Distress(P.P. 1847—8, I)

Select Committee on the Bank Acts(P.P. 1858, LXXVIII)

Report of the Treasury Committee on Bank Amalgamations, London: HMSO, 1918.

Hansard House of Commons Debates(vol. XIV).

Hansard House of Lords Debates(vol. 465).

House of Commons, *Report of Committee on Finance and Industry*, London: HMSO, 1931.

House of Commons, *Report of Committee on Working of the Monetary System*, London: HMSO, 1959.

National Board for Prices and Incomes, *Bank Charges*, London: HMSO, 1967.

House of Commons, *First Report from the Select Committeeon Nationalised Industries: Bank of England*, London: HMSO, 1970.

House of Commons, *Committee to Review the Functioning of Financial Institu-*

tions, *Evidence on the Financing of Industry and Trade*, vol. 5, London: HMSO, 1978.

House of Commons, *Committee to Review the Functioning of Financial Institutions*, *Second-Stage Evidence*, vol. 4, London: HMSO, 1979.

House of Commons, *Report of the Committee to Review the Functioning of Financial Institutions*, London: HMSO, 1980.

House of Commons, *Inquiry into the Supervision of the Bank of Credit and Commerce International*, London: HMSO, 1992.

Bank of England, *Report of the Board of Banking Supervision into the Circumstances of the Collapse of Barings*, London: HMSO, 1995.

House of Commons Treasury Committee, *The Run on the Rock*, London: Stationery Office, 2008.

The Turner Review: *A Regulatory Response to the Global Banking Crisis*. London: Financial Services Authority, 2009.

House of Commons Treasury Committee, *Banking Crisis*: *Dealing with the Failure of the UK Banks*, London: Stationery Office, 2009.

House of Commons Treasury Committee, *Banking Crisis*: *Regulation and Supervision*, London: Stationery Office, 2009.

House of Commons Treasury Committee, *Too Important to Fail-Too Important to Ignore*, London: Stationery Office, 2010.

The Failure of the Royal Bank of Scotland, London: Financial Services Authority, 2011.

HM Treasury Annual Report and Accounts, 2010—11.

Independent Commission on Banking, *Final Report*, 2011.

National Audit Office, *The Creation and Sale of the Northern Rock plc*, London: HMSO, 2012.

Office for National Statistics, Public Sector Finances, October 2012, London: ONS.

Parliamentary Commission on Banking Standards, '*An Accident Waiting to Happen*': *The Failure of HBOS*, London: HMSO, 2013.

Parliamentary Commission on Banking Standards, *Changing Banking for Good*, London: HMSO, 2013.

报纸与期刊

Annual Abstract of Banking Statistics (British Bankers' Association)

Bank of England Quarterly Bulletin

Belfast Newsletter

Course of the Exchange

Investor's Monthly Manual

Northern Whig

The Banker

The Bankers' Almanac and Year Book

The Banking Almanac and Year book

The Banker's Magazine

The Daily Telegraph

The Economist

The Guardian

The Manchester Guardian

The Observer

The ScotsmanThe Times

Stock Exchange Official Yearbook

档案

BANK OF ENGLAND

Extract from an address delivered by F. C. Goodenough in Sweden (9 May 1927), G1/10.

Draft of an article in *Bankers' Magazine*, May 1924, 'Bank Amalgamations-the Last Phase', G1/9.

Con.dential internal memo on bank capital(30 September 1958), C40/102.

Memo on capital increases by clearing banks(5 November 1959), C40/102.

Con.dential internal memo(3 November 1937), G14/75.

Memo by H. Clarke(24 July 1957), C48/350.

Con.dential internal memo(10 April 1958), C40/102.

Con.dential internal memo(30 April 1958), C40/102.

Con.dential internal memo(8 October 1958), C40/102.

Con.dential internal memo(6 February 1959), C40/102.

Capital of the Bank of Scotland secret memo(27 October 1937), C48/61.

Secretary's Index Book, G16/1.

Minutes of Court of Directors, G4/89, G4/113, G4/134.

Committee on the Working of the Monetary System, memoranda of evidence, G12/1.

Baring Brothers and Co. crisis papers, C5/183.

Yorkshire Penny Bank papers, C5/111.

Governor's .le on bank amalgamations, G1/10.

Cox and Co. papers, C46/129.

Anglo-South American Bank papers, C48/68.

Committee of Treasury Minutes, G8/56, G8/57, G8/58, G8/59.

British Overseas Bank papers, C48/129.

Speech of Montagu Norman at Lord Mayor's Dinner(1 October 1935), G13/1.

Speech of Montagu Norman at the Centenary Luncheon of The Economist(2 September, 1943), G13/1.

Speech of Lord Catto at the Lord Mayor's Dinner(1946), G13/1.

Extract from an Address by Walter Leaf(March 1927), G1/10.

Montagu Norman's Diary 1926, ADM20/15.

Montagu Norman's Diary 1934, ADM34/23.

Committee on the Working of the Monetary System, Memoranda of Evidence, Bank of England(June 1957), G12/1.

Bank Amalgamations—Letter from Norman to J. B. Pease(22 November 1926), G1/10.

Bank Amalgamations—Norman memo on meeting with Sir Christopher Need—ham(3 November 1926), G1/9.

Bank Amalgamations—Norman memo(10 August 1925), G1/9.

Bank Amalgamations—Norman memo(13 April 1927), G1/10.

Bank Amalgamations—Notes on interview at the Bank of England on 20 June 1934, G1/11.

Bank Amalgamations—Norman memo(12 May 1927), G1/10.

Bank Amalgamations—Letter from Manager of Equitable Bank(4 May 1927), G1/10.

Bank Amalgamations—Letter from Norman to Duke of Buccleuch(21 August 1930), G1/10.

Bank Amalgamations—Letter from Farrer to Lord Colwyn and copied to Norman (15 February 1923), G1/9.

Bank Amalgamations—Governor's Note(9 May 1961), G1/13.

Bank Amalgamations—Governor's Memo(15 August 1962), G1/13.

Bank Amalgamations—Governor's Memo(17 September 1962), G1/13.

Discount Office(Banking Supervision) Files—Letter from D. Heathcoat Amory (1 July 1958), C48/350. Discount Office(Banking Supervision) Files—Letter from C. F. Cobbold to Chancellor(3 July 1958), C48/350.

Discount Office (Banking Supervision) Files — Letter from C. F. Cobbold to Chairman of Committee of London Clearing Bankers(3 July 1958), C48/350.

Discount Office(Banking Supervision) Files—Aide Memoire(June 1958), C48/350. Discount Office(Banking Supervision) Files, Memo(7 December 1960),

C44/304. Statistics prepared for Radcliffe Committee, EID1/15. Governor's memo(15 August 1962), G1/13. Extracts from the minutes of Committee of Treasury(12 September 1957),

G14/149. Letter from John Simon to Montagu Norman(26 September 1939), G14/149.

BANK OF IRELAND

Court of Directors Transactions, 1836.

BARCLAYS BANK ARCHIVES

Contracts of copartnership for the following: Bank of Liverpool; Birmingham Town and District; Carlisle and Cumberland; Stamford and Spalding Banking Company.

BRITISH LIBRARY

Contracts of copartnership for the following: Birmingham and Midland; City of Glasgow Bank; Lancaster Banking Company; County of Gloucester Bank; Herefordshire Banking Company; Hudders. eld Banking Company; Hull Banking Company; Leeds and West Riding; Royal Bank of Liverpool; Wilts and Dorset; York Union Banking Company.

HBOS/ BANK OF SCOTLAND ARCHIVES

Contracts of copartnership for Central Bank of Scotland.

HSBC ARCHIVES

Bradford Banking Company Registry of Wills, 236/ 4.

Contracts of copartnership for the following: Bradford Banking Company; Carlisle City and District; City Bank; Leicestershire Banking Company; London Joint Stock Bank; North and South Wales Bank; Stourbridge and Kidderminster; Yorkshire Banking Company; Yorkshire District Bank.

Press Cuttings Relating to Birmingham Banking Company, 16.F.02.

Shef. eld and Hallamshire Share Registers, 598/ 1—2.

LLOYDS-TSB ARCHIVES

Contracts of copartnership for the following: Burton, Uttoxeter and Stafford—shire; Hampshire Banking Company.

Hampshire Banking Company Shareholders' Register, 1085.

PUBLIC RECORD OFFICE OF NORTHERN IRELAND(PRONI)

Contracts of copartnership for the following: Belfast Banking Company; Northern Banking Company; National Bank of Ireland; Ulster Banking Company.

Ulster Banking Company's Share Transfer Journals, D/3499/CC/2—3.

Will Calendar Books, various annual issues.

ROYAL BANK OF SCOTLAND ARCHIVES

Contracts of copartnership for the following: Ashton, Stalybridge, Hyde and Glossop; Bank of Whitehaven; Bilston District Banking Company; Commercial Banking Company; London and Westminster Bank; London and County Bank; Manchester and Liverpool District Bank; National Bank of Scotland; National Provincial Bank; Shef.eld Banking Company; Union Bank of London.

Shef.eld and Rotherham Directors' Minute Book, SR/1/2.

著作、文章与小册子

Acemoglu, D. and Robinson, J. A. 'Why did the West extend the franchise? Democracy, inequality, and growth in historical perspective', *Quarterly Journal of Economics*, 115, 1167—99, 2000.

Acheson, G. G. and Turner, J. D. 'The impact of limited liability on ownership and control: Irish banking, 1877—1914', *Economic History Review*, 59, 320—46, 2006.

Acheson G. G. and Turner, J. D. 'The death blow to unlimited liability in Victo-rian Britain: The City of Glasgow failure', *Explorations in Economic History*, 45, 235—53, 2008.

Acheson, G. G. and Turner, J. D. 'The secondary market for bank shares in nineteenth-century Britain', *FinancialHistoryReview*, 15, 123—52, 2008.

Acheson, G. G. and Turner, J. D. 'Investor behavior in a nascent capital mar—ket: Scottish bank shareholders in the nineteenth century', *Economic History Review*, 64, 188—213, 2011.

Acheson, G. G. and Turner J. D. 'Shareholder liability, risk aversion, and investment returns in nineteenth-century British banking', in D. R. Green, A. Owens, J. Maltby and J. Rutterford (eds.), *Men, Women, andMoney: Perspectiveson Gender, Wealth, andInvestment 1850—1930*, Oxford: Oxford University Press, 2011.

Acheson, G. G., Hickson, C. R. and Turner, J. D. 'Organizational .exibility and governance in a civil-law regime: Scottish partnership banks during the Industrial Revolution', *Business History*, 53, 505—29, 2011.

Acheson, G. G., Hickson, C. R. and Turner, J. D. 'Does limited liability mat—ter? Evidence from nineteenth-century British banking', *Review of Law and Economics*, 6, 247—73, 2011.

Acheson, G. G., Hickson, C. R., Turner, J. D. and Ye, Q. 'Rule Britannia!: British stock market returns, 1825—1870', *Journal of Economic History*, 69, 1107—37, 2009.

Acheson, G. G., Turner, J. D., and Ye, Q. 'The character and denomination of shares in the Victorian equity market', *Economic History Review*, 65, 862—86, 2012.

Ackrill, M. and Hannah, L. Barclays: *The Business of Banking 1690—1996*, Cambridge: Cambridge University Press, 2001.

Admati, A. and Hellwig, M. *The Bankers' New Clothes: What's Wrong with Banking and What to Do about It*, Princeton, NJ: Princeton University

Press, 2013.

Adrian, T. and Shin, H. S. 'The changing nature of .nancial intermediation and the financial crisis of 2007—2009', *Annual Review of Economics*, 2, 603—18, 2010.

Alborn, T. L. *Conceiving Companies: Joint-Stock Politics in Victorian England*, London: Routledge, 1998.

Alessandri, P. and Haldane, A. G. 'Banking on the state', Bank of England speech, 25 September 2009.

Alhadeff, D. A. *Competition and Controls in Banking: A Study of the Regulation of Bank Competition in Italy, France and England*, Berkeley: University of California Press, 1968.

Allen, D. W. 'A theory of the pre—modern British aristocracy', *Explorations in Economic History*, 46, 299—313, 2009.

Allen, W. R. 'Irving Fisher and the 100 percent reserve proposal', *Journal of Law and Economics*, 36, 703—17, 1993.

Amsler, C. E., Bartlett, R. L. and Bolton, C. J. 'Thoughts of some British economists on early limited liability and corporate legislation', *History of Political Economy*, 13, 774—93, 1981.

Anderson, B. L. and Cottrell, P. L. *Moneyand Bankingin England: TheDevelopment of theBanking System, 1694—1914*, London: David & Charles, 1974.

Anderson, B. L. and Cottrell, P. L. 'Another Victorian capital market: A study of banking and bank investors on Merseyside', *Economic History Review*, 28, 600—15, 1975.

Anon. *The Western Bank Failure and the Scottish Banking System*, Glasgow: John Bain, 1858.

Anon. *How to Mismanage a Bank: A Review of the Western Bank of Scotland*, Edinburgh: Adam and Charles Black and John Maclaren, 1859.

Anon. *Williams Deacon's 1771—1970*, Manchester: Williams Deacon's Bank, 1971.

Arcand, J.—L., Berkes, E. and Panizza, U. 'Too much .nance?', *IMF Working Paper WP/12/161*, 2012.

Atkinson, A. B. and Morelli, S. 'Economic crises and inequality', *United Nations Human Development Research Paper 2011/06*, 2011.

Bagehot, W. *Lombard Street: A Description of the Money Market*, New York: John Wiley & Sons, 1999[1873].

Baker, M. and Collins, M. 'Financial crises and structural change in English commercial bank assets, 1860—1913', *Explorations in Economic History*, 36, 428—44, 1999.

Balogh, T. *Studies in Financial Organisation*, Cambridge: Cambridge University Press, 1950.

Bank of England, *Agreed Proposalofthe United States Federal Banking Supervisory Authorities and the Bank of England on Primary Capital and Capital Adequacy Assessment*, 1987.

Baring, F. *Observations on the Establishment of the Bank of England and the Paper Circulation of the Country*, New York: Augustus Kelley, 1967[1797].

Barrow, G.L. *The Emergence of the Irish Banking System, **1820—1845***, Dublin: Gill and Macmillan Ltd., 1975.

Batchelor, R. A. 'The avoidance of catastrophe: Two nineteenth-century banking crises', in F. Capie and G. Wood(eds.), *Financial Crises and the World*

Banking System, London: Macmillan, 1986.

Batini, N. and Nelson, E. 'The U.K.'s rocky road to stability', *Federal Reserve Bank of St.Louis Working Paper 2005—020A*, 2005.

Beck, T. and Levine, R. 'Stock markets, banks, and growth: Panel evidence', *Journal of Banking and Finance*, 28, 423—42, 2004.

Becker, G. S. 'A theory of competition among pressure groups for political influence', *Quarterly Journal of Economics*, 98, 371—400, 1983.

Bell, G. J. *Commentaries on the Laws of Scotland*, Edinburgh: T. & T. Clark, 6th edn., 1858.

Benmelech, E. and Moskowitz, T. J. 'The political economy of financial regulation: Evidence from U.S. state usury laws in the 19th century', *Journal of Finance*, 65, 1029—73, 2010.

Benston, G. J. and Kaufman, G. G. 'The appropriate role of bank regulation', *Economic Journal*, 106, 688—97, 1996.

Berger, A. N., Herring, R. J. and Szegö, G. P. 'The role of capital in financial institutions', *Journal of Banking and Finance*, 19, 393—430, 1995.

Berger, A. N., Klapper, L. F. and Turk-Ariss, R. 'Bank competition and financial stability', *Journal of Financial Services Research*, 35, 99—118, 2009.

Bernanke, B. S. 'Nonmonetary effects of the .nancial crisis in the propagation of the Great Depression', *American Economic Review*, 73, 257—76, 1983.

Bernanke, B. S. and Gertler, M. 'Agency costs, net worth, and business fluctuations', *American Economic Review*, 79, 14—31, 1989.

Bernanke, B. S., Gertler, M. and Gilchrist, S. 'The .nancial accelerator and the .ight to quality', *Review of Economic Statistics*, 78, 1—15, 1996.

Best, M. H. and Humphries, J. 'The City and industrial decline', in B. Elbaum and W. Lazonick (eds.), *The Decline of the British Economy*, Oxford: Clarendon Press, 1986.

Bhattacharya, S., Boot, A.W.A. and Thakor, A.V. 'Theeconomics of bank regulation', *Journal of Money, Creditand Banking*, 30, 745—70, 1998.

Bhidé, A. *A Call for Judgment: Sensible Finance for a Dynamic Economy*, Oxford: Oxford University Press, 2010.

Bignon, V., Flandreau, M. and Ugolini, S. 'Bagehot for beginners: The making of lender-of-last-resort operations in the mid-nineteenth century', *Economic History Review*, 65, 580—608, 2012.

Billings, M. and Capie, F. 'Capital in British banks, 1920—1970', *Business History*, 49, 139—62, 2007.

Billings, M. and Capie, F. 'Financial crisis, contagion, and the British banking system between the world wars', *Business History*, 53, 193—215, 2011.

Bivens, J. and Mishel, L. 'The pay of corporate executives and .nancial professionals as evidence of rents in top 1 percent incomes', *Journalof Economic Perspectives*, 27, 57—78.

Blackhurst, C. 'What lurks behind UK bank supervision?', *International Financial Law Review*, February, 4—10, 1985.

Bodernhorn, H. *A History of Banking in Antebellum America: Financial Markets and Economic Development in an Era of Nation-Building*, Cambridge: Cambridge University Press, 2000.

Bonica, A., McCarty, N., Poole, K. T. and Rosenthal, H. 'Why hasn't democracy slowed rising inequality?', *JournalofEconomicPerspectives*, 27, 103—24.

Booth, P. (ed.). *Verdict on the Crash: Causes and Policy Implications*, London: Institute of Economic Affairs, 2009.

Bordo, M. D. 'The lender of last resort: Alternative views and historical experience', *Federal Reserve Bank of Richmond Economic Review, January/February*, 18—29, 1990.

Bordo, M. D. and Meissner, C. M. 'Does inequality lead to a .nancial crisis?', *NBER Working Paper 17896*, 2012.

Bordo, M. D., Redish, A. and Rockoff, H. 'Why didn't Canada have a banking crisis in 2008 (or in 1930, or 1907, or ...)?', *NBER Working Paper 17312, 2011.*

Boyd, J. H. and De Nicolò, G. 'The theory of bank risk taking and competition revisited', *Journal of Finance, 60, 1329—43, 2005.*

Briault, C. 'The rationale for a single national .nancial services regulator', *FSA Occasional Paper Series 2, 1999.*

Broadberry, S. N. and van Leeuwen, B. 'British economic growth and the business cycle, *1700—1850*', University of Warwick: Department of Economics, *2009.*

Bromhead, A. de, Eichengreen, B. and O'Rourke, K. H. 'Right-wing political extremism in the Great Depression', *NBER Working Paper 17871, 2012.*

Brown, R. *Early Scottish Joint—Stock Companies*, Glasgow: Carter and Pratt, *1903.*

Broz, J. L. and Grossman, R. S. 'Paying for privilege: The political economy of Bank of England charters, *1694—1844*', *Explorationsin Economic History, 41, 48—72, 2004.*

Brunnermeier, M. K. 'Deciphering the liquidity and credit crunch *2007—2008*', *Journal of Economic Perspectives, 23, 77—100, 2009.*

Bryer, R. A. 'The Mercantile Laws Commission of *1854* and the political economy of limited liability', *Economic History Review*, *50*, *37—56*, *1997*.

Buckley, A. *Financial Crisis: Causes, Context and Consequences*, Harlow: FT Prentice Hall, *2011*.

Buiter, W. *The Unfortunate Uselessness of Most State-of-the-Art Academic Monetary Theories*, available at http:// blogs.ft.com/ maverecon, accessed March *3*, *2009*.

Burgess, S. 'Measuring . nancial — sector output and its contribution to UK GDP', *Bank of England Quarterly Bulletin*, *234—46*, *2011*.

Cairncross, A. 'The Bank of England: Relationships with the government, the civil service and parliament', in G. Toniolo (ed.), *Central Banks' Independence in Historical Perspective*, Berlin: Walter de Gruyter, *1988*.

Callender, W. R. *The Commercial Crisis of 1857: ItsCausesand Results*, London: Longman, 1858.

Calomiris, C. W. and Kahn, C. M. 'The role of demandable debt in structuring optimal banking arrangements', *American Economic Review*, 81, 497—513, 1991.

Calomiris, C. W. and Mason, J. R. 'Consequences of bank distress during the Great Depression', *American EconomicReview*, 93, 937—47, 2003.

Calomiris, C. W. and Schweikart, L. 'The panic of 1857: Origins, transmission, and containment', *Journal of Economic History*, 51, 807—34, 1991.

Cameron, R. *Banking in the Early Stages of Industrialization: A Study in Comparative Economic History*, New York: Oxford University Press, 1967.

Campbell, G. 'Myopic rationality in a mania', *Explorations in Economic History*, 49, 75—91, 2012.

Campbell, G. and Turner, J. D. 'Dispelling the myth of the naive investor during the British Railway Mania, 1845—46', *Business History Review*, 86, 3—41, 2012.

Campbell, R. H. 'Edinburgh bankers and the Western Bank of Scotland', *Scottish Journal of Political Economy*, 2, 134—148, 1955.

Campbell, R. H. 'The law and the joint-stock company in Scotland', in P. L. Payne(ed.), *Studies in Scottish Business History*, London: Frank Cass and Co., 1967.

Capie, F. 'Banking in Europe in the nineteenth century: The role of the central bank', in R. Sylla, R. Tilly and G. Tortella(eds.), *The State, the Financial System and Economic Modernization*, Cambridge: Cambridge University Press, 1999.

Capie, F. 'Structure and performance in British banking, 1870—1939', *Centre for theStudy of Monetary History, City University Discussion Paper* 27, 1987.

Capie, F. *The Bank of England, 1950s to 1979*, Cambridge: Cambridge University Press, 2010.

Capie, F. 'The evolving regulatory framework in British banking', in Martin Chick(ed.), *Governments, Industries and Markets: Aspects of Government-Industry Relationsinthe UK, Japan, West Germany and theUSA since 1945*, Aldershot: Elgar, 1990.

Capie, F. and Billings, M. 'Pro.tability in English banking in the twentieth century', *European Review of Economic History*, 5, 367—402, 2001.

Capie, F. and Collins, M. 'Industrial lending by English commercial banks, 1860s—1914: Why did banks refuse loans?', *Business History*, 38, 26—44, 1996.

Capie, F. and Rodrik-Bali, G. 'Concentration in British banking 1870—1920', *Business History*, 24, 280—92, 1982.

Capie, F. and Wood, G. *Money overTwo Centuries: Selected Topics in British Monetary History*, Oxford: Oxford University Press, 2012.

Carr, J. L., Glied, S. and Mathewson, G. F. 'Unlimited liability and free banking in Scotland: A note', *Journal of Economic History*, 49, 974—8, 1989.

Carr, J.L. and Mathewson, G.F. 'Unlimited liability as a barrier to entry', *Journal of Political Economy*, 96, 766—84, 1988.

Cassis, Y. *City Bankers, 1890—1914*, Cambridge: Cambridge University Press, 1994.

Checkland, S. G. *Scottish Banking: A History, 1695—1973*, Glasgow: Collins, 1975.

Christie, J. R. 'Joint-stock enterprise in Scotland before the companies acts', *Juridical Review*, 21, 128—47, 1909.

Chubb, H. 'The Bank Act and the crisis of 1866', *Journal of the Statistical Society of London*, 35, 171—95, 1872.

Claessens, S., Dell' Ariccia, G., Igan, D. and Laeven, L. 'Lessons and policy implications from the global financial crisis', *IMF Working Paper WP/ 10/ 44*, 2010.

Claessens, S., Pazarbasioglu, C., Laeven, L., Dobler, M., Valencia, F., Nedelescu, O. and Seal, K. 'Crisis management and resolution: Early lessons from the . nancial crisis', *IMF Staff Discussion Note*, 2011.

Claessens, S. and Perotti, E. 'Finance and inequality: Channels and evidence', *Journal of Comparative Economics*, 35, 748—73, 2007.

Clapham, J. H. *An Economic History of Modern Britain: Free Trade and Steel*, Cambridge: Cambridge University Press, 1932.

Clapham, J. H. *An EconomicHistory of Modern Britain: The Early Railway*

Age 1820—1850,Cambridge:Cambridge University Press,1930.

Clapham,J. H. *The Bank of England:A History*,2 volumes,Cambridge:Cambridge University Press,1944.

Clark,F. W. *A Treatise on the Law of Partnership and Joint-Stock Companies According to the Law of Scotland*,Edinburgh:T. & T. Clark,1864.

Clay,H. *Lord Norman*,London:Macmillan,1957.

Clay,W. *Speech of William Clay,Esq.,M.P. on Moving for the Appointment of a Committee to Inquire in to the Operation of the Act Permitting the Establishment of Joint-stock Banks.To Whichare Added,Re.ections on LimitedLiability,Paid-up Capital,and Publicity of Accounts,as Applied to Such Institutions; With Some Remarks on an Article on Joint-stock Companies in the Last Number of the Edinburgh Review*,London:James Ridgway and Sons,1837.

Cleary,E.J. *The Building Society Movement*,London:Elek Books,1965.

Collins,M. 'English bank development with in a European context, 1870—1939',*Economic History Review*,51,1—24,1998.

Collins,M. *Money and Banking in the UK:A History*,London:Routledge,1990.

Collins,M. 'The Bank of England as lender of last resort',*Economic History Review*,45,145—53,1992.

Collins,M. 'The banking crisis of 1878',*Economic History Review*,42,504—27,1989.

Collins,M. and Baker,M. *Commercial Banks and Industrial Finance in England and Wales,1860—1913*,Oxford:Oxford University Press,2003.

Conti—Brown,P. 'Unlimited shareholder liability for systematically important financial institutions',*Stanford University Rock Center for Corporate Gov-*

ernance Working Paper, 2011.

Cooke, C. *Corporation, Trustand Company: An EssayinLegal History*, Manchester: Manchester University Press, 1950.

Cooke, P. W. 'Self-regulation and statute: The evolution of banking supervision', in E. P. M. Gardner(ed.), *UK Banking Supervision: Evolution, Practice and Issues*, London: Allen & Unwin, 1986.

Cottrell, P. L. *Industrial Finance, 1830—1914*, London: Methuen, 1980.

Cottrell, P. L. 'London's first big bang? Institutional change in the City, 1855—83', in Y. Cassis and P. L. Cottrell(eds.), *The World of Private Banking*, Farnham: Ashgate, 2009.

Cottrell, P. L. 'The financial system of the United Kingdom in the twentieth century', in L. De Rosa(ed.), *International Banking and Financial Systems: Evolution and Stability*, Aldershot: Ashgate, 2003.

Couper, C. T. *Report of the Trial before the High Court of Judiciary: Her Majesty's Advocate Against the Directors and the Managerof the City of Glasgow Bank*, Edinburgh: Edinburgh Publishing Company, 1879.

Coyle, C. and Turner, J. D. 'Law, politics and finance: The great reversal of the UK corporate debt market, *Journal of Economic History*, 73, 809—45, 2013.

Crafts, N. 'Regional GDP in Britain, 1871—1911: Some estimates', *Scottish Journal of Political Economy*, 52, 54—64, 2005.

Crick, W. F. andWadsworth, J. E. *A Hundred Years of Joint Stock Banking*, London: Hodder and Stoughton, 1936.

Dawes, M. and Ward-Perkins, C. N. *Country Bankers of England and Wales: Private Provincial Banks and Bankers 1688—1953*, London: Chartered Institute of Bankers, 2000.

Deaton, A. 'The financial crisis and the well-being of Americans', *Oxford Economic Papers*, 64, 1—26, 2012.

Dell' Ariccia, G., Detragiache, E. and Rajan, R. 'The real effect of banking crises', *Journal of Financial Intermediation*, 17, 89—112, 2008.

Demirgüç-Kunt, A. and Detragiache, E. 'The determinants of banking crises in developing and developed countries', *IMF Staff Papers*, 45, 81—109, 1998.

Demsetz, R. S., Saidenberg, M. R. and Strahan, P. E. 'Banks with something to lose: The disciplinary role of franchise value', *Federal Reserve Bank of Minneapolis Quarterly Review*, Winter, 3—13, 1996.

Dewatripont, M., Rochet, J.—C. and Tirole, J. *Balancing the Banks: Global Lessons from the Financial Crisis*, Princeton, NJ: Princeton University Press, 2010.

Diamond, D. W. and Dybvig, P. H. 'Bank runs, deposit insurance, and liquidity', *Journal of Political Economy*, 91, 401—19, 1983.

Diamond, D. W. and Dybvig, P. H. 'Banking theory, deposit insurance, and bank regulation', *Journal of Business*, 59, 55—68, 1986.

Diamond, D. W. and Rajan, R. G. 'The credit crisis: Conjectures about causes and remedies', *American Economic Review Papers and Proceedings*, 99, 606 — 10, 2009.

Diaz-Alejandro, C. 'Good-bye .nancial repression, hello financial crash', *Journal of Development Economics*, 19, 1—24, 1985.

Dimson, E., Marsh, P. and Staunton, M. *Credit Suisse Global Investment Returns Sourcebook 2011*, London: Credit Suisse, 2011.

Dornbusch R. and Frankel, J. A. 'The Gold Standard and the Bank of England in the crisis of 1847', in M. D. Bordo and A. J. Schwartz(eds.), *A Retrospective on the Classical Gold Standard, 1821—1931*, Chicago: University of Chicago Press, 1984.

Dow, A. and Dow, S. 'Economic history and economic theory: The staples approach to economic development', *Cambridge Journal of Economics* (forthcoming).

Dowd, K. *The State and the Monetary System*, London: Phillip Allan, 1989.

Dowd, K. and Hutchinson, M. *The Alchemists of Loss: How Modern Finance and Government Intervention Crashed the Financial System*, Chichester: John Wiley and Sons, 2010.

Dun, J. 'The banking institutions, bullion reserves, and non-legal-tender note circulation of the United Kingdom statistically investigated', *Journal of the Statistical Society*, 39, 1—189, 1876.

England, C. 'Agency costs and unregulated banks: Could depositors protect themselves?', *Cato Journal*, 7, 771—97, 1988.

English, H. *A Complete View of the Joint Stock Companies Formed During the Years 1824 and 1825*, London: Boosey and Sons, 1827.

Esty, B. C. 'The impact of contingent liability on commercial bank risk taking', *Journal of Financial Economics*, 47, 189—218, 1998.

Evans, D. M. *The Commercial Crisis, 1847—1848*, Devon: David & Charles, 1849.

Evans, D. M. *The History of the Commercial Crisis, 1857—1858 and the Stock ExchangePanic of 1859*, London: Groombridge & Sons, 1859.

Evans, L. T. and Quigley, N. C. 'Shareholder liability regimes, principal-agent relationships, and banking industry performance', *Journal of Law and Eco-*

nomics, 38, 497—520, 1995.

Ferguson, N. *The House of Rothschild: The World's Banker 1849—1999*, New York: Penguin, 1999.

Fetter, F. W. 'A historical confusion in Bagehot's Lombard Street', *Economica*, 34, 80—3, 1967.

Fetter, F. W. *The Irish Paper Pound 1797—1826: A Reprint of the Report of the Committee of 1804 of the British House of Commons on the Condition of the Irish Currency*, London: George Allen and Unwin, 1955.

Fforde, J. S. *The Bank of England and Public Policy, 1941—1958*, Cambridge: Cambridge University Press, 1992.

Flannery, M. J. 'Deposit insurance creates a need for bank regulation', *Federal Reserve Bank of Philadelphia Business Review*, 17—27, 1982.

Fleming, J. S. 'On the theory and practice of banking in Scotland', *Journal of the Institute of Bankers*, 4, 129—50, 1883.

Fletcher, G. A. 'Cash base control of bank deposits and the British banking system', *Société UniversitaireEuropéenne de Recherches Financière (SUERF) Working Paper*, 1978.

Fohlin, C. 'The balancing act of German universal banks and English deposit banks, 1880—1913', *Business History*, 43, 1—24, 2001.

Freeman, M., Pearson, R. and Taylor, J. 'Different and better? Scottish joint-stock companies and the law, c. 1720—1845', *English Historical Review*, 122, 61—81, 2007.

Freixas, X., Giannini, C., Hoggarth, G. and Soussa, F. 'Lender of last resort: A review of the literature', *Financial Stability Review* 7, 151—67, 1999.

French, E. A. *Unlimited Liability: The Case of the City of Glasgow Bank*,

London: Certi.ed Accountant Publications Ltd., 1985.

French, K., Baily, M., Campbell, J., Cochrane, J., Diamond, D., Duffie, D., et al. *The Squam Lake Report: Fixing the Financial System*, Princeton, NJ: Princeton University Press, 2010.

Friedman, M. *A Program for Monetary Stability*, New York: Fordham University Press, 1959.

Friedman, M. and Jacobson Schwartz, A. *The Great Contraction 1929—1933*, Princeton, NJ: Princeton University Press, 2008.

Frydman, R. and Goldberg, M. D. *Beyond Mechanical Markets: AssetPrice Swings, Risk, and the Role of the State*, Princeton, NJ: Princeton University Press, 2011.

Galbraith, J. K. *Inequality and Instability: A Study of the World Economy Just Before the Great Crisis*, Oxford: Oxford University Press, 2012.

Galor, O., Moav, O. and Vollrath, D. 'Inequality in land ownership, the emergence of human capital promoting institutions, and the great divergence', *Review of Economic Studies*, 76, 143—79, 2009.

Gardner, E. P. M. 'Supervision in the United Kingdom', in E. P. M. Gardner (ed.), *UK Banking Supervision: Evolution, Practice and Issues*, London: Allen & Unwin, 1986.

Gash, N. *Aristocracy and People: Britain 1815—1865*. London: Edward Arnold, 1979.

Gayer, A. D., Rostow, W. W. and Jacobson Schwartz, A. *The Growth and Fluctuation of the British Economy 1790—1850*, 2 vols., Oxford: Clarendon Press, 1953.

Giannini, C. 'Enemy of none but a common friend of all? An international perspective on the lender-of-last-resort function', *Princeton Essays in International Finance* 214,1—66,1999.

Goldberg,L. G. and Saunders,A. 'The causes of U.S. bank expansion overseas: The case of Great Britain', *Journal of Money,Creditand Banking*, 12, 630—43, 1980.

Goldsmith,R. W. *Financial Structure and Development*, New Haven,CT: Yale University Press,1969.

Goodhart,C. A. E. 'Myths about the lender of last resort', *FMG Special Paper* 120,1999.

Goodhart,C. A. E. 'The Bank of England 1970—2000', in R. Michie and P. Williamson(eds.), *The British Government and the City of London in the Twentieth Century*, Cambridge: Cambridge University Press, 2004.

Goodhart,C. A. E. *The Basel Committee on Banking Supervision: A History of the Early Years 1974—1997*, Cambridge: Cambridge University Press, 2011.

Goodhart,C. A. E. *The Business of Banking 1891—1914*, London: Gower, 1986.

Goodhart,C. A. E. *The Evolution of CentralBanks*, London: MIT Press, 1988.

Gorton, G. *Misunderstanding Financial Crises: Why We Don't See Them Coming*, Oxford: Oxford University Press, 2012.

Gorton,G. *Slapped by the Invisible Hand: The Panic of* 2007, Oxford: Oxford University Press, 2010.

Grady,J. and Weale,M. *BritishBanking, 1960—85*, London: Macmillan, 1986.

Green,D. R. and Owens,A. 'Gentlewomanly capitalism? Spinsters, widows and wealth holding in England Wales', *Economic History Review*, 56, 510—36, 2003.

Gregory, T. E. *The Westminster Bank Through a Century*, 2 vols., London:

West-minster Bank Ltd., 1936.

Grif.ths, B. 'The development of restrictive practices in the UK monetary system', *Manchester School*, 41, 3—16, 1973.

Grossman, R. S. 'Double liability and bank risk taking', *Journal of Money, Credit and Banking*, 33, 143—59, 2001.

Grossman, R. S. 'New indices of British equity prices, 1870—1913', *Journal of Economic History*, 62, 121—46, 2002.

Grossman, R. S. 'The shoe that didn't drop: Explaining banking stability during the Great Depression', *Journal of Economic History*, 53, 654—82, 1994.

Grossman, R. S. *Unsettled Account: The Evolution of Banking in the Industrialized World since 1800*, Princeton, NJ: Princeton University Press, 2010.

Grossman, R. S. and Imai, M. 'Contingent capital and bank risk-taking among British banks before the First World War', *Economic History Review*, 66, 132—55, 2013.

Haber, S. 'Political institutions and financial development: Evidence from the economy histories of Mexico and the United States', *Stanford University Working Paper*, 2005.

Haldane, A. 'The contribution of the financial sector: Miracle or mirage?', *Speech at Future of Finance Conference*, 2010.

Hall, F. G. *The Bank of Ireland 1783—1946*, Dublin: Hodges, Figgis & Co., 1949.

Hall, M. J. B. *Handbook of Banking Regulation and Supervision*. London: Woodhead-Faulkner, 1989.

Hall, R. E. 'Why does the economy fall to pieces after a financial crisis?', *Journal of Economic Perspectives*, 24, 3—20, 2010.

Hanson, S. G., Kashyap, A. K. and Stein, J. C. 'A macroprudential approach to financial regulation', *Journal of Economic Perspectives*, 25, 3—28, 2011.

Harris, R. *Industrializing English Law: Entrepreneurship and Business Organization, 1720—1844*, Cambridge: Cambridge University Press, 2000.

Hawtrey, R. G. *A Century of Bank Rate*, London: Longmans, Green and Co., 1938.

Headlam, T. E. *A Speech on Limited Liability in Joint Stock Banks in the House of Commons, May 8, 1849: Together Witha Proposed Act of Parliament on the Subject*, London: Trelawney Saunders, 1849.

Hickson, C. R. and Turner, J. D. 'Free banking gone awry: The Australian banking crisis of 1893', *Financial History Review*, 9, 147—67, 2002.

Hickson, C. R. and Turner, J. D. 'Trading in the shares of unlimited-liability banks in nineteenth century Ireland: The Bagehot hypothesis', *Journal of Economic History*, 63, 931—58, 2003.

Hickson, C. R. and Turner, J. D. 'Free banking and the stability of early joint-stock banking', *Cambridge Journal of Economics*, 28, 903—19, 2004.

Hickson, C. R. and Turner, J. D. 'The genesis of corporate governance: Nineteenth-century Irish joint-stock banks', *Business History*, 47, 174—89, 2005.

High Pay Commission. *Cheques with Balances: Why Tackling High Pay Is in the National Interest*, available at www.highpaycommission.co.uk.

Hirsch, F. 'The Bagehot problem', *The Manchester School*, 45, 241—57, 1977.

Hodgson, G. M. 'The Great Crash of 2008 and the reform of economics', 33, 1205—221, 2009.

Hoggarth, G., Reis, R. and Saporta, V. 'Costs of banking system instability: Some empirical evidence', *Journal of Banking and Finance*, 26, 825—55,

2002.

Hoggarth, G. and Soussa, F. 'Crisis management, lender of last resort and the changing nature of the banking industry', in *Financial Stability and Central Banks: A Global Perspective*, London: *Routledge*, 2001.

Holmes, A. R. and Green, E. *Midland: 150 Years of Banking Business*, London: BT Batsford Ltd., 1986.

Horsefield, J. K. 'The Bank of England as mentor', *Economic History Review*, 2, 80—7, 1949.

Hüfner, F. 'The German banking system: Lessons from the financial crisis', *Organisation for Economic Co-operationand Development Economics Department WorkingPaper* 788, 2010.

Hull, J. C. *Risk Management and Financial Institutions*, Upper Saddle River, NJ: Pearson Prentice Hall, 2007.

Humphrey, T. M. and Keleher, R. E. 'The lender of last resort: A historical perspective', *Cato Journal*, 4, 275—321, 1984.

Hunt, B. *The Development of the Business Corporation in England 1800—1867*, Cambridge, MA: Harvard University Press, 1936.

Igan, D., Mishra, P. and Tressel, T. 'A fistful of dollars: Lobbying and the .nancial crisis', *NBER Working Paper 17076*, 2011.

Jackson, P. 'Capital requirements and bank behaviour: The impact of the Basel Accord', *Basle Committee on Banking Supervision Working Papers*, 1, 1999.

James, J. A. 'Panics, payments disruptions and the Bank of England before 1826', *Financial History Review*, 19, 289—309, 2012.

Jefferys, J. B. *Business Organisation in Great Britain 1856—1914*, New York:

Arno Press, 1977.

Jensen, M. C. 'Agency costs of free cash .ow, corporate .nance, and takeovers', *American Economic Review Papers and Proceedings*, 76, 323—9, 1986.

Jensen, M. C. and Meckling, W. 'Theory of the .rm: Managerial behaviour, agency costs and capital structure', *Journal of Financial Economics*, 3, 305—60, 1976.

Johnson, H. G. 'Clearing bank holdings of public debt, 1930—1950', *London and Cambridge Economic Service Bulletin*, 29, 102—9, 1951.

Johnson, S. and Kwak, J. 13 Bankers: *The Wall Street Takeover and the Next Financial Meltdown*, New York: Pantheon Books, 2010.

Jones, G. *British Multinational Banking 1830—1990*, Oxford: Clarendon Press, 1993.

Jones, G. 'Competition and competitiveness in British banking 1918—1971', in G. Jones and M. Kirby (eds.), *Competitiveness and the State: Government and Business in Twentieth-Century Britain*, Manchester: Manchester University Press, 1991.

Jones, R. W. 'The business of banking', *Gilbart Lectures on Banking*, *University of London King's College*, 1948.

Joplin, T. *An Essay onthe GeneralPrinciples and PresentPracticeof Bankingin England and Scotland*, London: Baldwin, Cradock & Joy and J. Ridgway, 1827.

Kaminsky, G. L. and Reinhart, C. M. 'The twin crises: The causes of banking and balance-of-payments problems', *American Economic Review*, 89, 473—500, 1999.

Kareken, J. H. and Wallace, N. 'Deposit insurance and bank regulation: A partial equilibrium exposition', *Journal ofBusiness*, 51, 413—38, 1978.

Kaufman, G. F. 'Lender of last resort: A contemporary perspective', *Journal of Financial Services Research*, 5, 95—110, 1991.

Kennedy, W. *Industrial Structure, Capital Markets, and theOrigins of British Economic Decline*, Cambridge: Cambridge University Press, 1987.

Kennedy, W. 'Institutional response to economic growth: Capital markets in Britain to 1914', in L. Hannah (ed.), *Management Strategy and Business Development*, London: Macmillan, 1976.

Kerr, A. W. *History of Banking in Scotland*, London: A & C Black 1908.

Kindleberger, C. P. Manias, *Panics and Crashes: A History of Financial Crises*, 4th edition, New York: John Wiley and Sons, 2000.

King, R. G. and Levine, R. 'Finance and growth: Schumpeter might be right', *Quarterly Journal of Economics*, 108, 717—37, 1993.

King, W. T. C. 'The extent of the London discount market in the middle of the nineteenth century', *Economica*, 7, 321—6, 1935.

Kiyotaki, N. and Moore, J. 'Credit chains', *Journal of Political Economy*, 99, 220—64, 1997.

Klein, B. 'The competitive supply of money', *Journal of Money, Creditand Banking*, 6, 421—53, 1974.

Körnert, J. 'The Barings crises of 1890 and 1995: Causes, courses, consequences and the danger of domino effects', *Journal of International Financial Markets, Institutions and Money*, 13, 187—209, 2003.

Kroszner, R. S. and Strahan, P. E. 'What drives deregulation? Economics and politics of the relaxation of bank branching restrictions', *QuarterlyJournal of Economics*, 114, 1437—67, 1999.

Laeven, L. 'Banking crises: A review', *Annual Review of Financial Economics*, 3, 17—40, 2011.

Laeven, L. and Valencia, F. 'Resolution of banking crises: The good, the bad, and the ugly', *IMF Working Paper WP/10/146*, 2010.

Laidler, D. 'Two views of the lender of last resort: Thorton and Bagehot', *University of Western Ontario Department of Economics Working Paper 20029*, 2002.

Lee, T. A. 'A helpless class of shareholder: Newspapers and the failure of the City of Glasgow Bank', *Accounting HistoryReview*, 26, 143—59, 2012.

Levine, R. 'Financial development and economic growth: Views and agenda', *Journal of Economic Literature*, 35, 688—726, 1997.

Levine, R. and Zervos, S. 'Stock markets, banks, and economic growth', *American Economic Review*, 88, 537—58, 1998.

Lindert, P. H. 'Unequal English wealth since 1670', *Journal of Political Economy*, 94, 1127—62, 1986.

Logan, A. 'The early 1990s small banks crisis: Leading indicators', *Financial Stability Review*, 8, 130—45, 2000.

Lovell, M. C. 'The role of the Bank of England as lender of last resort in the crises of the eighteenth century', *Explorations in Entrepreneurial History*, 10, 8—21, 1957.

Macdonald, D. 'The big banks' big secret: Estimating government support for Canadian banks during the .nancial crisis', *Canadian Centrefor Policy Alternatives Report*, 2012.

Macey, J. R. and Miller, G. P. 'Double liability of bank shareholders: History and implications', *Wake Forest Law Review*, 27, 31—62, 1992.

Martinez-Miera, D. and Repullo, R. 'Does competition reduce the risk of bank failure?', *Reviewof Financial Studies*, 23, 3638—64, 2010.

McKinnon, R. I. *Moneyand Capitalin Economic Development*, Washington, DC: Brookings Institution, 1973.

Mian, A. and Su., A. 'House prices, home equity—based borrowing, and the US household leverage crisis', *American Economic Review*, 101, 2132—56, 2011.

Mian, A., Su., A. and Trebbi, F. 'The political economy of the subprime mort—gage credit expansion', *NBER Working Paper 16107*, 2010.

Mian, A., Su., A. and Trebbi, F. 'The political economy of the US mortgage default crisis', *American Economic Review*, 100, 1967—98, 2010.

Michie, R. *The Londonand NewYork Stock Exchange, 1850—1914*, London: Allen & Unwin, 1987.

Miller, M. H. 'Do the M+M propositions apply to banks?', *Journal of Banking and Finance*, 19, 483—89, 1995.

Minsky, H.P. *Stabilizing an Unstable Economy*, 2nd edn., New York: McGraw—Hill, 2008.

Mishkin, F. S., 'Over the cliff: From the subprime to the global financial crisis', *Journal of Economic Perspectives*, 25, 49—70, 2011.

Mitchell, B. R. *British Historical Statistics*, Cambridge: Cambridge University Press, 1988.

Mitchener, K. J. and Richardson, G. 'Does skin in the game reduce risk taking? Leverage, liability and the long-run consequences of New Deal banking reforms', *Explorationsin Economic History*, 50, 508—25, 2013.

Modigliani, F. and Miller, M. H. 'The cost of capital, corporate .nance, and the theory of investment', *American Economic Review*, 48, 261—97, 1958.

Moore, G. 'Solutions to the moral-hazard problem arising from the lender-of-last-resort facility', *Journal of Economic Surveys*, 13, 443—76, 1999.

Moran, M. *The Politics of Banking: The Strange Case of Competition and Credit Control*, 2nd edn., London: Macmillan, 1986.

Morgan, E. V. *The Theory and Practice of Central Banking, 1797 — 1913*, Cambridge: Cambridge University Press, 1943.

Mount, F. *The New Fewora Very British Oligarchy*, London: Simon & Schuster, 2012.

Munn, C. W. *Clydesdale Bank: The First One Hundredand Fifty Years*, London: Collins, 1988.

Munn, C. W. 'The emergence of central banking in Ireland: Bank of Ireland 1814—50', *Irish Economic and Social History*, 10, 19—32, 1983.

Munn, C. W. *The Scottish Provincial Banking Companies 1747 — 1864*, Edinburgh: John Donald, 1981.

Neal, L. 'The financial crisis of 1825 and the restructuring of the British financial system', *Federal Reserve Bank of St. Louis Review*, May/June, 53 — 76, 1998.

Nevin, E. and Davis, E. W. *The London Clearing Banks*, London: Elek Books, 1970.

Newton, L. A. 'Assessment of information, uncertainty and risk: The strategies of English and Welsh joint—stock bank managements, 1826—1860', *University of Reading Discussion Paper* 431, 2001.

Newton, L. A. 'The birth of joint—stock banking: England and New England compared', *Business History Review*, 84, 27—52, 2010.

Newton, L. A. and Cottrell, P. L. 'Female investors in the first English and

Welsh commercial joint-stock banks', *Accounting, Business and Financial History*, 16, 315—40, 2006.

Nobay, A. B. 'The Bank of England, monetary policy and monetary theory in the United Kingdom, 1951—1971', *The Manchester School*, 41, 43—57, 1973.

O'Brien, D. 'The lender-of-last-resort concept in Britain', *History of Political Economy*, 35, 1—19, 2003.

O' Donoghue, J., Goulding, L. and Allen, G. 'Composite price index, 1750—2003', *Economic Trends*, 604, 38—46, 2004.

Offer, A. 'Narrow banking, real estate, and .nancial stability in the UK, c.1870—2010', *University of Oxford Discussion Papersin Economicand Social History*, 116, 2013.

Ogden, T. 'An analysis of Bank of England discount and advance behaviour, 1870—1914', in J. Foreman—Peck(ed.), *New Perspectives on the Late Victorian Economy: Essays in Quantitative Economic History 1860 — 1914*, Cambridge: Cambridge University Press, 1991.

Ogden, T. *The Development of the Role of the Bank of Englandas a Lender of Last Resort*, City University, PhD dissertation, 1988.

Ó Gráda, C. Ireland: *A New Economic History*, Oxford: Clarendon Press, 1994.

Ó Gráda, C. 'Moral hazard and quasi-central banking: Should the Munster Bank have been saved?', in D. Dickson and C. Ó Gráda (eds.), *Refiguring Ireland: Essays in Honour of L. M. Cullen*, Dublin: The Lilliput Press, 2003.

Ó Gráda, C. 'The last major Irish bank failure before 2008', *Financial History Review*, 19, 199—217, 2012.

Orbell, J. and Turton, A. *British Banking: A Guide to Historical Records*, Aldershot: Ashgate, 2001.

Parnell, H. *Observations on Paper Money, Banking, and Overtrading*, London: James Ridgway, 1827.

Peltzman, S. 'Toward a more general theory of regulation', *Journal of Law and Economics*, 19, 109—48, 1976.

Perotti, E. 'The political economy of .nance', *Tinbergen Institute Discussion Paper 13—034*, 2013.

Perston, R. and Knight, L. *How Do We Fix This Mess? The Economic Price of Having It All and the Route to Lasting Prosperity*, London: Hodder & Stoughton, 2012.

Philips, M. *A History of Banks, Bankers, and Banking in Northumberland, Durham, and North York shire*, London: Effingham Wilson & Co., 1894.

Piketty, T. and Saez, E. 'How progressive is the U.S. federal tax system? A historical and international perspective', *Journal of Economic Perspectives*, 21, 3—24, 2007.

Plumptre, C. C. M. *Grant's Treatiseon the Law Relating to Bankers and Banking Companies*, London: Butterworths, 1882.

Pressnell, L. S. 'Cartels and competition in British banking: A background study', *Banca Nazionale Del Lavoro Quarterly Review*, 95, 373—405, 1970.

Pressnell, L. S. *Country Banking in the Industrial Revolution*, Oxford: Clarendon Press, 1956.

Pressnell, L. S. 'Gold reserves, banking reserves, and the Baring crisis of 1890', in C. R. Whittlesey and J. S. G. Wilson (eds.), *Essays in Money and Banking in Honour of R. S. Sayers*, Oxford: Clarendon Press, 1968.

Rae, G. *The Country Banker: His Clients, Cares, and Work froman Experience of Forty Years*, London: John Murray, 1885.

Rait, R. S. *The History of the Union Bank of Scotland*, Glasgow: John Smith & Son, 1930.

Rajan, R. G. *Fault Lines: How Hidden Fractured Still Threaten the World Economy*, Princeton, NJ: Princeton University Press, 2010.

Rajan, R. G. and Ramcharan, R. 'Land and credit: A study of the political economy of banking in the United States in the early 20th century', *Journal of Finance*, 66, 1895—931, 2011.

Rajan, R. G. 'The true lessons of the recession: The West can't borrow and spend its way to recovery', *ForeignAffairs*, 91, 69—79, 2012.

Rajan, R. G. and Zingales, L. 'The great reversals: The politics of .nancial development in the twentieth century', *Journal of Financial Economics*, 69, 5—50, 2003.

Reid, M. *Abbey National Conversion to PLC*, London: Pencorp Books, 1991.

Reid, M. 'Lessons for bank supervision from the secondary—banking crises', in E. P. M. Gardner (ed.), *UK Banking Supervision: Evolution, Practice and Issues*, London: Allen & Unwin, 1986.

Reid, M. *The Secondary Banking Crisis 1973—75: ItsCausesand Course*, London: Macmillan, 1982.

Reinhart, C. M. and Rogoff, K. S. *This Time Is Different: Eight Centuries of Financial Folly*, Princeton, NJ: Princeton University Press, 2009.

Reinhart, C. M. and Rogoff, K. S. 'The aftermath of .nancial crises', *American Economic Review Papers and Proceedings*, 99, 466—72, 2009.

Reinhart, C. M. and Rogoff, K. S. 'From financial crash to debt crisis', *American EconomicReview*, 101, 1676—706, 2011.

Reinhart, C. M. and Sbrancia, M. B. 'The liquidation of government debt',

NBER Working Paper 16893, 2011.

Revell, J. R. S. 'Competition and regulation of banks', *Institute of European Finance Working Paper*, 1978.

Revell, J.R.S. 'Solvency and regulation of banks: Theoretical and practical implications', *Bangor Occasional Papers in Economic* 5, 1975.

Richards, R. *The Early History of Banking in England*, London: P S King & Son, 1929.

Richardson, J. and Stephenson, M. 'Some aspects of regulatory capital', *FSA Occasional Paper Series* 7, 2000.

Robb, V. 'The genesis of regulation', *Financial Stability Review*, 29—41, 1997.

Rockoff, H. 'Walter Bagehot and the theory of central banking', in F. Capie and G. E. Wood(eds.), *FinancialCrisesand theWorld Banking System*, London: Macmillan, 1986.

Rogers, D. *The Big Four British Banks: Organisation, Strategy and the Future*, London: Macmillan, 1999.

Rosenblum, L. 'The failure of the City of Glasgow Bank', *The Accounting Review*, 8, 285—91, 1933.

Ross, D. M. 'Domestic monetary policy and the banking system in Britain 1945 — 1971', in R. Michie and P. Williamson(eds.), *The British Government and the City of London in the Twentieth Century*, Cambridge: Cambridge University Press, 2004.

Rothbard, M. *America'sGreat Depression*, 3rd ed., Kansas City: Sheed & Ward, 1975.

Rowan, D. C. 'The monetary system in the fifties and sixties', *The Manchester School*, 41, 19—42, 1973.

Rubenstein, W. D. 'The Victorian middle classes: Wealth, occupation, and geography', *Economic History Review*, 33, 602—23, 1977.

Saul, S. B. *The Myth of the Great Depression*, 1873—1896, London: Macmillan, 1969.

Saunders, A. and Wilson B. 'The impact of consolidation and safety-net support on Canadian, US and UK banks: 1993—1992', *JournalofBanking and Finance*, 23, 537—71, 1999.

Saville, R. *Bank of Scotland: AHistory, 1695 — 1995*, Edinburgh: Edinburgh Uni—versity Press, 1996.

Sayers, R.S. *Lloyds Bank in the History of English Banking*, Oxford: Clarendon Press, 1957.

Sayers, R. S. *The Bank of England: 1891 — 1944*, 2 vols., Cambridge: Cambridge University Press, 1976.

Sayers, R. S. 'Twentieth-century English banking', *Transactions of the Manchester Statistical Society*, 1—16, 1954—5.

Schularick, M. and Taylor, A. M. 'Credit booms gone bust: Monetary policy, leverage cycles, and financial crises, 1870 — 2008', *American Economic Review*, 102, 1029—61, 2011.

Schwartz, A. J. 'Origins of the .nancial market crisis of 2008', *Cato Journal*, 29, 19—23, 2009.

Schwartz, A. J. 'Real and pseudo-financial crises', in F. Capie and G. E. Wood (eds.), *Financial Crisesand the World Banking System*, London: Macmillan, 1986.

Seabourne, T. 'The summer of 1914', in F. Capie and G. E. Wood(eds.), *Financial Crises and the World Banking System*, London: Macmillan, 1986.

Secretariat of Basel Committee on Banking Supervision. *The New Basel Capital Accord: An Explanatory Note*, Basel: Bank for International Settlements, 2001.

Selgin, G. A. 'Legal restrictions,. nancial weakening, and the lender of last resort', *Cato Journal*, 9, 429—59, 1989.

Selgin, G. A. and White, L. H. 'How would the invisible hand handle money?', *Journal of Economic Literature*, 22, 1718—49, 1994.

Shaw, E.S., *Financial Deepening in Economic Development*, Oxford University Press: New York, 1973.

Sheppard, D. K. *The Growth and Role of UK Financial Institutions 1880—1962*, London: Methuen, 1971.

Shiller, R. *The Subprime Solution: HowToday's Global Financial Crisis Happened and What to Do About It*, Princeton, NJ: Princeton University Press, 2008.

Shin, H. S. 'Re.ections on Northern Rock: The bank run that heralded the global financial crisis', *Journal of Economic Perspectives*, 23, 101—19, 2009.

Simpson, N. *The Belfast Bank 1827—1970*, Belfast: Black staff Press, 1975.

Singh, D. *Banking Regulation of UK and US Financial Markets*, Brook. eld, VT: Ashgate, 2007.

Smith, K. C. and Horne, G. F. *An Index Number of Securities, 1867—1914*, London: Royal Economic Society Memorandum, 1934.

Smith, V. C. *The Rationale of Central Banking and the Free Banking Alternative*, London: P S King & Son, 1936.

Solomou, S. N. and Weale, M. 'Balanced estimates of UK GDP 1870—1913', *Explorations in Economic History*, 28, 54—63, 1991.

Solow, R. M. 'Economic history and economics', *American Economic Review Papers and Proceedings*, 75, 328—31, 1985.

Sorkin, A. *Too Big to Fail: The Inside Story of How Wall Street and Washington Fought to Save the Financial System from Crisis—and Themselves*, New York: Viking, 2009.

Stigler, G. J. 'The theory of economic regulation', *Bell Journal of Economics and Management Science*, 2, 3—21, 1971.

Stiglitz, J. E. 'Credit markets and the control of capital', *Journal of Money, Credit and Banking*, 17, 133—52, 1985.

Stuckey, V. 'Thoughts on the improvement of the system of country banking', *The Edinburgh Review*, 63, 419—41, 1836.

Sykes, J. *The Amalgamation Movement in English Banking, 1825—1924*, London: P S King & Son, 1926.

Sykes, J. *The Present Position of English Joint Stock Banking*, London: Ernest Benn Ltd., 1928.

Tamaki, N. *The Life Cycle of the Union Bank of Scotland 1830—1954*, Aberdeen: Aberdeen University Press, 1983.

Tarullo, D. K. *Banking on Basel: The Future of International Financial Regulation*, Washington, DC: Peterson Institute for International Economics, 2008.

Taylor, J. *Creating Capitalism: Joint-Stock Enterprise in British Politics and Culture 1800—1870*, London: Royal Historical Society, 2006.

Thomas, S. *The Rise and Growth of Joint Stock Banking*, London: Sir Isaac Pitman & Sons, 1934.

Thompson, E. A. and Hickson, C. R. *Ideology and the Evolution of Vital Economic Institutions: Guilds, the Gold Standard, and Modern International*

Cooperation, Boston: Kluwer, 2001.

Thornton, H. *An Enquiry into the Nature and Effects of the Paper Credit of Great Britain*, London: George Allen and Unwin, 1939.

Tobin, J. 'A case for preserving regulatory distinctions', *Challenge*, 30, 10—17, 1987.

Turner, J. D. 'Irish contributions to nineteenth-century monetary and banking debates', in T. Boylan, R. Prendergast, and J. D., Turner(eds.), *A History of Irish Economic Thought*, Oxford: Routledge, 2011.

Turner, J. D. '"The last acre and sixpence": Views on shareholder liability regimes in nineteenth-century Britain', *Financial History Review*, 16, 111—28, 2009.

Turner, J. D. 'Wealth concentration in the European periphery: Ireland, 1858—2001', *Oxford Economic Papers*, 62, 625—46, 2010.

Turner, J. D. 'Wider share ownership? Investors in English bank shares in the nineteenth century', *Economic History Review*, 62, 167—92, 2009.

Viner, J. *Studiesinthe Theory of International Trade*. London: Clifton, 1975.

Wadsworth, J. E. 'Big and little banks: Economic and historic influences on the size of English banks', *Société Universitatire Européenne de Recherches Financière (SUERF) Working Paper*, 1978.

Wadsworth, J. E. *The Banks and the Monetary System in the UK 1959—1971*, London: Methuen & Co., 1973.

Wadsworth, J. E. 'The commercial banks', in *British Banking Today*, London: Institute of Bankers, 1953.

Wagster, J. D. 'Impact of the 1988 Basel Accord on international banks', *Journal of Finance*, 51, 1321—46, 1996.

Wagster, J. D. 'Wealth and risk effects of adopting deposit insurance in Canada: Evidence of risk shifting by banks and trust companies', *Journal of Money, Credit and Banking*, 39, 1651—81, 2007.

Wallace, N. 'Narrow banking meets the Diamond—Dybvig model', *Federal Reserve Bank of Minneapolis Quarterly Review*, Winter, 3—13, 1996.

Watt, H. *The Practice of Banking in Scotland and England; With Observations and Suggestions on the Renewal of the Bank of England Charter, on the Principles and Regulation of Joint Stock Banks, and on the One Pound Note Circulation*, London: Simpkin and Marshall, 1833.

Webber, A. 'Reserves and reserve ratios in British banking, 1870—1960', *Centre for Banking and International Finance Discussion Paper*, 19, 1985.

White, L. H. *Free Banking in Britain: Theory, Experience and Debate 1800—1845*, 2nd edn., London: Institute of Economic Affairs, 1995.

White, L. H. 'The evolution of Hayek's monetary economics', mimeo, Athens: University of Georgia, 1995.

White, L. H. *The Theory of Monetary Institutions*, Oxford: Blackwell, 1999.

Wilcox, M. G. 'Capitalinbanking: Anhistoricalsurvey', in E. P. M. Gardner (ed.), *UK Banking Supervision: Evolution, PracticeandIssues*, London: Allen & Unwin, 1986.

Wilson, A. J. *Banking Reform: AnEssayonthe Prominent Dangers and the Remedies They Demand*, London: Longmans, Green & Co., 1879.

Winton, A. 'Limitation of liability and the ownership structure of the firm', *Journal of Finance*, 48, 487—512, 1993.

Winton, J. R. *Lloyds Bank 1918—1969*, Oxford: Oxford University Press, 1982.

Withers, H. and Palgrave, R. H. I. *TheEnglish Banking System*, Washington, DC: National Monetary Commission, 1910.

Wood, J. H. 'Bagehot's lender of last resort', *Independent Review*, 7, 343—51, 2003.

Woodward, S. 'Limited liability in the theory of the firm', *Journal of Institutional and Theoretical Economics*, 141, 601—11, 1985.

Xiao, Y. 'French banks amid the global .nancial crisis', *IMF Working Paper WP/* 09/ 201, 2009.

Ziegler, *P*. TheSixth GreatPower: Barings *1762 — 1929*, *London*: *Collins*, 1988.

图字:09－2019－557 号

Banking in Crisis: *The Rise and Fall of British Banking Stability, 1800 to the Present* (ISBN 9781107609860) by John D. Turner, first published by Cambridge University Press 2014.